RECRUITMENT

Recruitment

2E EDITIE

Ardiënne Verhoeven

PEARSON

ISBN: 978–90–430–3360–2
NUR: 143, 807

Trefw: rekruteren, hrm
Dit is een uitgave van Pearson Benelux bv, Postbus 75598, 1070 AN Amsterdam
Website www.pearson.nl – e-mail: amsterdam@pearson.com

Opmaak: Crius Group, Hulshout
Omslag: Studio Pearson Benelux, Amsterdam
Vakinhoudelijke beoordeling:
Paul van Miert, Avans Hogeschool 's-Hertogenbosch
Anabel van Nunen, Fontys Eindhoven
Arjen Pakker, Hogeschool van Arnhem en Nijmegen

Dit boek is gedrukt op een papiersoort die niet met chloorhoudende chemicaliën is gebleekt.
Hierdoor is de productie van dit boek minder belastend voor het milieu.

Inhoudsopgave

Voorwoord

Recruiters brengen organisaties en mensen bij elkaar, op een arbeidsmarkt die voortdurend in beweging is. Dat maakt het tot een prachtig vak, waarover echter veel verschillende meningen bestaan. Er is niet één manier van rekruteren die goed is. Er zijn veel creatieve wegen die naar Rome leiden. En er komen er steeds meer. Wat vandaag werkt, werkt morgen niet meer. Het vakgebied blijft sterk in ontwikkeling. In dit boek staan de volgende uitgangspunten centraal:

De arbeidsmarkt bepaalt de recruitmentagenda

Op de markt bepalen vraag en aanbod je strategie om iets te verwerven. Dat is niet anders op de arbeidsmarkt. Je recruitmentaanpak zal op een markt met een overschot aan personeel anders zijn dan op een markt met een groot personeelstekort. Maar ook anders op bijvoorbeeld een markt van callcentermedewerkers dan op een markt van financiële consultants. Deze doelgroepen vragen om verschillende benaderingen. Het is zaak om de invloed van de (toekomstige) arbeidsmarkt goed te kennen voordat je aan de slag gaat met rekruteren.

Rekruteren is meer dan alleen werven

Recruitment betekent méér dan het vinden van talent dat ja zegt tegen je organisatie. Het vertrekpunt is dat je echt tevreden kunt zijn met de rekrutering van een vaste nieuwe medewerker wanneer deze na zo'n twee jaar nog steeds goed functioneert binnen jouw organisatie. Om een goede match te maken is het belangrijk te begrijpen welke talenten je organisatie nodig heeft om haar strategie en doelstellingen waar te maken. Meer hierover vind je in hoofdstuk 1.

Daarnaast is het van belang te weten waar en hoe je je kandidaten kunt vinden. Je moet begrijpen hoe de arbeidsmarkt eruitziet en met welke trends je rekening moet houden bij het rekruteren van potentiële nieuwe medewerkers. Meer over de arbeidsmarkt vind je in hoofdstuk 2. Hoofdstuk 3 gaat specifieker in op de behoeften van individuele organisaties en de wensen van kandidaten op de markt. Hiermee krijg je een goed beeld van welke doelgroep je als recruiter moet werven voor jouw specifieke organisatie en waar je doelgroep zich door laat leiden.

Hoe je gaat werven en met welke boodschap, wervingsmiddelen en kanalen wordt besproken in de hoofdstukken 4 en 5. Ook moet je voor je organisatie een selectie kunnen maken van de meest geschikte kandidaat op basis van het profiel van de betreffende functie. Meer over de selectiestrategie en praktische handvatten voor selectie vind je in hoofdstuk 6. Hoofdstuk 7 geeft vervolgens informatie over 'onboarding': het op een goede manier aan boord weten te brengen van een nieuwe medewerker. Als je hier niet in slaagt, is de kans groot dat hij/zij weer vertrekt. Ten slotte geeft hoofdstuk 8 enkele ken- en stuurgetallen van recruitment – meten is immers weten.

Wie niet kiest, wordt niet gekozen

Rekruteren betekent keuzes maken. Kiezen wie je zoekt voor je organisatie, kiezen welke boodschap je gebruikt, welke communicatiemiddelen en kanalen je wilt inzetten, welke selectiemiddelen je hanteert en wie de beste kandidaat is. Als je geen keuzes maakt, zul je nooit bij de beste kandidaat terechtkomen – en zal jouw organisatie niet door hem gekozen worden.

Nieuwe editie

Deze tweede editie kent een aantal wijzigingen. De meest belangrijke zijn:

- Er is meer aandacht voor onderzoek tijdens het recruitmentproces (hoofdstukken 3 en 4). Denk daarbij aan onderzoeken van de arbeidsmarkt, potentiële kandidaten en het werkgeversimago. Het onderdeel over recruitment analytics is uitgebreid (hoofdstuk 8).
- De structuur van het boek is aangepast. De analyse van de vraag van de organisatie in zijn geheel – strategische personeelsplanning – is niet meer het enige uitgangspunt. De analyse van de individuele vacature wordt nu ook steeds meegenomen. Delen van hoofdstuk 6 zijn verplaatst naar hoofdstuk 3.
- Recente ontwikkelingen in het vakgebied zijn opgenomen. Denk daarbij aan tools en kanalen zoals direct sourcing, de inzet van video bij selectie, online assessments en games. Daarnaast is het boek aangepast op de ontwikkeling dat rekruteren steeds meer matchen wordt. Niet alleen de organisatie, maar ook de kandidaat maakt een keuze. Dat vraagt een andere manier van werven en selecteren.
- Er zijn updates gemaakt op het gebied van arbeidsmarktontwikkelingen, bijvoorbeeld de invloed van de kenniseconomie en de opkomst van slash/workers. Daarnaast zijn de statische gegevens ge-updatet.
- De openingscases in de hoofdstukken zijn vernieuwd: ASML, Vebego, ABN Amro, Defensie, Philips, de rechterlijke macht, Achmea, ING.

Dit boek helpt je bij het leren maken van de juiste keuzes in het recruitmentvak.

Dankwoord

Met dank voor de inspiratie, ondersteuning, bijdragen en feedback van Maartje Dirkse en Lennart Sloof, Deloitte; John Dreessen, Walter van Ruijven en Jan Karel Sindorff, ASML; Wim Feijen, Vebego; Sjoerd Gehring, Accenture; Marco Leijenhorst, Achmea; Maarten Kuipers, STEAM; Marieke Por, Philips; Ton Rodenburg, ARA M/V; Marian van Soest, ABN Amro; Gusta Timmermans, ING; Marian de Joode, LTP; Geert-Jan van Waasdorp, Intelligence Group; Dick Faber, Saxion; John Fahrenfort en Anabel van Nunen, Fontys Eindhoven; Ernst van Hal, HAN; Paul van Miert, Avans Hogeschool, 's-Hertogenbosch; Arjen Pakker, Hogeschool van Arnhem en Nijmegen; Inge Klinkers en Wendelien van Voorst van Beest, Pearson Benelux.

En *last but not least*: thuisfront Berlicum.

Over de auteur

Ardiënne Verhoeven heeft ruim twintig jaar ervaring in hrm en recruitment. Zij begon haar loopbaan als hrm-manager bij KPN en Unilever en werd als adviseur bij vele (middel)grote organisaties betrokken. Zij staat bekend om haar onconventionele, maar effectieve aanpak van hrm- en recruitmentvragen. Onder de naam WorkWonders adviseert en ondersteunt Verhoeven sinds 2000 organisaties bij hun recruitmentstrategie. Om het vakgebied verder te professionaliseren besloot zij met haar kennis en ervaring dit praktische boek te schrijven voor startende recruiters.

MyLab | Nederlandstalig
Recruitment, 2e editie

Wat is MyLab?

MyLab is de digitale leeromgeving van Pearson. Hierin kunnen studenten oefenen met het studiemateriaal. Docenten kunnen hun lessen vooraf klaarzetten en hun studenten monitoren op hun voortgang.

MyLab voor studenten

Met MyLab krijg je de stof sneller en beter onder de knie door te spelen met de inhoud. MyLab helpt daarbij door je studiemateriaal te bieden waarmee je kunt oefenen. Zo word je goed voorbereid op je tentamen. Kijk op de volgende pagina welk studiemateriaal er beschikbaar is bij dit boek.

Hoe registreer je je?

Om je te registreren heb je nodig:
- een geldig e-mailadres;
- de studententoegangscode;
- eventueel een Klas-ID (deze wordt aangemaakt door je docent).

Volg deze stappen:
1. Ga naar **www.pearsonmylab.nl** (Nederland) of **www.pearsonmylab.be** (Vlaanderen).
2. Klik onder het kopje 'Registreren' op de knop 'Student'.
3. Vul de studententoegangscode in.

Als je al een Pearsonaccount hebt, hoef je slechts je inloggegevens in te vullen. Heb je nog geen account, maak deze dan aan door de aangegeven stappen te volgen.

Je unieke studententoegangscode staat op de binnenzijde van het omslag.

Hulp nodig?

Als er vragen of problemen ontstaan bij het gebruik van MyLab, neem dan contact op met onze klantenservice via het contactformulier op **www.pearsonmylab.nl/help**.

MyLab voor docenten

Doordat studenten oefenen met de theorie, begrijpen ze de stof beter. Daarnaast is er veel exclusief docentenmateriaal te vinden. Op deze manier bespaart u tijd bij het voorbereiden van uw les. Bovendien kunt u uw studenten monitoren en zo bekijken welke onderwerpen extra aandacht verdienen. Vraag een docententoegangscode aan via **docent@pearson.com** om toegang te krijgen tot het exclusieve docentenmateriaal.

MyLab | Nederlandstalig

Recruitment, 2e editie

eText

MyLab bevat een interactieve eText. Dit is het volledige boek, dat online te bekijken is of via een app te downloaden op je tablet.

Toetsvragen

De toetsvragen helpen je ontdekken of je de theorie uit het boek voldoende onder de knie hebt.

Met de eText kun je interactief leren. Zo kun je noties maken, zoals je zou doen in de kantlijn, belangrijke zinnen markeren en theorie verbergen als je die niet hoeft te bestuderen. Met de handige navigatie- en zoekfunctie vind je precies het onderwerp dat je zoekt.

Wat bevat MyLab verder aan studiemateriaal?

Begrippentrainer

De begrippentrainer is een handige tool waarmee je alle kernbegrippen uit het boek kunt leren. Je kunt zowel de begrippen als de betekenissen trainen. Je kunt alles tegelijk oppakken, maar je kunt ook zelf een selectie maken van de begrippen die jij lastig of belangrijk vindt.

Video's

Hier vind je interessante filmpjes van voorbeelden die in het boek aan bod komen, en educatieve video's op het gebied van recruitment.

Oefenmateriaal

Voor elk hoofdstuk staan in MyLab oefeningen met vragen en opdrachten.

Figuren & Tabellen

Hier zijn alle afbeeldingen uit het boek opgenomen. Je kunt de afbeeldingen eenvoudig opslaan en gebruiken in bijvoorbeeld verslagen en presentaties.

Hoofdstuk 1
Introductie

Recruitment als onderdeel van een organisatie: een blik naar binnen

 Leerdoelen

Nadat je dit hoofdstuk hebt gelezen, moet je het volgende kunnen:
- verwoorden wat recruitment inhoudt;
- weten wat de basisbegrippen binnen het recruitmentwerkveld betekenen;
- begrijpen dat recruitment en de organisatiedoelstellingen samenhangen;
- de plaats van recruitment binnen de organisatie- en hrm-strategie en de hrm-cyclus kennen;
- weten wat van belang is in de samenwerking tussen lijnmanagement, recruitment, communicatie en hrm.

 Openingscase

ASML: de organisatiestrategie en recruitment

De ASML-organisatie

ASML ontwikkelt complexe machines die van cruciaal belang zijn voor het produceren van microchips. Deze microchips, oftewel 'chips', worden door de afnemers van de machines van ASML gemaakt voor slimme elektronica, zoals smartphones, laptops en tv's. Vanuit het hoofdkantoor in Veldhoven ontwerpen, integreren en vermarkten ASML-medewerkers deze geavanceerde systemen. Ruim 80% van het personeelsbestand bestaat uit hoogopgeleide technici. Jaarlijks werft ASML zo'n 1.000 nieuwe medewerkers en organiseert de afdeling recruitment zo'n 300 wervingsactiviteiten.

De organisatiestrategie

ASML is actief in de halfgeleiderindustrie. De omgeving van ASML verandert voortdurend. De technologische innovaties gaan heel snel. Dat betekent dat je als organisatie als eerste de slimste en beste oplossingen moet brengen voor je klanten. Alleen wanneer de organisatie heel wendbaar is en zich voortdurend aanpast, lukt dat. In vakjargon noemen we dit 'Agility'.

Om als organisatie wendbaar (*agile*) te zijn, is bij ASML gekozen voor een flexibele schil rond de organisatie. En een wendbare organisatie vraagt om wendbare werknemers. Dat zijn werknemers die kwalitatief tot de top van de markt behoren en goed passen binnen de cultuur van ASML. ASML heeft lef en hoge ambities. Dat ambitieniveau wil je ook van nieuwe medewerkers. Die ambitieuze doelgroep is, wereldwijd, (zeer) schaars.

De organisatiedoelstellingen en recruitment

Binnen recruitment is er een aantal speerpunten om te zorgen voor voldoende flexibiliteit en een goed aanbod van de juiste mensen met de juiste competenties op het juiste moment.

- *Partnership met de business*: Recruiters investeren veel tijd in het leren kennen van de strategie van de organisatie en business units. En in het bepalen welke mensen en kennis in de toekomst cruciaal zijn om deze strategie waar te maken. Daarvoor moet een recruiter kunnen schakelen met de business: mee kunnen denken, dezelfde taal spreken, en de organisatie kunnen overtuigen van de noodzaak goed en proactief na te denken over bemensing.
- *Agility*: Om wendbaar te zijn, moet je over de juiste kwaliteiten beschikken, maar die zul je ook op een flexibele manier moeten kunnen inzetten. Kwalitatief goede mensen zorgen voor wendbaarheid. Zij leren snel nieuwe dingen en kunnen zich aanpassen. Niet de beste uit de markt is daarbij het criterium. Maar de beste voor ASML. En die is niet altijd meteen beschikbaar. Je zult het aanbod van potentiële nieuwe medewerkers heel proactief goed moeten leren kennen om voldoende instroom te borgen. Op het moment dat er vacatures ontstaan, heb je al zicht op de juiste kandidaten voor deze vacatures. Zeker voor de kritische competenties.
- *Focus op kritische competenties*: Er is speciale aandacht voor de competenties die kritisch zijn. Dat zijn de competenties die van strategisch belang zijn voor de organisatie en waarbij er krapte is op de (wereldwijde) arbeidsmarkt. Door goed zicht te hebben op de kritische competenties is duidelijk wat nodig en urgent is. Op basis daarvan kijk je naar het aanbod op de arbeidsmarkt: Waar zitten de mensen met deze competenties? Hoe bereiken we hen? En als ze er niet zijn, hoe zorgen we dan dat we de markt creëren, bijvoorbeeld door studenten te stimuleren voor deze studierichtingen te kiezen? Recruitment wordt proactief in plaats van reactief.

Een voorbeeld: ASML koppelt scholarships aan kritische competentiegebieden. In Utrecht is een bachelorprogramma in fysica, maar geen masterprogramma. Daardoor gaan veel studenten met een bachelor in fysica een andere richting op. Met een scholarship kun je studenten stimuleren om een master in fysica te gaan volgen. Daarmee worden twee dingen bereikt: schaarse studenten blijven behouden voor het vak, en ze ervaren dat er veel en interessante kansen op de arbeidsmarkt zijn.

Een les voor recruitment

- Het is belangrijk goed te begrijpen wat de organisatiestrategie is of wordt, en om te begrijpen welke mensen je nodig hebt om die strategie waar te maken. Als recruiter kun je daarop goed voorbereid inspelen, zoals bij ASML gebeurt door de focus op kwaliteit en proactief sturen op voldoende geschikte mensen.
- Recruitment gaat van reactief naar proactief. Zeker wanneer het lang duurt om geschikte mensen op te leiden en de arbeidsmarkt krap is, zul je vanuit recruitment niet kunnen wachten met het zoeken van geschikte mensen totdat je een vacature krijgt binnen je organisatie. Je zult al scherp in het vizier moeten hebben wat het geschikte aanbod op de arbeidsmarkt is en hoe je het aanbod kunt beïnvloeden.

1.1 Inleiding

Stel: je vraagt een hr-manager, een sollicitant, een communicatiemedewerker, een lijnmanager met een vacature en een headhunter om een beschrijving te geven van een recruiter. Je zult dan van iedereen een ander beeld krijgen. 'Iemand die het bedrijf vermarkt op de arbeidsmarkt', zegt een communicatiespecialist. 'Een selecteur', zegt een kandidaat. 'Iemand die de instroom van nieuwe medewerkers voor mijn afdeling regelt', zegt de lijnmanager. 'Een inkoper van mijn diensten', zegt de headhunter. Veel verschillende antwoorden, maar wel met gemeenschappelijke uitgangspunten.

Deze uitgangspunten van recruitment worden in dit hoofdstuk toegelicht, en wel vanuit het recruitmentproces zelf, vanuit de organisatiedoelstellingen en vanuit het perspectief van de arbeidsmarkt. Daarnaast wordt in dit hoofdstuk de opbouw van het boek toegelicht.

> **RECRUITMENT** Recruitment brengt vraag en aanbod op de arbeidsmarkt bij elkaar door het zoeken, werven, selecteren en onboarden van potentiële werknemers tegen zo gunstig mogelijke condities voor de organisatie, passend bij de hrm- en organisatiestrategie.

Deze definitie is niet 'de' definitie van **recruitment**; het is slechts één van de mogelijke beschrijvingen van het vakgebied. Wanneer je op internet zoekt naar definities van recruitment, kom je vele varianten tegen. Zoals op Wikipedia of de Recruiting Roundtable. Ze hebben echter altijd bepaalde elementen met elkaar gemeen:

1. Als recruiter houd je je bezig met het zoeken, werven, selecteren en onboarden. Iedereen is het erover eens dat werving en selectie tot het vakgebied van recruitment behoren; over het onboarden lopen de meningen uiteen. In hoofdstuk 7 van dit boek wordt uitgelegd waarom onboarden onlosmakelijk bij het werven en selecteren hoort en daarmee tot het aandachtsgebied van de recruiter.
2. 'Van potentiële werknemers.' Je zoekt naar mogelijke kandidaten voor vacatures.
3. 'Tegen zo gunstig mogelijke condities voor de organisatie.' Je rekruteert namens een organisatie. Dat doe je op het juiste moment, met het juiste budget en op de juiste plek, zodat het voor de organisatie zo gunstig mogelijk is.

4. 'Passend bij de hrm- en organisatiestrategie.' Recruitment moet aansluiten bij de missie en strategie van de organisatie.

In deze paragraaf gaan we in op deze elementen.

1.1.1 Recruitment namens een organisatie

Ilse is hr-manager voor een middelgroot accountantskantoor. Ieder jaar heeft ze zo'n dertig vacatures, van junior en senior accountants tot secretaresses. Zelf heeft ze geen tijd voor het zoeken en werven van kandidaten. Ze stuurt de vacatures allemaal door naar een headhunter, die voor haar op zoek gaat naar kandidaten. Zou ze niet zelf een recruiter in dienst moeten nemen?

Het uitgangspunt van dit boek is dat recruitment een integraal onderdeel vormt van de organisatie. Recruitment is een vakgebied dat verweven is met het grotere geheel van de organisatie en met hrm. Recruitment houdt zich bezig met het zoeken, werven, selecteren en onboarden van nieuw personeel in dienst van of uit naam van de organisatie. We noemen dit ook wel **corporate recruitment** of **company recruitment**. Dit in tegenstelling tot **bureaurecruitment**.

Corporate recruitment is verantwoordelijk voor de recruitmentstrategie, representeert de organisatie op de arbeidsmarkt, voert de regie over het recruitmentproces en voert het proces (deels) uit. Overigens richt corporate recruitment zich niet alleen op de externe arbeidsmarkt, dus buiten de eigen organisatie. Voor grotere organisaties is corporate recruitment vaak ook bezig met de arbeidsmarkt binnen de organisatie: de interne arbeidsmarkt. Corporate recruitment is daarmee voor de organisatie verantwoordelijk voor het koppelen van vraag en aanbod op de interne en/of externe arbeidsmarkt.

In grotere organisaties bestaat corporate recruitment vaak uit een aparte afdeling met meerdere recruiters. In kleine organisaties zal corporate recruitment een onderdeel zijn van de portefeuille van een hr-manager.

Een andere vorm van recruitment is bureaurecruitment. De recruiter werkt dan onafhankelijk van de organisatie en neemt de rol in van bemiddelaar tussen de organisatie en de kandidaat. Hij is als het ware toeleverancier aan de corporate recruiter. Onder bureaurecruiters vallen bijvoorbeeld werving- en selectiebureaus, headhunters en uitzendbureaus. De rol van bureaus wordt in dit boek niet verder uitgewerkt.

1.1.2 Recruitment sluit aan bij de hrm- en organisatiestrategie

Ilse besluit een recruiter aan te stellen. Ze heeft uitgerekend dat ze daardoor flink op de kosten van recruitment kan besparen, en ze verwacht ook sneller betere kandidaten te krijgen. Paul gaat als recruiter aan de slag. Hij heeft twee jaar als algemeen hrm-medewerker bij een groot consultancybureau gewerkt. Hij kijkt wat de organisatie nodig heeft. Wat is de missie van het kantoor? Waar wil het naartoe en wat betekent dat voor de vraag naar personeel? Hoeveel accountants en secretaresses zijn er nodig om de ambities van het kantoor waar te maken? Wat moeten ze kunnen en weten?

FIGUUR 1.1 *Verticale integratie: de recruitmentdoelstellingen zijn afgestemd op de doelstellingen van de organisatie en hrm.*

De behoefte aan personeel wordt bepaald door de missie en **strategie van de organisatie** en door de doelstellingen die de organisatie zich stelt. Gaat zij groeien of krimpen? Op welke markten richt de organisatie zich? Welk soort diensten of producten levert de organisatie of wil ze gaan leveren? Hoeveel? Wanneer? En op welke manier? Gaat de organisatie samenwerken met andere bedrijven?

Uit de strategie van de organisatie leid je de **hrm-strategie** af. Wat staat er op de agenda van hrm? Welke doelstellingen wil hrm bereiken? Hoeveel mensen heb je nodig en welke kwaliteiten moeten deze mensen hebben om de doelstellingen te kunnen behalen? Misschien heb je de medewerkers die nodig zijn om je doelstellingen te realiseren al in je organisatie. Het kan echter ook zijn dat de doelstellingen met de huidige medewerkers nu of straks niet te behalen zijn. Je zult dan extra of andere capaciteit nodig hebben.

Deze kwantitatieve en kwalitatieve vraag naar personeel kun je gebruiken voor je **strategie voor recruitment**. De strategie van recruitment is **verticaal geïntegreerd** met de organisatiestrategie en de hrm-strategie. De doelen van de organisatie, van hrm en van recruitment zijn van elkaar afgeleid en 'verticaal' op elkaar afgestemd.

Uit de doelstellingen van je organisatie leid je dus de vraag naar personeel af. Op basis van deze ingeschatte vraag bepaal je de recruitmentstrategie om aan die vraag te kunnen voldoen. In de volgende paragrafen gaan we hierop in.

VOORBEELD: EEN TRANSPORTBEDRIJF

Organisatiestrategie
Een groot transportbedrijf vervoert groenten en fruit vanuit Nederland naar Duitsland. Er is veel concurrentie op de transportmarkt. Om in deze markt te kunnen overleven moet de organisatie internationaal groeien. De missie van het bedrijf is om binnen vijf jaar 30% van de Euro-

pese markt in groente- en fruittransport in handen te hebben. De organisatie ziet de vraag naar Nederlandse groenten in Oost-Europa aantrekken. Die markt wil ze als eerste betreden.

Hrm-strategie
Om deze groei te realiseren, zal er meer commerciële slagkracht moeten komen. Dat betekent dat het salesteam zal moeten worden uitgebreid met internationale verkoopmedewerkers die in staat zijn nieuwe markten te ontginnen. Er zullen extra chauffeurs nodig zijn. Misschien nog niet meteen in vaste dienst, maar eerst als freelancer. Ook zal het bedrijf meer slimme logistieke planners nodig hebben. Er wordt gekeken hoe dit kan worden bemenst. Zijn er interne medewerkers die kunnen doorstromen of die kunnen worden bijgeschoold? Of moeten deze mensen extern worden gerekruteerd?

Recruitmentstrategie
Wanneer mensen extern moeten worden gerekruteerd, zal recruitment een strategie moeten bedenken om deze mensen te vinden, werven en selecteren. In deze strategie wordt bijvoorbeeld de positionering van het bedrijf meegenomen, een plan van aanpak gemaakt voor de werving, en bedacht hoe in de werving en selectie de rollen binnen het bedrijf worden verdeeld.

De groeistrategie van het transportbedrijf leidt tot een behoefte aan extra personeel. Die behoefte leidt tot een rekruteringsvraag.

De strategische richting van een organisatie is niet alleen bepalend voor het aantal mensen dat nodig is, maar ook voor het type mensen en de kwaliteit van die mensen. Telecombedrijf KPN was ooit een staatsbedrijf dat het monopolie had op telefonie. Toen het verzelfstandigd werd en er concurrentie op de telecommarkt kwam, had het een ander type medewerkers nodig om de organisatie te veranderen in een slagvaardige en commerciële organisatie. De strategie van de organisatie is niet alleen leidend voor de kwantiteit maar ook voor de kwaliteit van medewerkers.

1.1.3 Het aanbod op de arbeidsmarkt
Paul weet wie hij moet zoeken om de missie van de organisatie waar te kunnen maken. Hij heeft een goed beeld van het aantal nieuwe accountants dat de organisatie nodig heeft en van het gewenste profiel van die medewerkers. Hij gaat de markt op. Hij maakt een analyse van de arbeidsmarkt binnen de accountancy.

Om de organisatiestrategie te realiseren heeft de organisatie een bepaalde hoeveelheid en een bepaald type medewerkers nodig. Wanneer bijvoorbeeld een communicatiebureau zich wil gaan specialiseren in de jongerenmarkt, dan zal het personeel moeten hebben met kennis van deze doelgroep. Soms heeft de organisatie deze medewerkers al in dienst of kan ze hen zelf opleiden, soms zal ze deze medewerkers van buiten moeten aantrekken. De doelstellingen en behoefte van de organisatie bepalen welke mensen je nu en op termijn gaat aantrekken.

Wanneer de vraag naar nieuw personeel helder is, moet een recruiter inschatten of er op de arbeidsmarkt mensen aanwezig zijn die aan deze vraag kunnen voldoen. Hij moet een kwantitatief en kwalitatief beeld hebben van het aanbod op de markt: hoeveel mensen zijn er beschikbaar en wat zijn de kwaliteiten van deze mensen? Om terug te komen op het voorbeeld: zijn er communicatiespecialisten te vinden met kennis over de jongerenmarkt? Waar zijn die te vinden? En hoe benader je ze?

Hoe je nieuwe medewerkers gaat aantrekken, wordt mede bepaald door de situatie op de arbeidsmarkt. De manier waarop je nieuwe medewerkers gaat zoeken en werven is afhankelijk van de kwaliteit en de kwantiteit van de mensen die beschikbaar zijn voor de vacatures. In een krappe arbeidsmarkt zijn er weinig mensen beschikbaar voor je vacature. Je zult als recruiter in een krappe markt in je recruitmentaanpak andere prioriteiten stellen dan in een ruime markt, waar je een (te) grote keuze aan kandidaten hebt. Stel, er zijn heel veel communicatiespecialisten met kennis over de jongerenmarkt. Je post een vacature online en de reacties stromen binnen. Of er zijn juist bijna geen communicatiespecialisten met deze kennis. Dan zul je alles uit de kast moeten halen om die ene specialist te vinden. De aanpak voor deze twee situaties zal erg verschillend zijn.

Het is belangrijk de markt goed te kennen, zodat je in je recruitmentaanpak de juiste prioriteiten kunt stellen. In de volgende hoofdstukken zullen we ingaan op de arbeidsmarkt en de ontwikkelingen op de markt die van invloed zijn op recruitment.

Conclusie: de organisatiedoelstellingen zijn bepalend voor wie je zoekt. De arbeidsmarkt is bepalend voor hoe je zoekt.

FIGUUR 1.2 *Een recruitmentbeslissing wordt beïnvloed door de vraag van de organisatie en het aanbod op de markt.*

1.1.4 Het recruitmentproces: zoeken, werven, selecteren en onboarden

Paul kent de missie van de organisatie. Hij weet welke doelstellingen het bedrijf nastreeft en heeft de personele behoefte van zijn werkgever in kaart gebracht. Ook weet hij wat er op de arbeidsmarkt te koop is. Het zal best pittig worden om de vacatures in te vullen op de krappe accountantmarkt. Er is werk aan de winkel. Hij gaat meteen aan de slag.

Er is een concrete vraag naar nieuwe medewerkers, en er is een inschatting dat deze vraag realistisch is en past bij het aanbod op de arbeidsmarkt. Het **recruitmentproces** gaat van start. De vier stappen in het proces zijn (zie figuur 1.3):
1. *Zoeken.* Je brengt de markt van geschikte kandidaten in kaart. Je lokaliseert kandidaten. Je kent hun kwaliteiten en interesses. Je weet hoe deze kandidaten zich oriënteren en wat zij belangrijk vinden bij het accepteren van een nieuwe

baan. Je kent je doelgroep en weet waar deze zich bevindt. Hoofdstuk 3 gaat hier nader op in.

2. *Werven*. Je trekt de juiste kandidaten aan voor je organisatie en vacatures. Je wekt de interesse van je doelgroep, bepaalt hoe je met de leden daarvan communiceert en hoe je hen ertoe beweegt bij je te solliciteren. Hoofdstukken 4 en 5 gaan hier nader op in.

3. *Selecteren*. Je selecteert de juiste kandidaat voor de vacature. Je bepaalt het selectieproces en de selectiemiddelen die je inzet om de juiste kandidaat te kiezen. Je doet de kandidaat een passend aanbod. Je begeleidt het selectietraject. Hoofdstuk 6 gaat hier nader op in.

4. *Onboarden*. Je zorgt dat de nieuwe medewerker op een goede manier onboardt. Je hebt een goed introductie- en socialisatieprogramma. Je managet de verwachtingen van de organisatie en de kandidaat en zorgt dat middelen beschikbaar zijn om medewerkers snel optimaal inzetbaar te maken. Hoofdstuk 7 gaat hier nader op in.

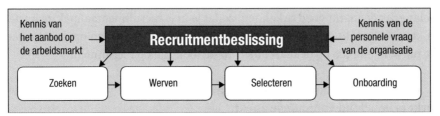

FIGUUR 1.3 *Het verloop van het recruitmentproces is gelijk, maar de prioriteiten liggen voor iedere organisatie anders.*

De verschillende stappen zijn voor iedere vacature en organisatie gelijk. De prioriteiten liggen voor iedere vacature en iedere organisatie anders uit. Zo zal de ene vacature ingevuld worden door een kandidaat die al bij de organisatie werkt. De stappen 'zoeken' en 'werven' zullen dan minder relevant zijn. Je kunt daarbij denken aan een vacature van 'hoofd administratie' die wordt ingevuld door een talentvolle medewerker op de afdeling administratie met het potentieel om door te groeien. Een andere vacature zal een uitgebreid wervingstraject vergen op de externe arbeidsmarkt. Denk aan een bedrijfsjurist: de kennis en vaardigheden waarover zo iemand beschikt, zul je zelden al in huis hebben. Je zult dus veel tijd moeten steken in het zoeken en werven van een jurist op de externe arbeidsmarkt.

1.1.5 Het recruitmentproces: kennis en vaardigheden

Paul heeft de verantwoordelijkheid gekregen voor het complete recruitmenttraject. Hij is verantwoordelijk voor het zoeken, werven, selecteren en onboarden. Paul heeft een hrm-achtergrond; hij heeft wel ervaring met selectie en onboarding, maar mist de kennis en kunde die nodig is voor het zoeken en werven van doelgroepen. Dat moet hij nodig bijspijkeren.

De verschillende stappen in het recruitmentproces – zoeken, werven, selecteren en onboarden (inburgeren) – vragen om twee soorten kennis en **vaardigheden**. Want het werven van nieuwe medewerkers is bijvoorbeeld iets heel anders dan het opstellen van een onboardingsprogramma. Aan de ene kant vraagt het recruitmentproces vaardigheden op het gebied van marketing, communicatie en sales. Voor het zoeken en werven van kandidaten heb je commerciële vaardigheden nodig. Je maakt marktanalyses en kijkt hoe je de markt moet benaderen, maakt marketing- en communicatieplannen en voert die uit. Je hebt als het ware een externe bril op. Je kijkt naar de markt, analyseert hoe die markt van invloed is op recruitment en maakt een plan een plan om met recruitment de markt te beïnvloeden.

Aan de andere kant vergt recruitment vaardigheden op het gebied van humanresourcesmanagement. Voor het selecteren en onboarden heb je vaardigheden op het gebied van hrm nodig. Je brengt het functieprofiel in kaart, ontwerpt een selectietraject, voert dit uit en zorgt voor een goede onboarding van kandidaten binnen de organisatie. Je hebt als het ware een interne bril op. Je kijkt naar de organisatie en hoe de personele behoefte van de organisatie van invloed is op recruitment.

Deze twee soorten vaardigheden zijn heel verschillend. Ze zullen in de volgende hoofdstukken uitvoerig aan de orde komen.

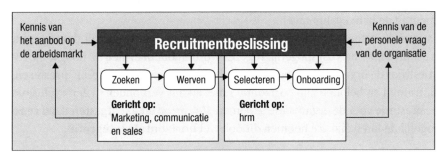

FIGUUR 1.4 *De recruitmentmedaille kent twee kanten.*

Recruitment heeft dus twee kanten (figuur 1.4): de commerciële kant voor het zoeken en werven van nieuw personeel en voor de branding en positionering van de organisatie als werkgever, en de personele kant voor het definiëren van de vraag naar personeel en het selecteren en onboarden van nieuw personeel. De ideale recruiter heeft kennis en vaardigheden op beide terreinen. Vaak zie je dat bij het recruitmentproces binnen een organisatie meerdere professionals betrokken worden; denk aan de afdeling communicatie voor de werving van personeel en de afdeling hrm voor het selecteren en onboarden van kandidaten. Zij brengen beide hun expertise in in het recruitmentproces.

1.2 Partners binnen een organisatie

Paul werkt als recruiter nauw samen met lijnmanager Saskia, die haar team wil uitbreiden met vijf accountants. Het valt niet mee die te vinden. Saskia moppert. Paul gaat met Saskia en de hr-manager kijken of ze het profiel dat ze zoeken wat kunnen aanpassen. Misschien dat het dan wel lukt. En hij heeft met de pr-medewerker van het bedrijf eens goed gekeken hoe hij de banen beter onder de aandacht kan brengen bij zijn doelgroep.

In paragraaf 1.1 is recruitment geïntroduceerd vanuit het recruitmentproces. Er is duidelijk gemaakt waarmee je je als recruiter dagelijks bezighoudt. Maar zoals we zagen, staat recruitment niet op zichzelf. Recruitment is onderdeel van de hrm-cyclus en heeft veel raakvlakken met marketing en communicatie.

1.2.1 Positie van recruitment in de hrm-cyclus

In subparagraaf 1.1.2 zagen we dat de doelstellingen van recruitment verticaal afgestemd zijn met de hrm- en organisatiestrategie. Recruitment zorgt immers voor de instroom van passende werknemers, zodat de organisatie met die werknemers haar strategische doelstellingen kan behalen. De doelstellingen van recruitment liggen in een verticale lijn met de doelstellingen van de organisatie. Het vormt één geheel met elkaar.

Recruitment staat niet op zichzelf. Het is daarnaast ook een onderdeel van de hrm-cyclus binnen de organisatie. Fombrun, Tichy en Devanna ontwikkelden in 1984 het **Michigan-model**, het ontwerp van de hrm-cyclus. Ze namen daarbij de interne organisatie als uitgangspunt en lieten de omgevingsfactoren eigenlijk geen rol spelen. Dit is een behoorlijke versimpeling van de realiteit, maar goed om duidelijk te maken welke rol recruitment in de hrm-cyclus speelt.

Kort iets over de achtergrond van het model: Fombrun gaat ervan uit dat mensen, de human resources, zo bewust mogelijk ingezet worden om daarmee de hoogst mogelijke prestaties voor de organisatie te behalen. De hr-instrumenten selecteren, presteren, beoordelen, trainen en belonen zijn horizontaal met elkaar verbonden in een cyclus om tot optimale prestatie voor de organisatie te komen. Ze zijn op elkaar afgestemd om ze zo effectief mogelijk te laten zijn. Ze noemen dit ook wel **horizontale integratie**.

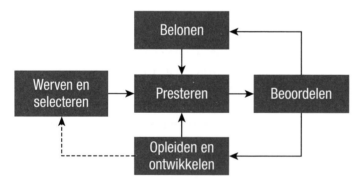

FIGUUR 1.5   *De hrm-cyclus, het Michigan-model (Fombrun, Tichy & Devanna, 1984).*

Het transportbedrijf uit het voorbeeld in paragraaf 1.1.2 wil de activiteiten in Oost-Europa fors laten groeien. Deze strategische doelstelling vraagt om extra verkoopcapaciteit in Oost-Europa. Om die reden rekruteer je verkoopmedewerkers die de Oost-Europese markt kunnen laten groeien; dat is de prestatie die je van deze nieuwe medewerkers verwacht. Na enige tijd beoordeel je hun prestaties. Je kijkt of het gelukt is om deze groeiverwachting waar te maken. Als dat zo is, zorg je voor een passende beloning. Daarnaast kijk je of training en groei van medewerkers wenselijk is om ook in de toekomst prestaties te kunnen blijven leveren. Verkoopmedewerkers met doorgroeipotentieel stromen wellicht door naar een baan met meer verantwoordelijkheden. Een medewerker komt zo weer bij recruitment terecht, in een intern selectietraject voor een nieuwe baan.

Je stemt de instrumenten die je gebruikt voor dit traject van in-, door- en uitstroom op elkaar af. Op die manier versterken de verschillende stappen elkaar.

1.2.2 Recruitment, hrm, communicatie en lijnmanagement zijn partners

In de meeste organisaties valt recruitment onder de verantwoordelijkheid van hrm. In organisaties met veel of moeilijk vervulbare vacatures bestaat vaak een aparte afdeling recruitment. Deze afdeling brengt recruitmentexpertise in en zorgt voor een goede afhandeling van recruitment processen.

De samenwerking verloopt in iedere organisatie anders. Dat heeft te maken met de manier waarop de rollen zijn verdeeld (zie ook paragraaf 1.1). In grote lijnen komt de samenwerking op het volgende neer:

Vaststellen van de benodigde resources: Lijnmanagement is verantwoordelijk voor de bemensing van zijn organisatie of afdeling. Op basis van zijn doelstellingen bepaalt hij de personele behoeftes. Hrm of een aparte afdeling recruitment vervult een actieve rol richting lijnmanagement om te zorgen dat er een scherp beeld ontstaat. Dat gebeurt op twee manieren. Allereerst voor de organisatie in haar geheel. Met een lijnmanager wordt een strategische personele planning gemaakt met daarin de personele behoeften voor dat moment en op termijn. En in de tweede plaats voor een individuele vacature. In samenwerking met lijnmanagent wordt er een goed functieprofiel vastgesteld dat ervoor zorgt dat de juiste persoon kan worden aangetrokken voor een vacature. In hoofdstuk 3 gaan we in op de strategische planning en de individuele vacatures.

Zoeken en werven van kandidaten: Hrm (recruitment) is verantwoordelijk voor de regie van het zoeken en werven van de juiste kandidaten. Hrm maakt een wervingsplan. Niet alleen voor de organisatie in het algemeen, zoals het positioneren van de organisatie op de arbeidsmarkt met een carrièresite of een wervingscampagne voor specifieke doelgroepen, maar ook voor individuele vacatures, zoals het posten van een vacature op jobsites of de inzet van sociale media om een kandidaat te vinden. Er worden afspraken gemaakt met lijnmanagement over hoe dat kan worden ondersteund, om bijvoorbeeld moeilijke doelgroepen te vinden via diens netwerk. In hoofdstuk 4 en 5 gaan we hier verder op in. Dat betekent niet dat hrm de werving alleen oppakt. Er wordt samengewerkt met de afdeling communicatie. Deze afdeling is verantwoordelijk voor alle communicatie naar buiten. Wanneer hrm (recruitment) een vacature plaatst of een wervingscampagne start, voert de afdeling communicatie de regie. De arbeidsmarktcommunicatie moet passen bij de andere communicatie van de organisatie.

Selecteren en onboarding van kandidaten: Lijnmanagement is eindverantwoordelijk voor de keuze van de beste kandidaat. Hrm (recruitment) speelt in veel gevallen een actieve rol in het proces: het voeren van selectiegesprekken, de coördinatie van de inzet van selectiemiddelen en de administratieve afhandeling. Wanneer een kandidaat geselecteerd is, voert hrm de regie over de onboarding van de kandidaat.In grotere organisaties is de afdeling recruitment in sommige gevallen niet betrokken bij dit traject. Recruitment is daar puur verantwoordelijk voor het werven van geschikte kandidaten. De selectie en onboarding wordt gedaan door het lijnmanagement en hrm.

1.2.3 Recruitment: sales, communicatie of hrm?

De verschillen in samenwerking en de verdeling van rollen zorgen binnen het vakgebied voor veel discussies over de positionering van recruitment, zeker wanneer er een aparte afdeling recruitment is. Is recruitment een onderdeel van hrm? Recruitment verzorgt immers de instroom van nieuwe mensen. Of is recruitment veel meer communicatie? Of toch verkoop? Recruiters positioneren immers de organisatie en banen op de arbeidsmarkt en proberen mensen aan te trekken. Is recruitment daarom niet veel beter op zijn plaats bij de pr en communicatie in een organisatie? Of moet het als afzonderlijk vakgebied worden neergezet?

In de ene organisatie is een recruiter alleen verantwoordelijk voor het commerciële gedeelte: hij krijgt een profiel aangeleverd door hrm of het lijnmanagement. De recruiter vermarkt de banen en levert cv's aan op basis van een profiel. De selectie van aangeleverde kandidaten gebeurt door hrm en lijnmanagement. De recruiter verzorgt als het ware de 'sales leads' voor de lijnmanager of hr-manager.

Het kan ook zijn dat een recruiter de regie en uitvoering van alle recruitmenttaken op zich neemt: het inventariseren van behoeften, branding, communicatie, werving, selectie en onboarding. Hij hoeft niet per se alles zelf te doen, maar voert wel de regie over het proces.

Omdat er grote verschillen in rolverdeling mogelijk zijn, is het van groot belang de manier waarop de lijnmanager, de recruiter, hrm en communicatie samenwerken zo helder mogelijk te maken in een organisatie. Zo stem je goed af wie wat doet in het proces en zorg je dat het soepel verloopt.

Een voorbeeld: je start als recruiter bij een grote bank. Je wordt gebeld door een lijnmanager voor een vacature van creditmanager. Je gaat er enthousiast mee aan de slag. Als de vacature echter wordt geplaatst op een vacaturesite, belt de hr-manager je: deze vacature had niet geplaatst mogen worden, want er is een interne kandidaat voor deze baan. En de afdeling communicatie belt je: het logo van de bank staat niet in de advertentietekst, en dat is verplicht binnen de bank. Het zou beter zijn geweest om van tevoren goede afspraken te maken met hrm en communicatie over de rolverdeling, de verwachtingen en het proces.

1.2.4 De samenwerking tussen recruitment en lijnmanagement

Manager Saskia zoekt een schaap met vijf poten maar wil zelf eigenlijk niks doen om een goede nieuwe medewerker te vinden en te selecteren. Zij wil vooral dat de ondersteunende staf van recruitment, hrm en communicatie dat doen. Maar wanneer Saskia achterover hangt en wacht, krijgt ze niet het beste resultaat. En daar zal recruiter Paul haar van moeten overtuigen. Saskia moet aan de slag.

Recruitment en lijnmanagement zorgen samen voor een goede bemensing van een afdeling. Jullie hebben beide dezelfde doelen voor ogen:

1. **De geschiktste kandidaat vinden.**
2. **De kandidaat op een zo efficiënt en snel mogelijke manier aan de slag hebben.**

Hoe zorg je voor een goede samenwerking van lijnmanagement en recruitment om deze doelstelling te realiseren?

a. Doelstelling 1: Jullie willen de geschiktste kandidaat vinden

Wanneer je de geschiktste kandidaat wilt vinden, zul je geschikte kandidaten moeten aantrekken. En de geschiktste kandidaat zal 'ja' moeten zeggen op jouw aanbod. De lijnmanager en recruitment moeten dus zorgen voor:

- Een toestroom van voldoende geschikte kandidaten.
- Acceptatie van de baan door de geschiktste kandidaat.

Een toestroom van voldoende geschikte kandidaten
Voor de toestroom van geschikte kandidaten is het belangrijk dat jij en de lijnmanager een realistisch en scherp beeld hebben van het profiel van de geschiktste kandidaat. Als jij en de lijnmanager scherp voor ogen hebben wat iemand gaat doen, kunnen jullie het verhaal beter over de bühne krijgen en daarmee betere kandidaten aantrekken en selecteren.

Dat scherpe profiel moet wel realistisch zijn. Een lijnmanager zal goed moeten begrijpen wat hij mag verwachten. Wanneer hij een schaap met vijf poten zoekt dat de volgende dag kan starten, zul jij hem duidelijk moeten maken dat dat niet erg reëel is. Een lijnmanager die begrijpt dat hij onrealistische eisen stelt aan het profiel en de tijdsplanning, kan zijn verwachtingen bijstellen of besluiten het profiel aan te passen.

JOUW ROL

Je helpt de lijnmanager bij het aanscherpen van het profiel: de inhoud van de baan en de omgeving van de baan.

Je geeft de lijnmanager advies over hoe reëel de verwachting is om een kandidaat met het gewenste profiel binnen de verwachte tijdsplanning te vinden op de arbeidsmarkt.

Acceptatie van de baan door de geschiktste kandidaat
Je wilt graag dat de geschiktste kandidaat 'ja' zegt tegen de baan. Je zult samen met de lijnmanager acties moeten ondernemen om de kandidaat de baan te laten accepteren (zie ook hoofdstuk 5). Een lijnmanager kan hier een grote rol in spelen. De lijnmanager kan de baan en de organisatie als geen ander aan de man brengen. Jij ondersteunt de

lijnmanager hierin en zorgt dat hij begrijpt wat hij kan doen om een kandidaat 'ja' te laten zeggen. Het verhaal van de manager moet immers passen bij de kandidaat.

Niet alleen het verhaal is van belang. Ook een soepel en snel verlopend selectieproces is cruciaal om een kandidaat 'ja' te laten zeggen. Als er bijvoorbeeld veel tijd zit tussen het laatste interview en het aanbod, kunnen goede kandidaten afhaken. Ze kunnen intussen een aanbod van een andere organisatie hebben gekregen, of denken dat het bedrijf niet echt in hen geïnteresseerd is en zich terugtrekken uit het proces. In het overgrote deel van de gevallen maakt de manager de uiteindelijke keuze van de kandidaat. De recruiter adviseert hierin en zorgt voor een efficiënt besluit, zodat snel uitsluitsel kan worden gegeven aan de gekozen kandidaat en de afvallers.

> **JOUW ROL**
>
> Je ondersteunt de manager in de strategie om vraag en aanbod bij elkaar te brengen.
>
> Je regelt het recruitmentproces, waarbij de agenda van kandidaten centraal staat.
>
> Je zorgt aan het einde van het selectieproces voor een efficiënte besluitvorming door de lijnmanager, zodat een kandidaat snel uitsluitsel krijgt.

b. Doelstelling 2: Jullie willen de kandidaat zo efficiënt en zo snel mogelijk aan de slag hebben

Je wilt het proces om een nieuwe medewerker te vinden optimaal inrichten om zo snel mogelijk iemand te rekruteren. Hoe kun je de rollen in het wervings- en selectietraject zo verdelen dat je de meeste tijdwinst behaalt?

Als je goed bent in het aantrekken van kandidaten, kun je daar in het proces veel tijd mee besparen, want hoe beter je in staat bent de juiste middelen en kanalen te kiezen, hoe sneller het proces voor het vinden van een kandidaat zal zijn.

Je zult een lijnmanager ervan moeten overtuigen mee te werken aan werving. In een krappe markt wil je bijvoorbeeld een zo groot mogelijk netwerk aanspreken om een nieuwe medewerker te vinden. De lijnmanager zal voor een snelle werving ook zijn eigen netwerk moeten aanspreken. Door een aantal managers zal die suggestie echter worden weggewuifd met 'daar hebben we jou toch voor?' Aan jou de taak hem ervan te overtuigen om toch tijd te investeren in referral recruitment (zie ook hoofdstuk 5).

Het selectieproces heeft meestal zijn tijd nodig, maar je probeert het natuurlijk zo efficiënt mogelijk te laten verlopen. In de meeste gevallen bepaal jij als recruiter het proces en stuur je de agenda van de lijnmanager en de kandidaat. Dat betekent dat je goed moet plannen. Jij zorgt dat de juiste dingen op de juiste tijd gebeuren: cv's selecteren, gesprekken voeren, assessments coördineren en beslissingen nemen.

Een tip om tijdwinst te boeken in je wervings- en selectietraject: spreek de eerste binnengekomen cv's meteen door. Zodra je een paar cv's binnen hebt, loop je met een lijnmanager de cv's door. Wanneer blijkt dat ze niet aansluiten bij het gewenste profiel, kun je besluiten je wervingsaanpak meteen aan te passen. Zo voorkom je dat je in een laat stadium met verkeerde kandidaten blijkt te zitten.

JOUW ROL

Je overtuigt de lijnmanager ervan om tijd te investeren in werving, met name voor referrals.

Je stemt de tijdslijn af met de lijnmanager en de kandidaat om heldere verwachtingen te scheppen over de planning en tijdsinvestering in de selectie.

Je reserveert tijd in hun agenda's voor interviews en evaluatie.

Je zorgt voor goede ict-support om het wervings- en selectieproces zo soepel mogelijk te laten verlopen.

TABEL 1.1 *Rolverdeling lijnmanager en recruitment voor een specifieke vacature.*

ONDERWERP	ROLVERDELING
Tijdslijn	Je hebt een afspraak gemaakt met de lijnmanager om het proces en een realistische tijdslijn te bespreken. De lijnmanager stemt in met de tijdslijn en heeft in zijn agenda tijd gereserveerd voor de selectie.
Organisatiestrategie	Je weet hoe de vacature past in de organisatiestrategie. Je kent de behoefte van de lijnmanager en kent het grotere plaatje. Je maakt de gevolgen van de arbeidsmarkt voor deze vacature aan de lijnmanager duidelijk. De lijnmanager past eventueel het profiel aan.
Vacature	Er is een simpel proces om alle informatie over de vacature te verzamelen. Dit wordt ondersteund met ict. Jij kent alle ins en outs van het gewenste profiel. Je zorgt voor een goede afstemming over het profiel met alle betrokkenen.
Update	Je informeert managers over de status van hun vacature. Je deelt informatie over de eerste kandidaten zodat de manager en jij weten of jullie op de goede weg zijn.
Selectietraject	Je zorgt voor een zorgvuldig opgebouwd selectietraject dat is afgestemd op de kandidaat en de functie, met de juiste selectiemiddelen en gesprekspartners.
Kandidaatgericht	Je zorgt ervoor dat het proces soepel verloopt en dat de kandidaat geen onnodige interviews krijgt. Je geeft hem een heldere beschrijving van het proces en de tijdslijn. Ook zorg je voor een inhoudelijke afstemming tussen jou en de lijnmanager, zodat aan een kandidaat niet vier keer hetzelfde wordt gevraagd. Ten slotte heb je een goede evaluatie met de kandidaat aan het einde van de selectie (zie hoofdstuk 6).
Besluiten nemen	In de agenda van de lijnmanager plan je tijd voor een evaluatie van de kandidaten. Je maakt een goed overzicht voor een lijnmanager om kandidaten eenvoudig met elkaar te kunnen vergelijken.
Acceptatie van de baan	Je begeleidt managers om ervoor te zorgen dat ze de juiste dingen doen en zeggen om kandidaten ja te laten zeggen. Je adviseert de manager hoe hij op een realistische en positieve manier de organisatie en de baan aan de man kan brengen. Je analyseert waarom kandidaten een aanbod hebben afgewezen en wat je eraan kunt doen om dat te voorkomen.

1.3 Samenvatting

Recruitment: een medaille met twee kanten

Het recruitmentproces heeft twee kanten. Aan de ene kant staat het zoeken en werven van kandidaten; dat vraagt om een externe focus op de arbeidsmarkt en om commerciële vaardigheden. Aan de andere kant staat het selecteren en inburgeren van kandidaten; dat vraagt om een interne focus op de organisatie en om hrm-vaardigheden. Afstemming tussen deze twee aspecten in het recruitmentproces is van cruciaal belang voor het welslagen ervan.

De organisatiestrategie is leidend voor recruitment

De organisatie heeft een strategische richting bepaald. Om de strategie van de organisatie waar te maken heeft zij specifieke resources nodig, onder andere human resources, de mensen in een organisatie. De organisatiedoelstellingen (of doelstellingen van de afdeling) bepalen naar welk type mensen (de kwaliteit) wordt gezocht, en naar hoeveel (de kwantiteit). Deels zullen deze mensen al werkzaam zijn bij de organisatie, en deels zullen ze moeten worden aangetrokken, geselecteerd en onboard om de organisatiedoelstellingen te realiseren. Dat is de doelstelling die recruitment nastreeft.

De arbeidsmarkt is bepalend voor de recruitmentaanpak

De organisatiestrategie en de recruitmentdoelstelling liggen in elkaars verlengde. De strategie om de recruitmentdoelstelling te realiseren wordt bepaald door de situatie op de arbeidsmarkt. Recruitment brengt de vraag en het aanbod op de arbeidsmarkt bij elkaar. Centraal staat de volgende vraag: wie zijn er voor deze vacature beschikbaar op de (interne en externe) arbeidsmarkt, en tegen welke voorwaarden? De antwoorden op deze vragen zijn bepalend voor de strategie die je als recruitment kiest om mensen te rekruteren op de arbeidsmarkt.

Recruitment is commercie en hrm

Een recruiter verzorgt enerzijds de instroom van nieuwe medewerkers. Daarom past hij goed in het hrm-proces van in-, door- en uitstroom. Maar een recruiter heeft ook een 'commerciële' rol: hij verzorgt de verkoop van de organisatie op de arbeidsmarkt. Daarom past hij goed bij de afdeling marketing en communicatie. Rekruteren vraagt om een goede afstemming van de rolverdeling tussen hrm, communicatie en recruitment.

Rolverdeling lijnmanager-recruiter

De recruiter heeft vooral invloed op de snelheid van het selectietraject. Hij stuurt het proces en daarmee de agenda en tijdslijn van de manager en de kandidaat. De lijnmanager heeft vooral invloed op de kwaliteit van de kandidaat. Hij beoordeelt de fit met de job en enthousiasmeert de geschiktste kandidaat tijdens het selectietraject om 'ja' te zeggen tegen de baan.

1.4 Opdrachten

 Kennisvragen

1. Geef een korte omschrijving van recruitment.
2. Recruitment wordt omschreven als een medaille met twee kanten, namelijk een commerciële en een hrm-kant. Leg uit wat daarmee wordt bedoeld. Bij welke rol voel jij je het meest thuis en waarom?
3. Hoe zijn de organisatiestrategie en de recruitmentstrategie met elkaar verbonden? Waarom is dat belangrijk?
4. Leg de volgende uitspraak uit: 'De organisatiedoelstellingen zijn bepalend voor wie je zoekt. De arbeidsmarkt is bepalend voor hoe je zoekt.'
5. Waarom zou jij een Service Level Agreement met de lijnmanager aangaan? Welke onderwerpen moeten er volgens jou in staan?

 Cases

CASE 1   START ALS RECRUITER

Je gaat beginnen als recruiter bij een groot warenhuis. Er zijn veel vacatures in de organisatie, maar het overzicht ontbreekt bij hrm. Lijnmanagers zoeken zelf naar mensen. Soms zijn vacatures al ingevuld via het uitzendbureau zonder dat hrm het weet. Er staan soms twee dezelfde vacatures online. Eén geplaatst door hrm en de ander door de afdeling waar de vacature is. Bij sommige vacatures staat het oude logo nog vermeld. Er worden door lijnmanagers afspraken gemaakt over arbeidsvoorwaarden die helemaal niet kloppen met de cao.

Op je eerste dag overhandigt de hr-manager je een spreadsheet met honderdvijftig vacatures, van inkoopmanager tot verkoopster. Ze zegt erbij: 'Ik weet niet of het overzicht klopt, maar hier zul je het voor nu mee moeten doen.'

Wat zou jij als eerste doen en waarom?

CASE 2   RECRUITER ZIEKENHUIS

Je werkt als recruiter voor een streekziekenhuis in Zuid-Limburg. Door de vergrijzing in de regio zal de vraag naar zorg vast gaan stijgen. Niet alleen in aantallen cliënten, maar ook in soorten ziekten: met name gecombineerde klachten en de ouderdomsziekten als diabetes en hartklachten zullen gaan toenemen. In de regio is ook een groot academisch ziekenhuis actief. Dat heeft forse groei-ambities en eigenlijk is het te klein behuisd. Het academische ziekenhuis zou wel willen samenwerken. Waarover zou jij meer willen weten van de directie zodat je goed kunt inschatten wat de recruitmentdoelstellingen zijn?

Hoofdstuk 2
Arbeidsmarkttrends

*De invloed van de arbeidsmarkt op
recruitment: een blik naar buiten*

 Leerdoelen

Nadat je dit hoofdstuk hebt gelezen, moet je het volgende kunnen:
* weten wat het begrip 'arbeidsmarkt' inhoudt;
* de belangrijkste trends op de (internationale) arbeidsmarkt kennen;
* het effect van de arbeidsmarkt op recruitment begrijpen.

 Openingscase

Vebego

De invloed van de arbeidsmarkt op recruitment

Vebego is een internationaal opererend familiebedrijf dat actief is in facilitaire dienstverlening, personeelsdiensten en de gezondheidszorg. Vebego is met ruim honderd bedrijven vertegenwoordigd in zes Europese landen, en heeft zo'n 47.000 medewerkers in dienst.

De dienstverlening is heel divers. Het bedrijf is ooit gestart met het schoonmaken van kantoren, en dit is nog steeds de bakermat van het bedrijf. De dienstverlening in de zorg is echter een groeimarkt. Het is niet langer alleen de schoonmaak van zorginstellingen en het leveren van personeel en schoonmaakartikelen; Vebego helpt ook met advies om te zorgen dat er voldoende mensen zijn.

Trends signaleren en er actief op inhaken

Het bedrijf is sterk in het signaleren van trends en haakt daar innovatief op in. Dat geldt ook voor de dienstverlening die het levert: in het verleden zag Vebego dat schoonmaak en facilitaire dienstverlening in elkaars verlengde lagen. Daarom begon Vebego met het aanbieden van aanvullende zorgtaken naast schoonmaak: koffie serveren, bedden opmaken, planten verzorgen, technische klusjes opknappen. De schoonmakers worden servicemedewerkers. Dat vraagt om andere en bredere capaciteiten, niet alleen bij de huidige medewerkers, maar ook bij de instroom van nieuwe mensen. Zo wordt het een belangrijk selectiecriterium dat nieuwe medewerkers snel nieuwe dingen kunnen leren.

Niet alleen de dienstverlening is innovatief. Er wordt hard gewerkt aan sociale innovaties die inspelen op trends in de arbeidsmarkt. Een paar voorbeelden:

Trend 1: De markt flexibiliseert

In het beroepsonderwijs zul je als scholier of student moeten leren wat het betekent om flexibel te zijn. Om ervoor te zorgen dat het bedrijf goede mensen kan blijven rekruteren, werkt Vebego nauw samen met het beroepsonderwijs om school en bedrijvenmarkt op elkaar te laten aansluiten. Vebego rekruteert leerlingen voor bijbanen die in het verlengde liggen van hun opleiding (zoals bedrijfskunde of facilitaire dienstverlening), zodat ze bijvoorbeeld leren ondernemen.

Trend 2: Mensen willen parttime werken

Vebego is gericht op de drijfveren van mensen in het werk. Wat prikkelt mensen in hun werk? Welke motieven hebben zij in hun werk? Vebego kijkt hoe het zijn organisatie daarop kan aanpassen. Een voorbeeld: het werkethos van mensen verandert. Ze willen dingen zelf kunnen regelen en plannen, zelf hun roosters maken, werk en privé combineren (werken om te leven in plaats van andersom). Denk aan parttime werkende vrouwen die werk en zorg combineren. Vebego signaleerde deze trend en werkt in de thuiszorg met een planningssysteem waarbij werknemers hun eigen werktijden op roosters kunnen inplannen. Zo kunnen deze vrouwen werken op tijden dat het hun past. Deze vorm van zelfsturing leidt ertoe dat mensen meer gaan werken en dat de klanttevredenheid hoger is.

Behoeften op de arbeidsmarkt worden door Vebego vertaald naar de organisatie, en vervolgens wordt daarop ingespeeld, zoals met het planningssysteem. Dat kan ten slotte gebruikt worden om de doelgroep aan te trekken met de boodschap dat Vebego aansluit bij zijn behoeften.

Trend 3: Meer vrouwen aan het werk

Vebego ziet dat dienstverlening steeds belangrijker wordt. Pasten in de industrie en productie de traditionele 'mannelijke' competenties nog, in de dienstverlening sluiten vrouwelijke waarden beter aan. Vebego streeft naar een grotere diversiteit en meer hoogopgeleide vrouwen in het bedrijf.

Een les voor recruitment

- Flexibilisering vraagt om een ander type mensen. Een betere aansluiting tussen school en werk op dit gebied zorgt ervoor dat er meer geschikte schoolverlaters te vinden zijn voor recruitment.
- Het gedrag van een doelgroep op de arbeidsmarkt verandert. Denk bijvoorbeeld aan het aanpassen van de werktijden, zodat nieuwe medewerkers zorg en werk beter kunnen combineren. Recruitment moet dat tijdig signaleren, zodat de organisatie zich kan aanpassen aan dit veranderende gedrag. Recruitment kan deze aanpassingen vervolgens communiceren naar de markt en daarmee zijn doelgroep beter aantrekken.

- Wanneer je bepaalde doelstellingen nastreeft (meer vrouwen in dienst, meer hoger opge-leiden, enzovoort) zul je als recruiter je recruitmentstrategie ernaar moeten inrichten om deze groep te vinden.

2.1 Inleiding

In hoofdstuk 1 zagen we dat de organisatiestrategie bepalend is voor de rekruterings-vraag. De organisatie wil immers haar strategie waarmaken en daarvoor heeft zij een bepaald type medewerkers en een bepaalde hoeveelheid medewerkers nodig. Wanneer ze daar zelf niet over beschikt, zal recruitment deze mensen moeten werven. Het strate-gische plan van de organisatie is bepalend voor je recruitmentplan.

Voordat je gaat rekruteren op de arbeidsmarkt zul je moeten inschatten hoe realis-tisch de vraag naar nieuwe medewerkers is. Wanneer je vijftien cum laude afgestudeerde Nederlandstalige technische specialisten met vijf jaar werkervaring voor minimaal een vierdaagse werkweek zoekt in de regio Zeeland, zou dat best problemen kunnen ople-veren. Op de arbeidsmarkt zul je hen niet zo snel kunnen vinden. Je zult dan wellicht je vraag moeten aanpassen. Kun je het met minder mensen doen? Zou je het werk door Engelstalige medewerkers laten doen? Is parttime werken een optie? Zou je het werk ook thuis kunnen laten doen? Moet je hogere salarissen betalen?

Met een goed beeld van de arbeidsmarkt kun je realistisch inschatten of de vraag van de organisatie tegen de gewenste condities kan worden ingevuld. In dit hoofdstuk gaan we in op de arbeidsmarkt in zijn algemeen. Hoe werkt de markt? Wat zijn de ontwikke-lingen op de markt? En wat betekenen die voor de beschikbaarheid van personeel? Het is belangrijk je te realiseren dat de arbeidsmarkt voortdurend in beweging is. Trends zullen in grote lijn gelijk blijven, maar details zullen anders zijn. Dat is een reden om de markt goed te blijven volgen.

In dit hoofdstuk gaan we dus in op de algemene trends op de arbeidsmarkt. In hoofd-stuk 3 gaan we in op de individuele werknemers en organisaties op deze markt. Als er mensen beschikbaar zijn op de markt, wat vinden zij dan belangrijk? Waar laten ze zich door leiden wanneer ze een nieuwe baan zoeken? En hoe oriënteren ze zich op een nieuwe baan?

FIGUUR 2.1 *Je beslissing om te gaan rekruteren is gebaseerd op kennis van de vraag van de organisatie en kennis van het aanbod op de arbeidsmarkt. Wie zoek je en is die persoon te vinden? De manier waarop je je nieuwe werknemer gaat zoeken en werven komt in de volgende hoofdstukken aan bod.*

2.2 De arbeidsmarkt

De arbeidsmarkt is een plaats waar vragers naar arbeid en aanbieders van arbeid elkaar vinden. Op de arbeidsmarkt wordt door een werkgever en een werknemer arbeid uitgeruild en wordt er tussen hen onderhandeld over de voorwaarden waaronder die ruil plaatsvindt. Daarbij gaat het niet alleen om loon of arbeidsvoorwaarden, maar ook om werktijden, functieniveaus of loopbaanperspectief.

De werkgever vraagt om bepaalde arbeid. Hij zoekt bijvoorbeeld een receptioniste voor 32 uur per week. De werknemer biedt zijn capaciteiten aan om het werk van de receptionist te verrichten. De werkgever biedt daarvoor in ruil loon, werk en andere omstandigheden en voorwaarden aan.

Net als op een gewone markt bepaalt de ruilverhouding de prijs en condities waaronder de ruil plaatsvindt. Wanneer arbeid schaars is, zullen de prijs en de condities anders zijn. Een schaarse ict-specialist zal wellicht wel willen komen werken, maar alleen tegen een hoger salaris of alleen op een specifieke locatie of tijd.

Vanuit dit perspectief lijkt de arbeidsmarkt alleen te worden beheerst door individuele werknemers en organisaties. Maar bij de arbeidsmarkt zijn ook nog collectieve partijen betrokken. Daarbij kun je denken aan werkgevers- en werknemersorganisaties. Zij behartigen collectieve belangen op de markt en maken gezamenlijke afspraken voor individuele werkgevers en werknemers, bijvoorbeeld in cao's. En je kunt denken aan de overheid, die de markt gedeeltelijk reguleert door wetgeving op het gebied van bijvoorbeeld het ontslagrecht of uitkeringen.

De arbeidsmarkt ziet er in eerste instantie uit als een geheel. Maar de markt bestaat eigenlijk uit een groot aantal deelmarkten of segmenten. Denk aan geografische deelmarkten als de internationale, nationale of regionale arbeidsmarkt, of aan markten per branche, per beroep of leeftijdsgroep. Je hebt een arbeidsmarkt van startende academici, een markt voor technische professionals in de regio Eindhoven of een markt van internationale chauffeurs. De arbeidsmarkt is eigenlijk een sterk **gesegmenteerde markt**. Hij is in groepen ingedeeld. Iedere groep heeft zijn eigen kenmerken en factoren. Hiermee zul je bij het bepalen van je recruitmentaanpak rekening moeten houden.

Voor je organisatie is het belangrijk het relevante arbeidsmarktsegment goed te kennen en te blijven volgen. Wanneer je je marktsegment goed kent, kun je beter inspelen op veranderingen en (toekomstige) personele ontwikkelingen. Er zijn veel brancheverenigingen die de arbeidsmarkt voor de organisaties die lid zijn van hun vereniging al in kaart hebben gebracht. Wanneer dat niet zo is, kun je zo'n vereniging benaderen en vragen of die een arbeidsmarktanalyse wil ontwikkelen voor de branche. Je kunt ook gespecialiseerde partijen inschakelen om een analyse te maken. Op MyLab vind je verwijzingen naar deze organisaties.

In dit hoofdstuk zullen we ingaan op de trends van de markt in het algemeen en op een aantal deelsegmenten binnen die markt.

2.3 Ontwikkelingen op de arbeidsmarkt

Wanneer je voor je organisatie op zoek gaat naar personeel, wil je graag een inschatting maken of het personeel dat je zoekt voorhanden is. De beschikbaarheid van personeel wordt door een drietal belangrijke ontwikkelingen beïnvloed:

1. De leeftijdsopbouw van de beroepsbevolking verandert.
2. De samenstelling van de beroepsbevolking verandert.
3. De beroepsbevolking maakt andere keuzes.

Voordat we deze ontwikkelingen bespreken, zullen we nog kort inzoomen op het begrip 'beroepsbevolking' volgens de Nederlandse definitie van het CBS. De **beroepsbevolking** bestaat uit alle personen van 15 tot 65 jaar die:

- ten minste twaalf uur per week werken, of;
- werk hebben aanvaard waardoor ze ten minste twaalf uur per week gaan werken, of;
- verklaren ten minste twaalf uur per week te willen werken, daarvoor beschikbaar zijn en activiteiten ontplooien om werk voor ten minste twaalf uur per week te vinden.

Kortom: iedereen tussen de 15 en 65 jaar die minder dan twaalf uur werkt of wil en kan werken, behoort niet tot de beroepsbevolking. *Meer weten over de beroepsbevolking? Kijk eens op de 'Barometer beroepsbevolking' op de website van het Centraal Bureau voor de Statistiek (CBS).*

Nederland heeft binnen Europa een hoge arbeidsdeelname. Bijna 80% van de beroepsbevolking heeft betaald werk. Maar Nederland heeft ook een hoge mate van parttime werkenden. In de volgende subparagrafen zullen we verder ingaan op de hierboven genoemde ontwikkelingen.

2.3.1 Ontwikkeling 1: De leeftijdsopbouw van de beroepsbevolking verandert

Ten aanzien van de leeftijdsopbouw zijn drie belangrijke ontwikkelingen waar te nemen:

1. De beroepsbevolking vergrijst en moet langer werken.
2. De verwachte ontgroening valt naar verhouding mee in Nederland.
3. De arbeidsmarkt wordt internationaal en tegelijkertijd regionaal.

Trend 1: De bevolking vergrijst en moet langer werken

Het aandeel van ouderen in de bevolking neemt toe. Dit noemen we **vergrijzing**. Enkele getallen:

- In 1957 waren er 6 werkenden voor iedere 65-plusser.
- In 2014 waren er 4 werkenden voor iedere 65-plusser.
- In 2040 zullen er 2 werkenden voor iedere 65-plusser zijn.

De levensverwachting bij geboorte in Nederland is de afgelopen 50 jaar met 7,4 jaar toegenomen. De groep ouderen groeit dus, met een verwacht hoogtepunt in 2040. Dat is het jaar van de piek van de vergrijzing. Naar schatting zal 26% van de bevolking

65-plusser zijn, waarvan een derde ouder dan 80 jaar (dubbele vergrijzing). Ter vergelijking: momenteel is het percentage 65-plussers nog 16%, waarvan 25% 80-plus is. We noemen dit de grijze druk. Steeds minder mensen zullen de steeds omvangrijkere (financiële) lasten moeten dragen van deze groeiende groep ouderen. Langer doorwerken zorgt dat de grijze druk afneemt.

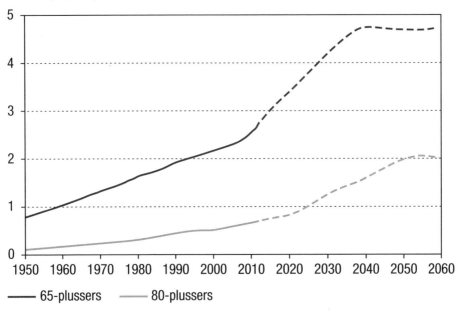

aantal (miljoen)

— 65-plussers   ⋯⋯ 80-plussers

FIGUUR 2.2 *Aantal 65- en 80-plussers, 1950-2012, en prognose aantal 65- en 80-plussers 2012-2060 (CBS, 2014).*

Langer aan het werk

Bij mensen boven de 50-55 jaar neemt de arbeidsparticipatie sterk af: het aandeel 55-plussers dat een betaalde baan van twaalf uur of meer heeft of ambieert, daalt (zie figuur 2.3). Deze terugval heeft zowel te maken met vervroegde uittreding als met afkeuringen. Toch zijn er, in vergelijking met tien jaar geleden, veel meer 55-plussers actief in de beroepsbevolking. Met name vrouwen werken langer door. Sinds 2014 is voor het eerst meer dan de helft van de werknemers op het moment van pensionering 65 jaar of ouder.

Onder 65-plussers is de arbeidsparticipatie sinds 2001 zelfs meer dan verdubbeld. Vooral zelfstandigen blijven na het bereiken van de pensioengerechtigde leeftijd werken, meestal omdat ze minder pensioen hebben opgebouwd. Langer doorwerken gebeurt door ouderen wel vaak in deeltijd en op flexibele basis.

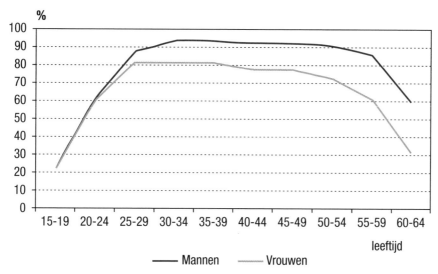

FIGUUR 2.3 *Bruto arbeidsparticipatie naar leeftijd en geslacht (CBS, 2015).*

Er zullen meer mensen na hun 55ste aan de slag moeten blijven en ze zullen langer moeten doorwerken om de grijze druk op te vangen.

Vergrijzing per sector divers

De vergrijzing per sector is zeer divers. Het meest vergrijsd zijn het onderwijs, de gezondheidszorg en de landbouw. Het CBS verwacht bijvoorbeeld dat binnen twintig jaar ruim de helft van het onderwijspersoneel de 65 zal zijn gepasseerd. Exacte cijfers over de vergrijzing in verschillende sectoren vind je op de sites van bijvoorbeeld het CBS of het Centraal Planbureau (CPB).

Nederland internationaal

Nederland behoort tot de middenmoot als het gaat om ouderen die aan het werk zijn.

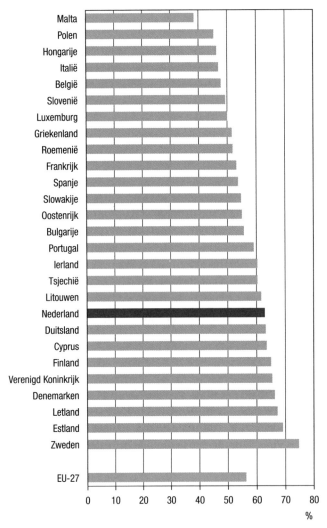

FIGUUR 2.4 *Aandeel werkende ouderen (55-65 jaar) in Europa (Eurostat, 2014).*

Binnen Europa is er een grote diversiteit in de mate waarin leeftijdsgroepen aan het werk zijn. Je ziet een hoog percentage ouderen die aan het werk zijn in Zweden en Noorwegen. En een hoge jeugdwerkloosheid in Zuid-Europa. Op de site van Eurostat vind je de meest recente informatie over de Europese arbeidsmarkt.

WAT BETEKENT DIT VOOR RECRUITMENT? – OUDEREN REKRUTEREN

Er bestaan binnen organisaties veel vooroordelen over 'ouderen': ze zijn vaker ziek of ze kunnen de veranderingen niet meer bijbenen. Deze vooroordelen beginnen al bij werkne-mers vanaf 45 jaar. Over het algemeen worden deze werknemers al als verminderd inzet-baar gezien. Deze vooroordelen leiden ertoe dat 'ouderen' bij het invullen van vacatures opzij worden geschoven. Slechts 2% van de vacatures wordt ingevuld door 55-plussers, terwijl 22% van de werkzoekenden 55-plusser is.

Het is belangrijk om je als recruiter te realiseren dat de gemiddelde leeftijd van de beroepsbevolking boven de 40 jaar ligt en dat deze nog verder zal stijgen. Om je vacatures in te vullen, zul je dus een beroep moeten doen op 'oudere' werknemers. Als recruiter zul je tijd moeten investeren om de vooroordelen ten opzichte van 45-plussers weg te nemen. En je zult condities en arbeidsvoorwaardenpakketten moeten aanbieden die passen bij ouderen: parttime werken, flexibel werken, werken als zzp'er (zelfstandige zonder personeel). Meer over het rekruteren van ouderen vind je in hoofdstuk 5.

Trend 2: De verwachte ontgroening valt naar verhouding mee in Nederland

In Nederland is de verwachte **ontgroening**, de daling van het aandeel van jongeren in de totale bevolking, gering. Het CBS (2014) verwacht dat in 2050 21,6% van de bevolking jonger is dan 20 jaar. Dat is maar een klein percentage minder dan het huidige percentage (2014: 22,7%).

Zoals we in trend 1 zagen, neemt de vergrijzing wel flink toe. In vergelijking is de toename van het aandeel van de ouderen zorgwekkender dan de afname van jongeren. Ouderen zijn niet meer aan het werk en hun levensverwachting neemt toe. Een steeds kleinere groep werkenden moet de (financiële) lasten van de ouderen opvangen. De druk van de vergrijzing is zwaarder dan de druk door de ontgroening.

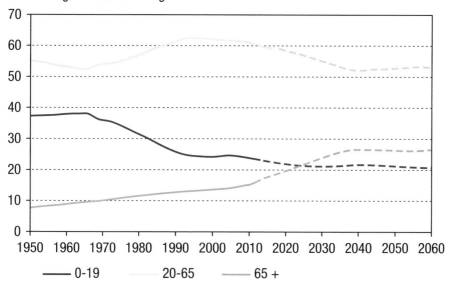

Percentage van de bevolking

— 0-19   20-65   — 65 +

FIGUUR 2.5 *Aandeel 65-plussers, 0-19-jarigen en 20-64-jarigen in de totale bevolking, 1950-2013, en prognose 2014-2060 (CBS, 2014, bevolkingsprognose 2014-2060).*

Wereldwijd forse ontgroening

De opbouw van de wereldpopulatie was de afgelopen eeuwen vrij constant, maar verandert nu in hoog tempo. De wereldwijde ontgroening gaat enorm veel sneller dan in de afgelopen eeuwen ooit het geval was. In combinatie met de wereldwijde vergrijzing zal er een grote druk ontstaan op de mogelijkheden om internationaal alternatieven te gaan vinden.

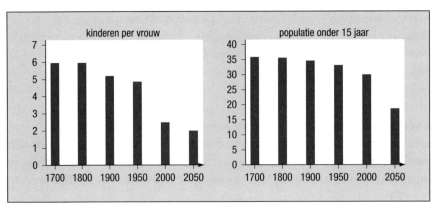

FIGUUR 2.6 *Global Demographic Transition (Lee, 2003).*

WAT BETEKENT DIT VOOR RECRUITMENT? – STARTERS WERVEN
Het aandeel van de beroepsbevolking neemt af. Door de uitstroom van ouderen op de arbeidsmarkt zal de aanwas van schoolverlaters en afgestudeerden hard nodig zijn. Organisaties zullen op het hoogtepunt van de vergrijzing fors concurreren om jong talent. McKinsey noemde het 'the war for talent': het gevecht om het talent. Er komen wereldwijd minder jongeren beschikbaar op de arbeidsmarkt en recruitment zal hierop voorbereid moeten zijn.

Trend 3: De arbeidsmarkt is regionaal en internationaal
De arbeidsmarkt is regionaal ingesteld. Maar tegelijkertijd internationaliseert de markt.

De arbeidsmarkt is regionaal: In de verschillende regio's zijn er contrasten in arbeidsmarktontwikkeling. In Zuid-Limburg en Zeeland zijn de ontgroening en de vergrijzing al sterker voelbaar. Randstadagglomeraties groeien meer dan gemiddeld. De groei wordt vooral bepaald door natuurlijke aanwas en instroom vanuit het buitenland, vooral migranten uit Oost-Europa.

Werk in de eigen regio is voor de Nederlandse beroepsbevolking relevant. Een lange reistijd is de belangrijkste factor waarom mensen een baan toch niet nemen, blijkt uit het Arbeidsmarkt GedragsOnderzoek 2014 (in hoofdstuk 3 hierover meer). Kon je een aantal jaar geleden in een half uur nog dertig kilometer ver komen in de spits, tegenwoordig is dit gehalveerd. Gemiddeld wil een Nederlander maximaal 38 minuten reistijd hebben tussen woonplaats en werk. Meer dan de helft van de beroepsbevolking (54%) wil dichter bij huis werken als de files nog meer gaan toenemen. Bij vrouwen is dit nog iets hoger (59%). Van de mensen die elke dag langer dan een uur onderweg zijn, denkt 39% na over een andere baan. Eén op de vier Nederlanders overweegt door de te lange reistijd een andere baan te zoeken.

De arbeidsmarkt is internationaal: Er zijn ook grote tekorten op de arbeidsmarkt. Denk bijvoorbeeld aan ict-specialisten. Er is onvoldoende aanbod in Nederland en in de landen direct om ons heen. Eurostat geeft bijvoorbeeld tekorten binnen de ict-sector aan tot 70.000 voor Duitsland. Tegelijkertijd zijn er in Zuid-Europese landen overschotten.

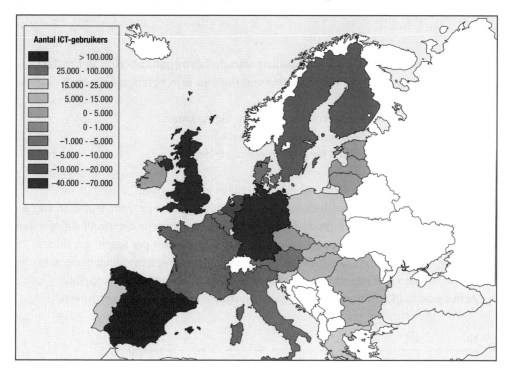

Wanneer je schaarse medewerkers zoekt, zul je de internationale arbeidsmarkt in kaart moeten brengen. Je zult tot in detail moeten begrijpen waar je de meest geschikte kandidaten kunt vinden en of en hoe je hen kunt werven en interesseren om in Nederland te komen werken. Blijvende tekorten kunnen organisaties doen besluiten hun bedrijf te verplaatsen naar een regio waar voldoende personeel beschikbaar is.

WAT BETEKENT DIT VOOR RECRUITMENT? – REKRUTEREN IN DE REGIO EN INTERNATIONAAL

Aan de ene kant is de regio heel relevant: werken in de buurt van wonen wordt steeds belangrijker. Wanneer files toenemen, zullen werkgevers meer aangewezen zijn op werven in de regio. Wanneer de huizenmarkt in een regio 'op slot zit' (mensen kunnen hun huizen niet verkopen), zullen ze eerder in de buurt gaan werken. Of werkgevers zullen mogelijkheden moeten bieden om (deels) thuis te werken. Die flexibiliteit zal steeds belangrijker worden. Het volgen van trends op de regionale arbeidsmarkt is bijzonder belangrijk, net als creativiteit in het vinden van oplossingen als in je regio onvoldoende personeel voorhanden blijkt.

Aan de andere kant vindt er sterke internationalisering plaats. Je zult je schaarse doelgroepen over de grens moeten rekruteren. Dat betekent dat je je moet verdiepen in de factoren die mensen internationaal laten bewegen. En, wanneer nodig, dat je je organisatie moet voorbereiden op een culturele integratie van medewerkers van buiten de landsgrenzen.

2.3.2 Ontwikkeling 2: De samenstelling van de beroepsbevolking verandert

Rond de samenstelling van de beroepsbevolking zijn drie belangrijke trends waar te nemen:
1. Er werken steeds meer vrouwen, maar in kleine banen.
2. De diversiteit op de arbeidsmarkt neemt toe.
3. Er is een verschil tussen laag- en hoogopgeleiden.

Trend 1: Er werken steeds meer vrouwen, maar in kleine banen

Nederland heeft een van de hoogste aantallen werkende vrouwen van Europa, na Zweden, Denemarken en Finland. Zo'n 70% werkt. Maar vergeleken met de rest van Europa werkt de Nederlandse vrouw het kleinste aantal uren per week: gemiddeld 28 uur. Tot de leeftijd van 35 jaar participeren mannen en vrouwen in gelijke mate, maar na hun 35ste stoppen veel meer vrouwen met werken dan dat er mannen stoppen.

Acht op de 10 mannen werkt meer dan 35 uur, tegenover 3 op de 10 vrouwen.

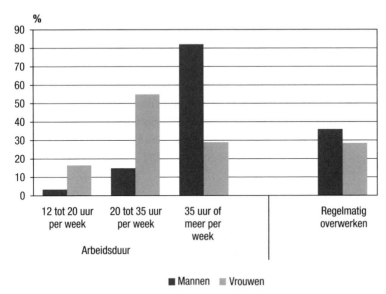

FIGUUR 2.7   *Arbeidsduur mannen en vrouwen (CBS, 2014).*

In 1969 werkte één op de drie vrouwen. Zo'n 35 jaar later werkte twee op de drie vrouwen. Maar veel vrouwen kiezen er nog steeds voor om minder te gaan werken of te stoppen bij de komst van (meerdere) kinderen. Dit kan te wijten zijn aan de traditionele culturele invloed: Nederlandse vrouwen werden tot de jaren zeventig geacht te stoppen met werken wanneer ze trouwden. Andere belemmerende factoren die een sterke rol lijken te spelen zijn de kosten en beschikbaarheid van kinderopvang.

Je zou verwachten dat wanneer de kinderen naar school gaan, vrouwen weer meer gaan werken, maar dat is nauwelijks het geval. Het gekozen arbeidspatroon blijft bij het opgroeien van de kinderen grotendeels gehandhaafd.

TABEL 2.1 *Mate van arbeidsparticipatie van vrouwen met en zonder kinderen (CBS, 2015, tool 'werkende moeders') in percentages.*

	0 KIND	1 KIND 0 JAAR	1 KIND 5 JAAR	3 KINDEREN JONGSTE 0 JAAR	3 KINDEREN JONGSTE 5 JAAR
geen betaald werk	17%	18%	24%	40%	32%
minder dan 12 uur	3%	3%	6%	9%	10%
12-19 uur	4%	7%	10%	14%	15%
20-27 uur	10%	25%	27%	21%	23%
28-34 uur	22%	24%	21%	10%	11%
35 uur of meer	44%	23%	13%	7%	10%

WAT BETEKENT DIT VOOR RECRUITMENT? – VROUWEN AAN DE TOP

Het aandeel vrouwen in de besturen van de 100 grootste bedrijven is 10%, van de hoogleraren is 16% vrouw (CBS, 2014). Een te laag aantal, vindt de politiek. Nederland wil topvrouwen stimuleren om door te groeien om talent optimaal te benutten en daarmee diversiteit en innovatie in organisaties te stimuleren (www.topvrouwen.nl).

Vanuit hrm en recruitment is het belangrijk een stimulerende impuls te geven aan vrouwen wanneer een organisatie de ambitie heeft het aantal vrouwen op weg naar de top te verhogen.

De praktijk van alledag is weerbarstiger. Op basis van de Wet gelijke behandeling mag bij de selectie van een kandidaat geen onderscheid worden gemaakt tussen mannen en vrouwen. Je mag een kandidaat alleen vragen stellen die voor de functie en functievervulling relevant zijn. Je mag dus geen vragen stellen als de volgende: 'Ben je zwanger?', 'Ben je van plan zwanger te worden?', 'Heb je kinderen?', 'Steunt je gezin je carrière?' De algemene cijfers over werkende moeders maakt sommige managers huiverig om jong vrouwelijk talent aan te nemen. Ze zijn bang om hun goede werkneemster weer (deels) te verliezen. Ze stellen dit soort vragen dan vaak toch (indirect). Vanuit hrm is het van belang om managers aan te spreken op dit soort verboden vragen.

Voor meer informatie over gedrag bij solliciteren en de mogelijkheden van een voorkeursbeleid, zie de sollicitatiecode van de Nederlandse Vereniging voor Personeelsmanagement & Organisatieontwikkeling (NVP) op www.nvp-plaza.nl.

Trend 2: De diversiteit op de arbeidsmarkt neemt toe

Het aantal allochtone Nederlanders zal verder stijgen. Nu omvat deze groep zo'n 20% van de bevolking, maar de verwachting is dat over vijftig jaar een derde van de bevolking van (niet-)westerse allochtone afkomst zal zijn.

> **ALLOCHTOON** *Volgens de definitie van het CBS (1999) wordt een persoon als allochtoon beschouwd als ten minste één ouder in het buitenland is geboren.*

TABEL 2.2 *Raming van de verdeling autochtone/allochtone Nederlanders (CBS, 2013).*

NEDERLANDERS IN MILJOENEN	NU	2060
Totaal	16,9	17,7
Autochtoon	13,2 (78%)	12,3 (69%)
Westerse en niet-westerse allochtoon	3,7 (22%)	5,4 (31%)

Bij de niet-westerse allochtonen neemt vooral de groep toe die in Nederland is geboren, de tweede of derde generatie. Bij de westerse allochtonen is de toename vooral toe te schrijven aan de mensen die naar Nederland immigreren vanuit (Oost-)Europa.

Het aantal hoger opgeleide allochtonen neemt toe. Was in 1995 zo'n 5% van de hbo/wo-studentenpopulatie van allochtone afkomst, in 2014 is dat gestegen tot ruim een kwart van de studenten.

TABEL 2.3 *Ingeschrevenen hbo en wo naar herkomst in het studiejaar 2012-2013 (CBS, 2014).*

INGESCHREVENEN 2013-2014	TOTAAL	AUTOCHTOON	ALLOCHTOON	ONBEKEND
hbo / wo	688.016	494.161	173.444	20.411

WERVEN MET DIVERSITEIT

In de VS is er diversity-wetgeving. Kort gezegd komt dit erop neer dat de samenstelling van de bedrijfspopulatie een afspiegeling moet vormen van de populatie op de arbeidsmarkt eromheen. In Nederland bestaan dergelijke verplichtingen niet: er zijn geen afdwingbare quota voor bijvoorbeeld allochtone afkomst. Wel speelt diversiteit steeds vaker een rol bij organisaties. Hun klanten hebben een grote diversiteit, en zij willen daarom medewerkers met dezelfde diversiteit. Deze organisaties passen hun recruitmentstrategie aan voor de werving van een grotere diversiteit aan doelgroepen. Denk bijvoorbeeld aan thuiszorgorganisaties met veel zieke cliënten van allochtone afkomst. Zij willen ook graag personeel met een allochtone afkomst om deze groep te verzorgen.

Trend 3: Er is een verschil tussen laag- en hoogopgeleiden

Het opleidingsniveau van de Nederlandse beroepsbevolking neemt gestaag toe: het aantal afgestudeerde hbo-studenten is de afgelopen tien jaar met één miljoen gegroeid, terwijl het aantal mensen zonder startkwalificatie is gedaald met driekwart miljoen.

De **arbeidsparticipatie**, het percentage van alle mensen tussen de 15 en 65 jaar die tot de beroepsbevolking behoren, verschilt sterk voor hoger en lager opgeleiden. Van de hoger opgeleiden participeert binnen Europa zo'n 83% Onder laagopgeleiden is dat veel minder; daar is de arbeidsparticipatie zo'n 50%.

TABEL 2.4 *Arbeidsparticipatie (in percentage) naar opleidingsniveau in Europa (Eurostat, 2014).*

	BASIS- EN LAGER VOORTGEZET ONDER- WIJS	HOGER VOORTGEZET EN VERVOLGONDER- WIJS (mbo)	HOGER BEROEPSON- DERWIJS EN UNIVER- SITAIR ONDERWIJS
EU-28	52,1	72,7	83,4
Euro area (EA-18)	52,2	73,5	82,6
België	47,8	73,6	84,1
Bulgarije	38,1	69,3	81,4
Tsjechië	41,8	76,6	84,9
Denemarken	60,9	79,3	86,5
Duitsland	58,0	78,8	87,8
Estland	58,2	74,3	83,1
Ierland	46,9	66,0	80,1
Griekenland	46,5	54,2	69,1
Spanje	48,3	64,5	76,4
Frankrijk	54,3	73,2	84,4
Kroatië	36,1	58,1	76,3
Italië	49,8	69,7	77,9
Cyprus	55,5	69,7	79,0
Letland	50,9	69,7	85,2
Litouwen	38,9	68,4	88,6
Luxemburg	61,8	70,8	84,9
Hongarije	39,4	69,0	80,1
Malta	50,8	80,5	88,1
Nederland	60,7	78,2	88,0
Oostenrijk	55,3	78,5	86,6
Polen	38,5	65,2	84,8

	BASIS- EN LAGER VOORTGEZET ONDER-WIJS	HOGER VOORTGEZET EN VERVOLGONDER-WIJS (mbo)	HOGER BEROEPSON-DERWIJS EN UNIVER-SITAIR ONDERWIJS
Portugal	61,8	76,0	80,2
Roemenië	53,4	68,0	84,9
Slovenië	45,5	69,5	83,8
Slowakije	31,3	69,9	79,5
Finland	54,1	73,6	83,8
Zweden	63,8	84,4	89,2
Verenigd Koninkrijk	57,6	77,9	85,0
IJsland	74,4	85,7	90,0
Noorwegen	62,5	81,7	89,6
Zwitserland	69,4	82,2	89,2
Macedonië	35,4	60,2	71,4
Turkije	48,2	61,7	76,9

Een groot aantal laagopgeleiden behoort niet tot de beroepsbevolking. Zij willen of kunnen niet meer dan twaalf uur per week werken. Je kunt hierbij denken aan scholieren, studenten, huisvrouwen, arbeidsongeschikten en mensen die vervroegd met pensioen zijn gegaan. De leden van de beroepsbevolking die niet participeren maar wel willen werken, worden ook wel '**stille reserves**' of 'nuggers' (niet-uitkeringsgerechtigde werkzoekenden) genoemd.

Tussen 2010 en 2040 zal de Nederlandse beroepsbevolking met 800.000 mensen afnemen. Dat hoeft op zich geen probleem te zijn, als de participatie maar toeneemt. Er moeten dus meer mensen twaalf uur of meer gaan werken om aan dezelfde vraag te kunnen voldoen.

TABEL 2.5   *Kwartaalcijfers CBS Beroepsbevolking Q2 2015.*

ONDERWERPEN	WERKLOZE BEROEPS- BEVOLKING	PERCENTAGE WERKLOZE BEROEPSBEVOLKING
	x 1000	%
Totaal	615	6,9
Onderwijsniveau: laag	235	12,0
Onderwijsniveau: middelbaar	261	7,7
Onderwijsniveau: hoog	113	3,8

Het werkloosheidspercentage onder lager opgeleiden is hoger dan dat onder hoger opgeleiden: 12% van de lager opgeleiden is werkloos in 2015 (in 2011 7,7%). Van de hoger opgeleiden is 3,8% werkloos (in 2011 3,9%).

WAT BETEKENT DIT VOOR RECRUITMENT? – STILLE RESERVES REKRUTEREN

Onder de laagopgeleide beroepsbevolking behoort een groot deel tot de stille reserves.
Zij kunnen of willen niet meer dan twaalf uur werken. Een groot deel van deze doelgroep
is niet bezig om te gaan werken en kijkt ook niet op de reguliere kanalen naar vacatures.
Wanneer je deze doelgroep wilt gaan werven, zul je hen eerst moeten enthousiasmeren te
gaan werken. Dat vraagt om inventiviteit van een recruiter.

2.3.3 Ontwikkeling 3: De beroepsbevolking maakt andere keuzes

Rond de keuzes van de beroepsbevolking zijn vier belangrijke trends waar te nemen:
1. Er zijn steeds meer zelfstandigen en flexibel werkenden.
2. Het aantal combinatiebanen groeit.
3. Het aantal deeltijdwerkers neemt toe.
4. De kenniseconomie vraagt andere vaardigheden en expertise.

Trend 1: Er zijn steeds meer zelfstandigen en flexibel werkenden

De werkzame beroepsbevolking groeide tot de economische crisis gestaag. Er kwamen
meer werknemers en meer zelfstandigen. De laatste groep oefent zijn beroep niet meer
in loondienst uit, maar als eigen baas. Deze groep nam sterk toe. In 1996 waren 330.000
personen werkzaam als **zzp'er**. Inmiddels zijn het er meer dan 1 miljoen.

Hoe ziet de groep van zelfstandigen zonder personeel (zzp'ers) eruit?
- Twee derde van de zzp'ers biedt eigen arbeid aan. De anderen verkopen producten.
  Meer dan de helft van de groep die eigen arbeid aanbiedt is ouder dan 45 jaar.
- 48% is hoogopgeleid. Deze hoogopgeleiden werken in de specialistische zakelijke dienstverlening en de gezondheidszorg. De laagopgeleide zzp'ers die eigen
  arbeid aanbieden werken vaak in de bouw.

- Een derde van de zzp'ers is vrouw.
- 65-plussers werken vaker als zelfstandige dan 65-minners.

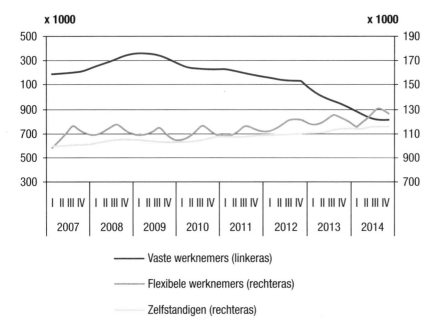

FIGUUR 2.8 *Werkzame beroepsbevolking naar positie in de werkkring (CBS, 2015).*

Ook het aantal flexibele medewerkers steeg de afgelopen jaren. Sinds 2010 ligt dit aantal in vrijwel elk kwartaal hoger dan in hetzelfde kwartaal van het voorgaande jaar. De groei komt vooral voor rekening van de uitzendkrachten. Het aantal flexwerkers hangt samen met de conjuncturele ontwikkeling. Flexibele werknemers zijn vaak degenen die schommelingen moeten opvangen in de vraag naar producten en diensten.

Werkwensen en werkwaarden veranderen. Dit uit zich bijvoorbeeld in de wens om werk en zorg te combineren en om te werken wanneer het goed uitkomt. Maar werk verandert ook om de kwaliteit van leven te verbeteren: men werkt bijvoorbeeld thuis of op flexibele tijden om de files te vermijden. Dit zijn redenen voor mensen om te kiezen voor werk op flexibele of zelfstandige basis. Uit het Arbeidsmarkt GedragsOnderzoek (Intelligence Group) blijkt dat het voor één op de vijf mensen een aantrekkelijke factor is wanneer er flexibele werktijden zijn (zie ook hoofdstuk 3).

Ook werkgevers hebben redenen om te kiezen voor flexibele of zelfstandige medewerkers. Flexibele medewerkers maken de organisatie veel wendbaarder in een sterk veranderende omgeving. Als organisatie ben je beter in staat de hoeveelheid en het type medewerkers aan te passen aan de behoefte.

Door de toenemende flexibilisering op de arbeidsmarkt en het werken met zelfstandigen zullen contracten en arbeidsvoorwaardenpakketten er anders uit gaan zien. Ook zullen sociale partners, de vakbonden en ondernemingsraden een andere rol gaan spelen.

Trend 2: Het aantal combinatiebanen groeit

Zo'n 600.000 Nederlandse werknemers, ruim 7% van alle werkenden, combineren meerdere banen. In het Engels worden **combinatiebanen** ook wel *slash (/) work* of *multiple jobs* genoemd.

De meeste van deze werknemers werken op flexibele basis. Nederland scoort hoog wat betreft deze combinatiebanen in vergelijking met andere Europese landen en de Verenigde Staten. Alleen in de Scandinavische landen ligt het percentage van mensen met meerdere banen hoger.

Er zijn veel verschillende vormen van combinatiebanen. Mensen die zelfstandig ondernemer willen worden en nog gedeeltelijk in loondienst blijven. Mensen die een uitdaging zoeken in bijvoorbeeld topsport of muziek en een tweede baan nodig hebben. Of mensen die een tweede baan nodig hebben om voldoende salaris te krijgen, bijvoorbeeld als flexibele parttime kracht.

De belangrijkste motivatie om voor een tweede baan te kiezen is 'meer uren/meer loon'. Voor de meeste mensen in Nederland is de keuze voor een tweede baan een door de financiële situatie gedwongen keuze. Werknemers kiezen voor een tweede baan omdat zij in hun hoofdbaan niet het gewenste aantal uren kunnen of mogen werken en omdat zij, mede daardoor, niet het inkomen hebben dat zij zouden willen hebben of dat zij nodig hebben om rond te komen. Veel minder vaak is een combinatiebaan gekozen uit een behoefte aan afwisseling en uitdaging in het werk.

Trend 3: Het aantal deeltijdwerkers neemt toe

Bijna de helft van de Nederlandse werknemers werkt parttime. In 1999 was dit percentage nog 39,7% (Europees onderzoek van Eurofound). Het land in Europa met de minste parttimers is Bulgarije (slechts 2,5%). Het verschil tussen parttime werkende mannen en vrouwen is groot in Nederland. Twee derde van de vrouwen werkt parttime tegenover slechts een kwart van de mannen.

De groei van de werkgelegenheid was de afgelopen jaren het grootst bij de grote deeltijdbanen van 20 tot 35 uur per week. Hierdoor stijgt het aandeel deeltijdwerkers nog steeds. Het aantal kleine deeltijdbanen met een arbeidsduur van 12 tot 20 uur was de laatste jaren stabiel. Terwijl het aantal deeltijdwerkers nog steeds toeneemt, is bij de voltijdwerkers sinds 2009 een daling zichtbaar. In 2014 lijkt het te stabiliseren (zie figuur 2.9).

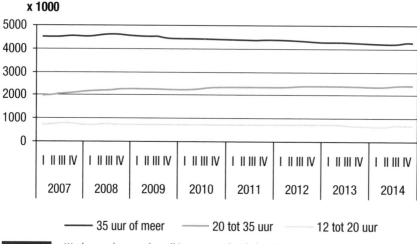

FIGUUR 2.9 *Werkzame beroepsbevolking naar arbeidsduur (CBS, 2015).*

WAT BETEKENT DIT VOOR RECRUITMENT? – FLEXIBELE ARBEIDSPATRONEN

Stel: je werkt als recruiter in een organisatie met veel vrouwelijke deeltijdwerkers, en je kunt moeilijk nieuwe medewerkers vinden. Het is verstandig te kijken of je voorwaarden en faciliteiten kunt creëren die (vrouwelijke) deeltijdwerkers stimuleren om meer uren te gaan werken. Je kunt hen onder meer stimuleren met een flexibel arbeidspatroon. Werk wordt zo ingedeeld dat het past bij het levensritme, zoals een moedercontract met arbeidsuren tijdens de schooltijden tussen 9.00 en 15.00 uur of in drie dagen fulltime werken door langere werkdagen te maken, of de mogelijkheid om zelf uren te plannen en flexibel te werken.

Lees uitgebreidere adviezen in de rapporten van Taskforce DeeltijdPlus, een door de overheid ingestelde werkgroep om (vrouwelijke) deeltijdwerkers meer uren aan het werk te krijgen.

Trend 4: De kenniseconomie: andere vaardigheden en expertise

Een substantieel deel van de economische groei komt voort uit kennis. Binnen Nederland neemt de productiefactor 'kennis' een steeds belangrijker plaats in ten opzichte van arbeid, grondstoffen en kapitaal, de drie traditionele productiefactoren.

Zo was in 1996 nog de helft van de banen te vinden in productie en onderhoud; vijftien jaar later is dat nog maar een derde. In 1996 was zo'n 20% van de banen bestemd voor lager opgeleiden; vijftien jaar later is dat gedaald naar 11%. Het percentage van banen voor hoger opgeleiden steeg in die periode van 30% naar 47%.

Een voorbeeld: binnen de bankwereld veranderen taken in een snel tempo. In 1995 had twee derde van het bankpersoneel een mbo werk- en denkniveau. Een derde had een hbo+ niveau. Bankzaken werden sindsdien steeds meer online gedaan. Daarvoor heb je automatiseerders nodig. Bovendien gingen klanten hun bankzaken zelf regelen. Alleen de ingewikkelde vragen kwamen nog bij de medewerkers van de bank terecht. Hun werk zag er daardoor anders uit en werd inhoudelijk zwaarder. De verhouding in het werk- en denkniveau lag ruim tien jaar later op een derde mbo- en twee derde hbo-niveau.

Deze **kenniseconomie** verandert niet alleen het gewenste opleidingsniveau en de opleidingsrichting, maar ook het soort werkzaamheden dat wordt verricht. Door de globalisering van werk en door de invloed van techniek en ict veranderen bepaalde taken in het werk. Taken zoals analyseren en problemen oplossen zijn sterk verankerd in het (Nederlandse) werk. Die taken verdwijnen niet zomaar en kun je niet gemakkelijk afstoten. Maar taken die bijvoorbeeld te maken hebben met rekenen en het uitvoeren van (statistische) analyses, of taken die fysieke kracht vragen, zijn af te splitsen van het werk. In Nederland is de afgelopen jaren werkgelegenheid verloren gegaan in beroepen met afsplitsbare taken. Ict-werk ging bijvoorbeeld naar India. Fysiek werk werd verricht door machines en robots.

Wanneer kennis belangrijker wordt, is het belangrijk die kennis te kunnen ontsluiten. Dat vraagt om andere vaardigheden van mensen die over kennis beschikken: het delen van kennis, samen problemen oplossen en werken aan een gemeenschappelijk doel, open discussiëren met anderen.

Kennis raakt gedateerd en organisaties veranderen snel. Medewerkers zullen in staat moeten zijn om snel nieuwe dingen te kunnen leren. Leervermogen wordt minstens zo belangrijk als de kennis die iemand op dat moment heeft.

WAT BETEKENT DIT VOOR RECRUITMENT? – EEN VERANDERENDE DOEL- GROEP REKRUTEREN

Vanuit recruitment moet je proactief inspelen functie-eisen die veranderen. Je moet tijdig en juist inschatten hoe de werkzaamheden zullen wijzigen en wat dat vraagt van de medewerkers die je rekruteert. Voor medewerkers die je werft in een sterk veranderende omgeving, waar kennis de kern van de organisatie vormt, zal leervermogen om met deze veranderingen om te gaan in ieder geval een belangrijk selectievereiste zijn.

2.4 De toekomstige arbeidsmarkt

De toekomst van de arbeidsmarkt is moeilijk te voorspellen. Er worden veel studies naar verricht.

Het Centraal Planbureau heeft een onderzoek gedaan naar Nederland in 2040. Wie produceert en verdient het geld? En waar wordt het geld verdiend? Centraal in de studie staan mensen en steden.

Het CPB heeft onder meer gekeken naar de rol die ict gaat spelen in het werken. Ict verandert de manier waarop mensen werken. Ict kan met zich meebrengen dat communicatie gemakkelijker wordt en dat Nederlanders zich gaan specialiseren. Communicatie wordt dan zo goedkoop dat het specialisatie niet in de weg staat. Aan de andere kant zou ict ook meer werk uit handen kunnen nemen. In dat geval zouden Nederlanders zich gaan generaliseren omdat ze het specialistische werk niet meer zelf hoeven te doen.

Voor de ontwikkeling van steden schetst het Centraal Planbureau ook twee mogelijkheden. Steden groeien omdat mensen elkaar opzoeken, of blijven klein door toegenomen communicatietechnieken. Mensen hoeven dan niet bij elkaar te gaan wonen.

Er zijn vier scenario's uitgewerkt, die allemaal een verschillende impact op de arbeidsmarkt hebben. De Nederlandse arbeidsmarkt kan sterk versnipperd zijn of juist geconcentreerd. Hij kan worden gedomineerd door specialisten of juist door een vraag naar manusjes-van-alles. De mogelijkheden voor werknemers en hun inkomen lopen sterk uiteen. Gespecialiseerde werknemers kunnen hun talenten optimaal benutten, maar lopen een groter ontslagrisico. In steden hebben werknemers betere kansen dan daarbuiten (zie www.nl2040.nl).

2.5 Samenvatting

Partijen op de arbeidsmarkt

Op de arbeidsmarkt vinden vragers naar arbeid (werkgevers) en aanbieders van arbeid (werknemers) elkaar. Zij wisselen arbeid en passende beloning uit. Daarbij spelen niet alleen individuen een rol, maar ook collectieve partijen als werkgeversorganisaties, vakbonden en de overheid.

De gesegmenteerde arbeidsmarkt

De arbeidsmarkt lijkt een geheel, maar hij bestaat uit verschillende deelmarkten. De arbeidsmarkt is gesegmenteerd. Vanuit recruitment zul je bij het bepalen van je aanpak rekening moeten houden met de verschillende segmenten van de markt.

Trends op de arbeidsmarkt en in recruitment

In het hoofdstuk worden drie ontwikkelingen met onderliggende trends op de arbeidsmarkt beschreven, en er wordt uitgelegd wat de impact van die trends op recruitment is. De trends zijn veralgemeniseerd en gevoelig voor macro-economische factoren en onvoorziene gebeurtenissen. Over een halfjaar kunnen details weer afwijken.

Bij het werven van nieuw personeel zal per arbeidsmarktsegment altijd gekeken moeten worden naar de specifieke trends voor dat segment. Hoe ziet de vergrijzing eruit? Werken er veel mensen in deeltijd? Of als zelfstandige? Hoe veranderen banen? Hierop zul je je recruitmentaanpak moeten aanpassen.

2.6 Opdrachten

🎓 Kennisvragen

1. De Nederlandse arbeidsmarkt is gesegmenteerd. Wat wordt daarmee bedoeld? Geef een voorbeeld van een gesegmenteerde markt.
2. Beschrijf drie ontwikkelingen voor de Nederlandse arbeidsmarkt en vertel wat daarvan de invloed is op recruitment. Welke trends horen bij deze ontwikkelingen? Welke trend heeft naar jouw mening de grootste invloed op recruitment?
3. In dit hoofdstuk wordt gesproken over ontgroening en vergrijzing. Wat is dat? Wat heeft de meeste invloed op de instroom van personeel: de ontgroening of de vergrijzing? Hoe kun je vanuit recruitment hier proactief op inspelen?
4. De markt van hoogopgeleiden en laagopgeleiden ziet er anders uit. Waarin verschillen zij?
5. De markt van ouderen en jongeren ziet er anders uit. Waarin verschillen zij?

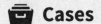 **Cases**

CASE 1   RECRUITER IN DE TECHNIEK

Emma is recruiter van een technisch productiebedrijf in Brabant. Een korte situatieschets:

- Door de toegenomen complexiteit van het bedrijf zoeken ze niet langer mbo maar hbo opgeleid talent. Met een opleiding in werktuigbouwkunde, elektrotechniek en ict.
- De komende drie jaar verwacht Emma ongeveer 30 vacatures door groei van de organisatie. Maar wanneer de arbeidsmarkt aantrekt, verwacht ze dat er ook eigen mensen ergens anders gaan werken.

Emma hoort verhalen over krapte op de markt. En dat het moeilijk is om voldoende capabele mensen te vinden de komende jaren. Klopt dat? Hoe ziet de markt er uit? Met welke trends moet zij rekening houden? Wat zouden die trends betekenen voor de recruitmentaanpak van Emma?

CASE 2   ARBEIDSMARKT ONDERWIJS

Schets een beeld van de trends op de arbeidsmarkt in het voortgezet onderwijs. Raadpleeg daarvoor onlinebronnen (bijvoorbeeld www.onderwijsarbeidsmarkt.nl en/of www.stamos.nl). Hoe zit het met de vergrijzing in het onderwijs? En met het aantal vrouwen dat werkzaam is in deze sector? Hoe ziet de instroom eruit? Zijn er verschillen per vak of regio? Wat betekent dat voor je recruitmentaanpak?

Hoofdstuk 3
Vraag en aanbod

De wensen en behoeften van individuele
organisaties en kandidaten

Leerdoelen

Nadat je dit hoofdstuk hebt gelezen, moet je het volgende kunnen:
* het belang van een strategische personeelsplanning voor een organisatie kennen;
* de relevante stappen voor het maken van een personeelsplan kennen;
* een afweging maken of je een vacature intern of extern invult;
* het belang van arbeidsmarktonderzoek kennen;
* weten hoe kandidaten/doelgroepen zich oriënteren en bewegen op de arbeidsmarkt;
* een individuele vacature in kaart brengen.

Openingscase

ABN AMRO scenario planning met doelgroepen

ABN AMRO behoort tot de drie grootste banken van Nederland en levert diensten aan particuliere en zakelijke klanten. Daarnaast is de bank ook internationaal actief met specialistische activiteiten als private banking, energie, commodity's en transport. Het hoofdkantoor is gevestigd in Amsterdam.

De wereld van de bank verandert snel, en daarmee de inhoud van banen bij de bank. Denk bijvoorbeeld aan de steeds toenemende digitalisering die het werk van ict'ers bij de bank steeds uitdagender maakt. Klanten van de bank willen hun bankzaken regelen op een tijdstip en vanaf een plek die zij zelf prettig vinden. Daarom wordt er steeds meer ingezet op digitale services bij de bank. Daarvoor heb je andere mensen nodig. Het is van cruciaal belang om een strategisch plan te maken voor die toekomst. Een plan met daarin de mensen die je nodig hebt, hoe je hen vindt en bindt, en dat je weet waardoor die mensen zich laten leiden.

Een voorbeeld uit de praktijk

Klanten doen hun zaken meer online. Waar ict-medewerkers eerst ict-systemen voor bankmedewerkers ontwikkelden, maken zij nu een digitale achterkant die rechtstreeks met de klanten van ABN AMRO communiceert. Een ict'er zal dus meer klantgericht moeten werken: niet voor de interne medewerker binnen de bank, maar voor de consument als eindgebruiker. De competenties die iemand daarvoor nodig heeft zijn anders dan vroeger. Dit vraagt dus bijscholing maar vaak ook een ander type mens.

Een organisatie die wendbaar wil zijn moet zich snel aanpassen aan feitelijke veranderingen op de markt en het vermogen hebben om te anticiperen op verwachte veranderingen. De juiste kandidaat voor een specifieke functie zoeken en plaatsen maakt de organisatie en het individu niet wendbaar. ABN AMRO neemt daarom voor haar recruitment niet de vraag voor individuele functies als uitgangspunt maar denkt in scenario's en doelgroepen. Een goede relatie met lijnmanagement en het inschatten van de business is daarvoor heel belangrijk: wat hebben we in de toekomst nodig en waar vinden we de juiste mensen? Niet de volumes bepalen de strategie voor recruitment maar vooral de analyse van hr en business data is bepalend voor recruitment.

Van vacature naar doelgroep

De traditionele werkwijze van 'acteren op het moment van de vraag' werkt niet optimaal voor de recruitmentafdeling van ABN AMRO. Zij wil snel kunnen reageren op veranderingen in de vraag, maar ook anticiperen op de vraag. Dat heeft twee belangrijke gevolgen:

- *Een andere kijk op de vraag.* ABN AMRO analyseerde alle vacatures van de afgelopen twee jaar. Welke talenten hebben we nodig voor deze vacatures? Over welke competenties moet dit talent beschikken? Op basis van deze analyse zijn twaalf profielen gemaakt waarvan er negen gekozen zijn als 'kritisch'. Dit betekent dat deze vacatures in het verleden voldoende volume hadden en het management verwacht dat er in dat werkveld een zekere vraag gaat ontstaan. Er is dan nog geen sprake van een specifieke functie maar wel van werk. Je hergroepeert de functies als het ware. Niet de vacature en de afdeling staan centraal, maar de doelgroepen en het werk. Als recruitmentafdeling richt je je mede daarop.
- *Een andere kijk op werving.* Van deze negen doelgroepen zijn negen zogenoemde Persona's gemaakt. Een beeld van één persoon die de doelgroep representeert. Een persona uit de commercie vraagt zich bijvoorbeeld af: krijg ik energie van mijn werk? En heeft als persoonlijke interesse: kan ik carrière maken? Een persona uit de ict vindt vooral het specifieke systeem waarmee hij werkt belangrijk om te weten, in plaats van carrièremogelijkheden. Deze kennis van de doelgroep bepaalt de manier waarop de bank de communicatie op de arbeidsmarkt doet.Vanuit het management wordt het scenario voor groei bepaald. Bijvoorbeeld: Policies & Regulation is een doelgroep waarvan de bank met zekerheid kan voorspellen dat er meer werk gaat komen in de toekomst. Doordat je als recruiter specifiek voor een doelgroep werkt en werft, wordt de kennis van de kenmerken van zo'n doelgroep beter en kun je als recruiter deze groepen beter vinden in de markt, al proactief bewerken en dus succesvoller zijn in je vak.

Een voorbeeld van een persona:

"Ik sta open voor veel dingen. Vrijheid is voor mij belangrijk. In mijn werk en in mijn privé-leven. Mijn motto: werk moet niet als werk voelen."

Met welke systemen ga ik werken?

WERVINGSFACTOREN	FUNCTIES	RANDVOOR-WAARDEN	DRIJFVEREN	PROFIEL
Inhoud en uitdaging	IT projectleider	Goed pensioen	Inhoud van de job	Diverse doelgroep
Zelfstandigheid	Enterprise architect	Thuis werken mogelijk	Uitdaging	Ervaren
13e maandag	Interactie ontwerper	Dichtbij huis	Professionele groei	Man
Vrije tijd/vakantie	Subject matter expert enz.			

Scenarioplanning en talent acquisition

ABN AMRO heeft dus een beeld van het huidige en toekomstige werk en de doelgroepen die daar voor nodig zijn. Een scenarioplan. Om de beste kandidaten voor dat plan te vinden hanteert de bank een integrale wervingsaanpak. Dat wil zeggen dat er vanuit meerdere invalshoeken tegelijk gekeken wordt waar de juiste persoon gevonden kan worden. Dit kan zijn via werving onder eigen naam, via een tussenpersoon, tijdelijke inhuur tot actieve search en headhunting.

Er wordt gekeken naar twee zaken:

1. De aard van het werk. Zijn de taken snel aan te leren en daarmee minder persoonsafhankelijk? Zijn het tijdelijke taken? Is er expertise voor nodig wat we in huis willen halen en houden?
2. De strategische waarde van dat werk voor de bank. Is de kennis binnen deze baan belangrijk voor de bank en de rol kritisch? Is vervanging lastig vanwege specifieke kennis of zelfs een risico voor business continuïteit?

Op basis van deze twee vragen wordt bepaald wat de wervingsstrategie gaat worden (waar gaan we zoeken?) en welke contract vormen gewenst zijn.

Twee voorbeelden. Wanneer een functie van strategische waarde is, zul je andere wervingsactiviteiten oppakken dan voor functies die je eenvoudig in kunt vullen. Een interne kandidaat heeft dan de voorkeur boven een externe, en een eventuele externe kandidaat zul je vaak via searchbureaus benaderen in de markt en een vast contract aanbieden.

Wanneer een functie minder strategisch is maar een specifieke vaardigheid vraagt die tijdelijk gewenst is, zal de werving eerder succesvol plaatsvinden binnen de pool van zelfstandigen dan worden ingevuld door een interne kandidaat.

Recruitment werkt als inkoop

Recruitment schat de risico's in die de organisatie loopt wanneer ze onvoldoende geschikte mensen kan vinden voor het werk dat er gaat zijn, en maakt een plan om te zorgen dat de risico's minimaal zijn. Eigenlijk werkt recruitment als een soort inkoper die voor een organisatie moet zorgen dat alle middelen er zijn om goede resultaten te boeken.

Recruitment werkt daarbij met een plan met een passende strategie voor de werving van de verschillende doelgroepen en de juiste contractvormen voor deze doelgroepen.

Een les voor recruitment

* Door snelle veranderingen op de arbeidsmarkt is planning op vacatureniveau steeds moeilijker. Nadenken over scenario's en daar de recruitmentaanpak op baseren kan een oplossing bieden.
* Een organisatie die goed begrijpt wat haar doelgroep wil, hoe deze groep eruitziet en waar hij te vinden is, vindt eenvoudiger aansluiting bij deze doelgroep. Daarvoor is het nodig de toekomstige behoefte van de organisatie te begrijpen en te weten welke doelgroepen nodig zijn om deze behoefte in te vullen.

3.1 Inleiding

In hoofdstuk 1 gingen we in op organisaties in het algemeen. We zagen dat de organisatiestrategie leidend is voor de rekruteringsstrategie en we zagen de rol van de recruiter binnen de organisatie. In hoofdstuk 2 zoomden we in op de arbeidsmarkt in het algemeen. We zagen de algemene trends op de markt en de invloed van deze trends op recruitment.

Als recruiter breng je een individuele kandidaat en de organisatie bij elkaar. Om dat op de juiste manier te kunnen doen, zul je ze goed moeten begrijpen. De basiskennis die je hebt opgedaan over organisaties (hoofdstuk 1) en de arbeidsmarkt (hoofdstuk 2) is daarvoor niet toereikend. We zullen moeten kijken wat relevant is voor het maken van een match tussen een specifieke organisatie en een specifieke kandidaat. In dit hoofdstuk gaan we in op de vraag en het aanbod van individuele organisaties en kandidaten.

In paragraaf 3.2 kijken we naar de organisatiekant. Hoe bepaal je de vraag van de werkgever? Welke behoeften heeft de organisatie en hoe zet je personele planning in voor het bepalen van deze behoeften? Paragraaf 3.gaat over de individuele vacature. Wat vraagt een organisatie en wat biedt de organisatie aan voor een specifieke functie?

Paragraaf 3.4 gaat in op de werknemerskant. Waar laten kandidaten zich door leiden bij het kiezen van een werkgever? Welke aspecten zijn daarbij belangrijk? En hoe oriënteren kandidaten zich op een andere baan?

Wanneer je een goed beeld hebt van de vraag en het aanbod van een kandidaat en een organisatie, kun je als recruiter vervolgens aan de slag met employer branding (hoofdstuk 4) en werving (hoofdstuk 5).

3.2 Vraag en aanbod: de organisatie

Joris werkt als recruiter bij een groot transportbedrijf. Het bedrijf werkt nu vooral in Nederland. De directeur heeft plannen om over een halfjaar uit te gaan breiden in Frankrijk en Duitsland. Hij wil daar twee nieuwe vestigingen openen. Het bedrijf heeft veel chauffeurs in dienst die ouder zijn dan 55 jaar. De directeur vraagt Joris om ervoor te zorgen dat er genoeg mensen zijn voor zijn plannen. Joris maakt een plan. Hij inventariseert hoeveel mensen nodig zullen zijn en wat ze moeten weten en kunnen. Nieuwe verkopers die Frans en Duits spreken, maar ook nieuwe chauffeurs om de vertrekkende chauffeurs te vervangen. Dan gaat hij kijken of er mensen in de organisatie zijn die dit werk kunnen doen, en voor welke banen hij nieuwe mensen moet gaan werven.

Zoals we in hoofdstuk 1 zagen, is de personele behoefte af te leiden uit de organisatiedoelstellingen. De organisatiedoelstellingen bepalen immers wat je als organisatie wilt bereiken, hoe je dat wilt doen en met hoeveel en welke mensen je dat wilt doen.

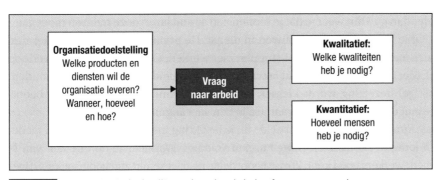

FIGUUR 3.1 *Organisatiedoelstellingen bepalen de behoefte aan personeel.*

Misschien hebben je huidige medewerkers de talenten in huis om je doelstellingen te realiseren, maar het kan ook zijn dat doelstellingen met de huidige medewerkers niet te behalen zijn. In het laatste geval zul je extra of andere capaciteit moeten binnenhalen. Daarom is het van belang de (toekomstige) personele vraag goed in kaart te brengen en te kijken welke factoren van invloed zijn op deze vraag.

3.2.1 De vraag naar personeel door een organisatie
De vraag naar nieuwe medewerkers kun je opsplitsen in twee soorten: de uitbreidingsvraag en de vervangingsvraag. De **uitbreidingsvraag** bestaat uit het personeel dat je extra

nodig hebt om je doelstellingen te realiseren, bijvoorbeeld voor de groei van het bedrijf of omdat de focus van de organisatie verschuift naar andere marktgebieden en dit om expertise vraagt die de organisatie nog niet in huis heeft. De **vervangingsvraag** bestaat uit het personeel dat je nodig hebt om mensen te vervangen die vertrekken vanwege bijvoorbeeld pensioen of een baan elders, of die niet meer in de organisatie passen omdat ze niet meer functioneren, bijvoorbeeld door een verandering van het takenpakket.

Om te bepalen hoe groot je vraag is of gaat worden, zul je je huidige personeelsbestand goed moeten kennen. Je zult moeten weten hoeveel mensen voor je organisatie werken. En je moet de talenten van je personeel kennen, de vaardigheden die deze mensen hebben of zouden kunnen ontwikkelen. Wanneer je het interne personele aanbod kent, weet je of zij jouw (toekomstige) vraag kunnen invullen, of dat je nieuwe mensen moet gaan werven. Een voorbeeld: je werkt bij een grote verzekeringsmaatschappij. Het bedrijf wil gaan groeien in de markt met hypotheken. Daarvoor zal het bedrijf zijn verkoopteam moeten uitbreiden met commerciële expertise op het gebied van hypotheken. Wanneer je goed weet welke kwaliteiten je huidige medewerkers hebben, kun je inschatten of zij deze vacatures kunnen invullen of dat je nieuwe adviseurs moet gaan werven.

3.2.2 Het aanbod van personeel binnen een organisatie

Om je vraag goed te kunnen inschatten, moet je weten hoe je huidige bezetting eruitziet; niet alleen op het moment dat er een vacature komt, maar ook structureel. Dat is om twee redenen belangrijk.

Wanneer je structureel naar je huidige bezetting kijkt en goed zicht hebt op hun talenten, kun je inschatten hoe je bezetting er nu en in de toekomst uitziet. Zo kun je de toekomstige vraag deels voorspellen. Stel: je werknemerspopulatie bestaat voor 30% uit mensen ouder dan 55. Dan weet je dat je binnen een aantal jaren deze mensen moet gaan vervangen. Of je hebt veel jonge vrouwen in dienst. De ervaring leert dat zij vaker dan mannen parttime gaan werken en/of stoppen met werken. Of je hebt een hoog verloop bij je bedrijf. Met dit soort factoren zul je binnen je hrm-beleid rekening moeten houden. Je (toekomstige) bezetting wordt kleiner. Voor jouw organisatie zul je moeten beoordelen hoe je met deze uitstroom omgaat. Ga je hen vervangen? Door wie?

Daarnaast kun je op basis van het beeld van je bezetting inschatten of je interne medewerkers aan jouw (toekomstige) vraag kunnen voldoen. Wanneer je de talenten van je bestaande medewerkers goed kent, kun je beoordelen of zij geschikt zijn voor (toekomstige) vacatures, of wellicht geschikt zouden kunnen worden door leren, trainen en ontwikkelen. Je kunt dan proactief inspelen op een veranderende behoefte. Denk aan een bank: door het internetbankieren zijn steeds minder baliemedewerkers nodig voor eenvoudige vragen, want die lossen mensen zelf online op. Voor ingewikkelder vragen blijven baliemedewerkers wel nodig. De vragen die de baliemedewerkers krijgen, zullen complexer worden. De huidige baliemedewerkers zullen het talent moeten hebben om door te groeien naar deze andere rol. Wanneer dat niet lukt, zul je andere medewerkers moeten werven.

3.2.3 Personele planning

Een goede voorspelling van vraag en aanbod kan ervoor zorgen dat je proactief kunt rekruteren. Wanneer er vooraf geen inschattingen worden gemaakt, wordt de recruiter overvallen door een wervingsvraag. Recruitment werkt dan reactief in plaats van proactief. Je loopt dan achter de feiten aan.

Veel hrm-experts pleiten daarom voor het structureel inschatten van huidige en toekomstige personele behoeften en het in kaart brengen van het interne en externe aanbod van personeel als onderdeel van het hrm-beleid. Deze inschattingen zijn de basis voor het maken van een strategische **personele planning** met behulp van drie stappen:

Stap 1: Strategisch niveau

Je kijkt naar de strategische richting van het bedrijf. Welke keuzes maakt de organisatie? Een fictief voorbeeld: je bent recruiter van een scholengemeenschap. De directie maakt de strategische keuze een nieuw tweetalig vwo op te zetten. Dat betekent dat er een vraag zal komen naar Engelstalige docenten in verschillende vakken.

Stap 2: Tactisch niveau

Je bepaalt welke gevolgen deze keuzes hebben voor de vraag naar personeel, nu en in de toekomst. Je moet weten hoeveel personeel er nodig is (kwantitatief) en over welke talenten dit personeel moet beschikken (kwalitatief). Daarnaast inventariseer je het aanbod aan personeel: wie werken er nu in je organisatie en welke mensen werken er straks? Op basis van deze gegevens kijk je of er een match is tussen je vraag en het aanbod. Sluiten de vraag en het aanbod op elkaar aan? In het fictieve voorbeeld van de scholengemeenschap met een tweetalig vwo breng je in kaart hoeveel docenten je zoekt en wat zij moeten kunnen. Deze vraag leg je naast het huidige personeelsbestand. Welke docenten kunnen Engelstalig onderwijs geven, of zouden dat kunnen leren? En voor welke functies zijn geen interne mensen beschikbaar en ontstaan dus vacatures?

Stap 3: Operationeel niveau

Om de gaten tussen vraag en aanbod op te lossen, maak je een plan voor je in-, door- en uitstroom. Dit plan ondersteunt het basisproces binnen hrm in de in-, door- en uitstroom van personeel om ervoor te zorgen dat de juiste persoon op een efficiënte manier op de juiste plaats terechtkomt. In het voorbeeld van het vwo zullen sommige docenten doorstromen naar het tweetalig onderwijs; anderen zullen een spoedcursus Engels krijgen. Voor een aantal vakken zullen er vacatures ontstaan.

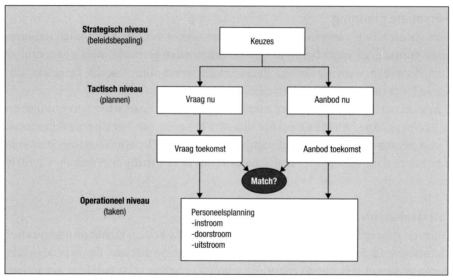

FIGUUR 3.2 *Personeelsplanning (gebaseerd op 'Human Resource Planning' van Evers & Verhoeven (Vakmedianet, 1999)).*

EEN CASE IN EEN NOTENDOP

Personeelsplanning vloeit voort uit de strategische doelstellingen van de organisatie en de personele vraag die daar weer uit voortkomt. Hoeveel en welke mensen hebben we nodig voor de realisatie van onze organisatiestrategie? Welke mensen hebben we in huis? En hoeveel en welke mensen moeten we werven?

TPG Post ziet de postmarkt veranderen. Er wordt minder post verstuurd. De markt krimpt en er is meer concurrentie op de markt. TPG gaat zich op andere markten richten, en het bedrijf gaat zijn dure bezorgproces aanpakken. Zo wordt bijvoorbeeld de zakelijke post niet meer iedere dag bezorgd en verdwijnt het vak van fulltime postbode. Er worden parttime werkende postbestellers ingezet die op flexibele basis werken. Zo kan TPG beter inspelen op de krimpende markt. Er ontstaat een vraag naar 30.000 parttime postbestellers.

FIGUUR 3.3 *Samenhang tussen organisatiestrategie en personeelsplanning.*

3.2.4 Mitsen en maren van personele planning

Nadenken over de toekomstige behoefte van de organisatie en daarop planmatig inspelen is een goede zaak. Critici plaatsen echter twee kanttekeningen bij personeelsplanning.

Om te beginnen (1) verandert de omgeving van organisaties steeds sneller. De ontwikkeling op de afzetmarkt van organisaties wijzigt in hoog tempo door bijvoorbeeld de globalisering, wetgeving en grondstofprijzen. Ook de ontwikkeling van arbeidspatronen en werkmethoden verandert. In de kenniseconomie moeten werknemers steeds sneller nieuwe vaardigheden ontwikkelen om wijzigingen in organisaties bij te benen (zie ook hoofdstuk 2). De vraag naar personeel en de vaardigheden waarover dat dient te beschikken zijn voor een organisatie niet altijd meer even goed voorspelbaar. Je kunt je dan ook afvragen of planning nog wel mogelijk is in een omgeving die zo snel verandert, zeker als het gaat om een planning op een langere termijn.

Een bijkomende moeilijkheid (2) is de weerbarstige praktijk. Planning ten behoeve van recruitment werkt alleen als het nauwgezet en langdurig wordt gedaan en als de planning wordt aangepast aan de veranderende omgeving. Dan kun je inschatten wat de benodigde instroom (op termijn) is en de recruitmentorganisatie daarop afstemmen. In de praktijk blijkt planning taaie kost. Managers schakelen recruitment meestal pas in op het moment dat zij een vacature hebben, in plaats van daarover van tevoren na te denken. Als hr-manager of recruiter zul je zelf proactief met planning aan de slag moeten gaan. Het vergt discipline en doorzettingsvermogen om dit planmatig te blijven oppakken.

EEN KRITISCHE NOOT OVER HET BEPERKTE NUT VAN PLANNING (CAPPELLI, 2008)

Er is door de veranderlijke markt geen peil te trekken op de toekomstige behoefte van talent. Daarom zou je beter met scenario's kunnen werken. Je richt je organisatie zo in dat je kunt voldoen aan 'talent op aanvraag' in plaats van een gedetailleerde planning te hebben.

Stel: je schat in dat je bedrijf honderd nieuwe engineers nodig heeft om te groeien. Je zou je dan af moeten vragen:

- Hoe accuraat is de voorspelling van de groei? Kun je deze groei wel goed inschatten?
- Wat gebeurt er als we het niet juist hebben met onze planning? Je zou 130 engineers nodig hebben gehad en je moet zoeken naar anderen. Of je blijkt maar 50 engineers nodig te hebben en moet de rest blijven betalen of ontslaan.
- Wat kosten die verschillende cases? Kost het ons meer als we te weinig technici hebben, of kost het ons meer als we er te veel hebben? Hoe eenvoudig kunnen we dat oplossen?

Het is essentieel om deze vragen mee te nemen in je planning voordat je scherpe targets gaat neerzetten. Het is bijna altijd zo dat het ene scenario duurder is dan het andere. En een groter risico geeft.

3.2.5 Instroom of inkoop?

In plaats van te werken met een planning op vacatureniveau, kun je als recruiter de behoefte van organisaties benaderen als een afdeling inkoop. Het gaat dan om de inkoop van 'menselijk kapitaal'. Inkopers voorspellen waar de organisatie behoefte aan heeft en zorgen dat de toevoer van grondstoffen toereikend is. Ze werken daarbij met scenario's: wat gebeurt er als... Een model waarmee inkopers werken is het Kraljic Model: Purchasing Portfolio Management.

De aanpak van inkopers en hun model zou je kunnen volgen voor recruitment. Grote organisaties als Achmea en ABN Amro doen dat zo. Als recruiter kijk je naar je toekomstscenario: wat worden behoeftes van de organisatie? Niet op vacatureniveau. Maar in de vorm van benodigde doelgroepen en competenties binnen je organisatie. Vervolgens kijk je naar de impact die specifieke doelgroepen hebben op de resultaten van de organisatie. En de kans die je hebt dat je deze doelgroepen niet kunt vinden. Op basis van deze matrix bepaal je wat je inspanningen zullen zijn voor recruitment. Voor strategische vacatures zul je een proactief wervingsplan maken en een pijplijn met kandidaten willen creëren (zie hoofdstuk 5). Voor routinewerkzaamheden plan je een zo efficiënt mogelijk recruitmentproces. Deze kandidaten vind je immers toch wel. De vacatures met een hoge kans op schaarste maar met een lage impact op de bedrijfsvoering, zullen niet heel urgent zijn bij het ontstaan. Je kunt ervoor kiezen deze vacatures bijvoorbeeld in eerste instantie in te vullen met tijdelijke externen.

	hoog	**Hefboom**	**Strategisch**
IMPACT OP BEDRIJFSVOERING		Cruciaal voor het bedrijf maar geringe kans dat deze mensen er niet zijn	Cruciaal voor het bedrijf. Grote kans dat deze mensen schaars zijn
		Recruitment:	*Recruitment:*
		Zo goed mogelijk inkopen	*Alles uit de kast om mensen te vinden, zeer proactief werven, vaste contracten*
		Routine	**Knelpunt**
		Niet van strategisch belang voor het bedrijfsresultaat en makkelijk te krijgen	Niet van strategisch belang voor het bedrijfsresultaat maar moeilijk te krijgen
		Recruitment:	*Recruitment:*
	laag	*Efficiënt proces, werk uitbesteden aan externe partij*	*Kanalen uitbreiden, mogelijk werken met externen*
		laag	*hoog*

KANS OP SCHAARSTE

Een voorbeeld voor een academisch ziekenhuis

	hoog	**Hefboom**	**Strategisch**
IMPACT OP BEDRIJFSVOERING		Aio's	IC-verpleegkundigen
		Routine	**Knelpunt**
	laag	Facilitaire dienst	Gespecialiseerd jurist
		laag	*hoog*

KANS OP SCHAARSTE

3.3 Vraag en aanbod: de vacature

In de vorige paragraaf gingen we in op de vraag en het aanbod van de organisatie in het algemeen. Op basis van de inventarisatie van de behoeften wordt een strategische personeelsplanning gemaakt. Binnen deze planning wordt duidelijk wat de vraag voor specifieke functies wordt. Je krijgt inzicht in de individuele vacatures of groepen van vacatures die er zijn of gaan ontstaan. In deze paragraaf gaan we nader in op deze individuele vacatures. Wat wordt er specifiek voor een vacature gevraagd? En wat wordt er door de organisatie aangeboden aan potentiële kandidaten?

3.3.1 Het ontstaan van een vacature

Meestal ontstaan vacatures veel minder voorzien en minder planmatig: er vertrekt opeens een medewerker, of de afzetmarkt trekt aan en er zijn plotseling meer verkopers nodig. Daar zul je als recruiter flexibel op moeten inspelen.

Het vertrek van een medewerker leidt niet automatisch tot een vacature. Zo kan er door reorganisaties binnen het bedrijf en het krimpen van de organisatie een wervingsstop zijn. Er worden dan geen nieuwe mensen aangenomen. De manager zal moeten roeien met de riemen die hij heeft en andere oplossingen moeten vinden om het werk gedaan te krijgen.

Wanneer een afdelingsmanager met een vacature bij de afdeling recruitment komt, is het goed om na te gaan of deze vacature daadwerkelijk ingevuld kan en moet worden. Vaak is er binnen de organisatie de afspraak dat vacatures eerst moeten worden goedgekeurd door de directie of de hoofden van divisies.

Vacatures door vertrekkende medewerkers

Voorkomen dat vacatures ontstaan door het vertrek van ontevreden medewerkers loont, en niet alleen vanwege de tijd en energie die er in het recruitmenttraject moet worden gestoken. Ook het feit dat de vacature niet meteen wordt ingevuld en dat er werk blijft liggen, kan de organisatie veel geld kosten. Vanuit hrm is het daarom verstandig bij het vertrek van een medewerker te kijken waarom hij vertrekt en te analyseren of de organisatie dat vertrek had kunnen voorkomen. Als dat laatste zo is, is het verstandig energie te gaan steken in het verbeteren van het behoud van mensen.

Om te analyseren waarom mensen vertrekken, voeren organisaties **exitinterviews** met vertrekkende medewerkers. De gesprekken gaan in op factoren die een rol kunnen hebben gespeeld bij het vertrek: de organisatie, de sfeer, arbeidsvoorwaarden, inhoud van het werk, persoonlijke omstandigheden enzovoort.

De uitkomsten van exitinterviews kunnen ook lessen zijn voor recruitment. Stel dat de vertrekkende medewerker zegt: 'Het bedrijf heeft niet waargemaakt wat ik ervan had verwacht toen ik binnenkwam', dan zou het kunnen zijn dat de boodschap van recruitment niet op één lijn ligt met de realiteit.

3.3.2 Functieanalyse

Voordat je kunt beginnen aan het rekruteren van mensen die je nodig hebt voor de plannen van je organisatie, zul je eerst de individuele vacatures goed in kaart moeten brengen. Je bepaalt wat kandidaten van de organisatie mogen verwachten (wat heb je ze te bieden binnen deze baan?) en wat de organisatie verwacht van hen (wat vraag je van hen?). Om scherp te krijgen wat je een kandidaat te bieden hebt en wat je van een kandidaat verwacht, maak je een analyse van de concrete vacature met behulp van een **functieanalyse**.

FUNCTIEANALYSE Een functieanalyse is een duidelijk overzicht van de taken en verantwoordelijkheden die een specifieke functie binnen een organisatie omvat en de kennis, vaardigheden en eigenschappen die nodig zijn om deze functie succesvol te kunnen vervullen.

Uit je functieanalyse komt een beeld naar voren van datgene wat je te bieden hebt aan kandidaten. Denk daarbij aan de inhoud van de baan, het team waarin iemand werkt, de arbeidsvoorwaarden. Je hebt een beeld van de verantwoordelijkheden die iemand krijgt en hoe, wanneer en waar de activiteiten worden gedaan. En er komt ook een beeld naar voren van datgene wat je vraagt van een kandidaat. Welke talenten heeft iemand nodig om succesvol te kunnen zijn? Denk daarbij aan zaken die iemand moet weten, kennen en kunnen om de baan te kunnen doen. Daarbij gaat het om twee zaken, namelijk:

* *Wat moet iemand doen?* Welke resultaten moet jouw kandidaat neerzetten zodat hij echt het verschil gaat maken voor de organisatie? Wat moet hij weten en kennen om deze functie succesvol in te vullen?
* *Hoe moet iemand dat doen?* Hoe moet hij zaken aanpakken? Welke eigenschappen en vaardigheden moet hij hebben om succesvol te zijn in deze functie?

Deze functieanalyse gebruik je voor twee zaken. Allereerst is het de basis voor je werving. Met behulp van de gegevens uit je functieanalyse maak je een wervende vacaturetekst om de juiste mensen aan te trekken: een job brand (paragraaf 4.6). Daarnaast gebruik je het voor je selectie. Het bevat de criteria die van belang zijn om de juiste medewerker te kunnen selecteren. Op basis van deze criteria bepaal je hoe je deze persoon gaat selecteren en maak je een keuze voor de selectiemiddelen (hoofdstuk 6).

FUNCTIEANALYSE: DE BASIS VOOR JE WERVING EN SELECTIE

Je verhaal in je werving is niet anders dan het verhaal in je selectie. Wat je een kandidaat aanbiedt, is tegelijk datgene wat je van hem vraagt. De vraag en het aanbod liggen in elkaars verlengde, zoals blijkt uit het volgende voorbeeld.

Je biedt iemand aan dat hij in een leuk team kan gaan samenwerken. Tegelijkertijd verwacht je dat hij de vaardigheden heeft om samen te werken. Je aanbod 'de kans om samen te werken' is tegelijk ook je vraag naar 'de kennis en kunde om samen te werken'. Je werving en selectie gaan van dezelfde uitgangspunten uit.

Werving	Functie	Selectie
Job branding	Salesmedewerker	Functie-eisen
Hoe ziet de baan eruit?	Telefonisch benaderen van potentiële klanten Samenwerken in een team Doorgroeimogelijkheden	Wat moet een kandidaat kunnen?

FIGUUR 3.4 *Functieanalyse voor werving en selectie.*

Bij de analyse betrek je degenen die betrokken zijn bij het selecteren van een kandidaat. Vaak is dat de lijnmanager. De selecteurs moeten het eens zijn met het functieprofiel en goed begrijpen waarop ze de kandidaten uiteindelijk selecteren. Wanneer ze betrokken zijn bij het opstellen van het profiel, ontstaat een gezamenlijk vertrekpunt en voorkom je discussies achteraf over de inhoud en de manier waarop je bepaalt of iemand geschikt is.

Maak een duidelijk document met een beschrijving van de organisatie, haar strategie en kernwaarden, de afdeling en het werk en de eisen die je stelt aan een kandidaat. Zorg dat de uiteindelijke selecteurs dit document krijgen en hun toevoegingen kunnen geven. Dit document wordt de basis voor de werving en selectie van je kandidaten.

3.3.3 Functieanalyse wordt werkprofiel?

Afzetmarkten van organisaties bewegen, producten en diensten vernieuwen. Organisaties veranderen in structuur en werkwijzen. De starre structuren verdwijnen. Organisaties worden flexibeler. Dat zorgt ervoor dat functies steeds meer in beweging zijn. Functies worden meer variabel.

Door de veranderingen in en om organisaties is het moeilijker te werken met vaste taken en taakomschrijvingen. Het gaat meer over het werk dat gedaan moet worden, de rollen in teams en de kwaliteiten die nodig zijn om het werk te doen. Je ziet het bijvoorbeeld terug wanneer er zelfsturende teams ontstaan binnen organisaties. De functie van de leidinggevende verandert of verdwijnt. Maar het werk blijft bestaan. De rollen worden anders verdeeld.

Deze veranderingen in organisaties en rollen hebben invloed op je functieanalyse als basis voor je selectie voor je organisatie. Werken met een strakke functieanalyse wordt lastiger. Je selecteert niet meer puur voor een functie (die niet meer vaststaat), maar op basis van talent dat nodig is voor een loopbaan of voor een rol die verandert. Je maakt in deze opzet geen analyse meer van de functie maar van het werk dat gedaan wordt en de eisen die aan het (toekomstige) werk gesteld worden: een **werkprofiel** (*working profile*). In dit boek spreken we over de 'oorspronkelijke' term functieanalyse, waarbij rekening moet worden gehouden met de verandering van 'denken in functies met vaste competenties' naar 'denken in werk met talent in ontwikkeling'.

Van competentiemanagement. . .

Door de snel veranderende omgeving wordt werken met de traditionele vorm van **competentiemanagement** voor selectie minder passend voor veel organisaties. Uitgangspunten voor competentiemanagement zijn een duidelijke missie, visie en strategie van de organisatie waaraan concrete doelstellingen zijn gekoppeld. Wanneer je de doelstellingen van de organisatie duidelijk voor ogen hebt, weet je welke bekwaamheden je van mensen verwacht om die doelstellingen te realiseren. Bij competentiemanagement wordt een directe koppeling gemaakt tussen het ontwikkelen van de organisatie en het ontwikkelen van mensen. In lijn met de strategie van de organisatie worden de gewenste competenties bij medewerkers vastgelegd, opgebouwd en toegepast.

Het voordeel van het werken met competenties is de brug die geslagen wordt tussen de doelstellingen van de organisatie en de kwaliteiten van de mensen daarbinnen. Die zijn aan elkaar gekoppeld. Bovendien kun je competenties goed beschrijven in criteria voor een vacature en concreet gedrag dat je verwacht van medewerkers. Dat maakt het voor managers eenvoudiger om tijdens een selectie-interview kandidaten te beoordelen. Selecteurs kunnen zich gemakkelijk een voorstelling bij de competenties maken.

... naar talentmanagement

Maar de praktijk is weerbarstiger. Voor veel organisaties is de omgeving waarin ze werken minder stabiel en voorspelbaar. En daarmee ook de 'vaste set van competenties' die noodzakelijk is voor de organisatie. Het is veel meer van belang dat nieuwe medewerkers passen in een team en bij de cultuur van de organisatie. En in staat zijn hun talenten te ontwikkelen in lijn met de ontwikkelingen van de organisatie.

Vertrekt competentiemanagement vooral vanuit het perspectief van de organisatie, **talentmanagement** vertrekt vanuit het perspectief van het individu. Heeft het individu het talent dat nodig is om mee te groeien met de organisatie? En hoe kan hij of zij groeien? Dat betekent dat je in je selectie een duidelijke focus hebt: is een kandidaat veranderingsgezind, staat hij open voor nieuwe ervaringen, heeft hij aanpassingsvermogen en is hij in staat te leren en zijn talent te ontwikkelen?

PERSON-JOB FIT

Binnen selectie speelt de fit tussen de persoon en de functie een belangrijke rol. Daarbij zie je verschuivingen:

'Hire people to fit the job'-strategie: een functieanalyse zorgt voor de juiste jobspecificaties waarop je nieuwe medewerkers selecteert. Je zoekt de meest geschikte medewerker voor de baan.

'Change the job to fit the people'-strategie: om succesvol te presteren en voldoende talent aan te trekken draaien organisaties de fit om. Je ontwerpt een passende functie voor een veelbelovend talent.

3.3.4 Onderdelen van een functieanalyse

Tijdens de selectie onderzoek je of een kandidaat beschikt over het talent dat nodig is voor de organisatie en voor zijn (toekomstige) rol.

Talenten zijn opgebouwd uit:

1. cognitieve elementen, zoals kennis en ervaring;
2. sociale aspecten, zoals gedrag en vaardigheden;
3. psychologische factoren, die te herleiden zijn naar eigenschappen en persoonlijkheidskenmerken (Van der Sluis, 2008).

Deze talenten tezamen vormen de basis voor het vaststellen van de criteria waarop je een nieuwe medewerker selecteert.

In dit boek definiëren we drie deelgebieden voor benodigd talent: 'kennis', 'vaardigheden' en 'eigenschappen'. Op basis van de visie van de organisatie wordt bepaald welke prestaties nodig zijn. En welk talent, in de vorm van kennis, vaardigheden en eigenschappen, hiervoor op dit moment gewenst is. Op basis hiervan stellen we criteria vast voor de selectie. En bepalen we hoe we deze criteria gaan voorspellen en meten (hoofdstuk 6). In het algemeen is kennis (iets weten) goed te ontwikkelen, vaardigheden (iets kunnen) iets minder, en eigenschappen bijna niet. Wanneer een kandidaat niet over de juiste kennis beschikt, is dat over het algemeen wel bij te spijkeren, maar wanneer hij niet de juiste eigenschappen heeft, wordt dat een ander verhaal. Hoe wordt iemand extravert of integer? Hoe wordt hij sociabel? Zeker als het gaat om zaken als veranderingsgezindheid of aanpassingsvermogen een reden om in het selectieproces extra kritisch te zijn.

VOORBEELD: HET ROER OM

Het salesteam van een ict consultancybedrijf heeft het roer omgegooid. Van harde directe verkoop zijn ze overgestapt naar *consultative selling* (adviserend verkopen). De focus ligt op het creëren van waarde voor de klant op de lange termijn in plaats van scoren op de korte termijn. Dat betekent dat de sales manager de markt en de omgeving van zijn klanten goed moet kennen (kennis), moet kunnen adviseren (vaardigheid) en zich moet kunnen inleven in de klant (eigenschap). Wanneer een kandidaat de markt niet kent, kan hij dat leren. Daar zou je hem niet op afwijzen. Maar wanneer iemand geen inlevingsvermogen heeft en de behoeften van klanten niet kan inschatten, is dat erg moeilijk te ontwikkelen. Dit zou een reden kunnen zijn om hem niet te selecteren.

3.3.5 Onderdelen van een functieanalyse

De functieanalyse omvat de volgende onderdelen:

Algemene informatie over de organisatie
- Een organisatieschema. Hierin geef je aan waar de functie zich bevindt. Aan wie rapporteert de nieuwe medewerker? Heeft hij directe collega's in het team? Wat doen deze collega's?
- De organisatie- en afdelingsstrategie. Wat is de visie van de organisatie? Welke doelstellingen hebben de organisatie en de afdeling? En hoe draagt deze functie daaraan bij?
- De kernwaarden van de organisatie. Waar staan we voor? Waar geloven we in? Wat zijn de waarden en normen van de organisatie? Wat betekenen deze kernwaarden voor deze functie?
- De organisatie- en afdelingscultuur. Hoe zijn de sfeer en de cultuur op de afdeling? Denk aan zaken als werkdruk, betrokkenheid van medewerkers, zelfstandigheid van medewerkers.

Voor de algemene informatie over de organisatie kun je goed gebruikmaken van de kernwaarden van de employer brand (zie hoofdstuk 4).

Informatie over het werk
- Wat zijn de belangrijkste taken en werkzaamheden die een nieuwe medewerker moet gaan verrichten? Wat is een indicatie van de tijd die aan deze werkzaamheden wordt besteed?

- Geef een korte omschrijving van de belangrijkste werkzaamheden. Vermeld daarbij de resultaten die je van een nieuwe medewerker verwacht.
- Met wie heeft de medewerker contacten, hoe vaak en waarover gaan die? Denk daarbij aan contact met collega's in een team, klanten, toeleveranciers enzovoort.
- Aan hoeveel mensen geeft deze persoon leiding? Wat is hun opleidingsniveau en functie?
- Wanneer zou je ontevreden zijn met een nieuwe medewerker? Wat zijn de afbreukrisico's in een baan? Wat doet hij minder goed dan een ander? Geef voorbeelden.
- Wanneer zou je zeer tevreden zijn met een nieuwe medewerker? Wat doet hij beter dan een ander? Geef voorbeelden.
- Kijk ook binnen het thema job branding in hoofdstuk 4. Daarin vind je aanvullende vragen die je een goed beeld geven van de functie ten behoeve van de werving.

Informatie over kennis, vaardigheden en eigenschappen
- Welke kennis heeft iemand nodig? Is een bepaalde afgeronde basisopleiding vereist (lbo, mbo, hbo, universitair)? Is er specifiek inzicht vereist (cijfermatig, analytisch, branchekennis, enzovoort)?
- Welke vaardigheden zijn belangrijk voor het uitoefenen van de functie? Wat is het minimale gewenste niveau van deze vaardigheden (matig, goed, uitstekend)? Zie hiervoor de vaardighedenlijst (tabel 3.1).
- Welke eigenschappen zijn belangrijk voor het uitoefenen van de functie? Wat is het minimale gewenste niveau van deze eigenschappen (matig, goed, uitstekend)? Zie hiervoor de eigenschappenlijst (tabel 3.2).

VOORBEELD: MOVING JOB SPEC SYNDROME

De specificaties van de baan zijn duidelijk. Het moet een jonge, praktische hbo'er zijn met twee jaar ervaring en hij moet door kunnen groeien. De eerste drie kandidaten worden afgewezen door de verschillende selecteurs. De een vindt ze toch te jong, de ander toch te praktisch en weer een ander vindt dat ze toch te snel door willen groeien. Hij moet ouder zijn, meer een denker dan een doener, meer iemand die op zijn plek wil blijven in plaats van groeien. Kortom: de specificaties worden aangepast en de selectie begint opnieuw. Er is veel tijd en energie verspild bij het vinden en selecteren. Wanneer je niet heel goed analyseert welk profiel je zoekt, gebeurt dat vast nog een keer. Dit verschijnsel wordt in Amerika ook wel het **moving job spec syndrome** genoemd. Steeds weer wijzigende specificaties zorgen voor hoofdpijn bij een recruiter!

3.3.6 Functieanalyse: inventarisatie vaardigheden
Tabel 3.1 bevat een lijst om vaardigheden te inventariseren die nodig zijn voor het vervullen van een functie.

B = Belang: welke vaardigheden zijn belangrijk? Vink drie tot zes vaardigheden aan.

N = Niveau: op welk niveau moet iemand over deze vaardigheden beschikken (*M*: Matig, *G*: Goed, *U*: Uitstekend)?

TABEL 3.1 *Inventarisatie vaardigheden.*

B	VAARDIGHEID	N	N	N	B	VAARDIGHEID	N	N	N
		M	G	U			M	G	U
	Communiceren					**Motiveren**			
	Luisteren					Hard werken			
	Duidelijk maken					Kansen signaleren			
	Presenteren					Hoge eisen stellen aan werk			
	Adviseren					Klantgericht zijn			
	Overtuigen					Anderen enthousiasmeren			
	Problemen oplossen					**Beïnvloeden**			
	Nieuwe dingen leren					Gedragsstijl veranderen			
	Visie ontwikkelen					Richting geven			
	Oordeel vormen					Leiden			
	Concepten maken					Optreden			
	Analyseren					Samenwerken			
	Uitvinden					Op mensen afstappen			
	Verbeteren					Voorzitten			
	Besluiten nemen								
	Beheren					**Overige vaardigheden**			
	Plannen								
	Prioriteiten stellen								
	Voortgang bewaken								
	Schematiseren								
	Systeem ontwerpen								

3.3.7 Functieanalyse: inventarisatie eigenschappen

Tabel 3.2 is een lijst om eigenschappen te inventariseren die nodig zijn voor het vervullen van een functie.

B = Belang: welke eigenschappen zijn belangrijk? Vink drie tot zes eigenschappen aan.

N = Niveau: op welk niveau moet iemand over deze eigenschappen beschikken (*M*: Matig, *G*: Goed, *U*: Uitstekend)?

Inventarisatie eigenschappen.

B	EIGENSCHAP	N	N	N	B	EIGENSCHAP	N	N	N
		M	G	U			M	G	U
	Persoonlijke stijl					**Effectiviteit**			
	Inlevend					Veranderingsgezind			
	Sociabel					Geldingsdrang			
	Overtuigend					Lef			
	Teamplayer					Vasthoudend			
	Spreker					Stressbestendig			
	Innemend					Gewetensvol			
	Beïnvloeder					Flexibel			
	Openhartig					Integer			
	Hartelijk					Tactvol			
	Stimulerend					Doorzetter			
	Reflectief					Extravert			
	Diplomatiek					Zelfvertrouwen			
	Enthousiast					Evenwichtig			
	Problemen oplossen					**Drijfveren voor het werk**			
	Creatief					Gedreven			
	Visionair					Ambitieus			
	Leervermogen					Energiek			
	Analytisch					Initiatiefrijk			
	Scherp					Deskundig			
	Vindingrijk					Betrokken			
	Rationeel					Veeleisend			
	Accuraat					Commercieel			
	Systematisch					Betrouwbaar			
	Realistisch					Handig			
	Actie ondernemen					**Overige vaardigheden**			
	Besluitvaardig								
	Leider								
	Resultaatgericht								
	Zakelijk								
	Doener								
	Uitvoerend								
	Methodisch								

3.3.8 Beoordelen van de feiten

De functieanalyse geeft een uitgebreid beeld van de vacature en de functie-eisen. Het is echter een illusie te denken dat je iemand kunt vinden die in elke mate optimaal voldoet aan het geschetste profiel. Je zult hierin prioriteiten moeten stellen. Je bepaalt welke criteria hard zijn, dus wat de criteria zijn waaraan een kandidaat per se moet voldoen, en welke criteria weliswaar wenselijk zijn, maar niet noodzakelijk. Omdat ze bijvoorbeeld goed te ontwikkelen zijn binnen de organisatie.

> **VOORBEELD: EEN ADVOCAAT MET ERVARING IN ZEERECHT**
>
> De manager van de sectie zeerecht op een groot advocatenkantoor zoekt een advocaat met tien jaar ervaring in het zeerecht. Het is noodzakelijk dat iemand rechten heeft gestudeerd en zijn advocatenopleiding heeft afgerond, en dat hij kennis en ervaring heeft in het zeerecht.
>
> De manager geeft aan dat de kandidaat tien jaar ervaring moet hebben. Maar als iemand vijf jaar excellente ervaring en bovendien doorgroeipotentieel heeft, en verder precies aan het profiel voldoet? Zou die manager die persoon niet willen leren kennen? Als dat zo is, zijn die tien jaar niet noodzakelijk, maar wenselijk. Zeker in een krappe markt is het van belang kritisch te zijn over de eisen die je stelt. Een schaap met vijf poten zul je niet snel vinden.

Maak een lijst met vijf tot zeven criteria die hard zijn voor de functie die je moet invullen. Wat moet iemand kennen, weten, kunnen of zijn om deze functie goed te doen? En in welke mate moet hij dat kunnen? Wanneer ben je tevreden met een kandidaat? Dit zijn de eisen waarop je iemand gaat selecteren. Hierover moet je het met elkaar eens zijn voordat je aan het selectietraject begint.

Op basis van deze vijf tot zeven criteria voorspel je het toekomstige gedrag van je sollicitanten met de middelen die de beste voorspellende waarde hebben. Dat kan gaan om de selectie van cv's, de resultaten van de gesprekken, de testen of de assessments.

> **VOORBEELD: FUNCTIEANALYSE VAN EEN MEDEWERKER VERKOOP VERZEKERINGEN**
>
> **AFDELING**
>
> De medewerker rapporteert aan het hoofd verkoop. Hij heeft tien collega's die hetzelfde werk doen, zij het voor een andere regio en klantengroep.
>
> De afdeling verkoop beheert de contacten met bestaande klanten en bouwt de dienstverlening aan bestaande klanten uit. Daarnaast zoekt zij nieuwe klanten. Dit jaar wil de afdeling een omzetgroei realiseren van 15%. De nieuwe medewerker gaat werken voor de regio Zuid-Limburg.
>
> Er wordt hard gewerkt op de afdeling. Mensen zijn betrokken bij het bedrijf en zijn zeer collegiaal. Meer dan de helft van de mensen werkt al langer dan tien jaar op de afdeling. Het bedrijf heeft vertrouwen hoog in het vaandel staan, en dat zie je terug in de manier waarop er gewerkt wordt en hoe men met klanten omgaat.

WERKZAAMHEDEN EN RESULTATEN

De medewerker maakt afspraken met bestaande klanten en bezoekt hen, soms ook in de avonduren. Hij geeft ze advies over hun verzekeringsportefeuille. Hij werkt offertes uit en zorgt dat de offertes worden opgevolgd door het serviceteam. Hij benadert nieuwe klanten in de regio door middel van telefonische verkoop en bezoekt deze klanten. Dit beslaat ongeveer 70% van zijn tijd.

Samen met het verkoopteam en de afdeling productontwikkeling bedenkt hij nieuwe soorten dienstverlening. Hij zorgt dat zijn kennis over verzekeringen up-to-date blijft.

De resultaten die we verwachten van deze medewerker: een omzetgroei van 6%, een klanttevredenheid van 80%, een goede samenwerking met het serviceteam en inspringen bij collega's.

KENNIS, KUNDE EN VAARDIGHEDEN

De medewerker heeft een mbo werk- en denkniveau. Hij beschikt bij voorkeur over een afgeronde opleiding verzekeringsbeheer of zou deze opleiding willen afronden. Hij heeft een goed cijfermatig inzicht. Hij signaleert kansen en veranderingen in de markt. Is in staat zijn plannen daarop aan te passen. Stelt prioriteiten. Hij is sociabel en betrouwbaar.

3.4 Vraag en aanbod: de kandidaten

Joris zoekt voor zijn transportbedrijf tien nieuwe internationale chauffeurs. Maar hoe gaat hij ze vinden? Lezen ze advertenties in een krant? Of gaan ze werken in een bedrijf waar hun vrienden werken? En waarin zijn chauffeurs geïnteresseerd? In veel vrije dagen? In een hoog salaris? In het soort vrachtauto waarin ze rijden? Of in een laptop? Joris besluit het uit te zoeken voordat hij aan de slag gaat.

In de vorige paragrafen hebben we de behoeften van de individuele organisatie onder de loep genomen. De planning van personeel en de inventarisatie van een vacature. In deze paragraaf kijken we naar de kandidaten op de arbeidsmarkt. Waardoor laten individuele kandidaten zich leiden bij het zoeken van een nieuwe baan? Wanneer je de behoefte van de organisatie en de kandidaat in kaart hebt gebracht, kun je komen tot een betere match tussen beide.

Waar we in hoofdstuk 2 spraken over trends op de arbeidsmarkt in het algemeen, bespreken we in dit hoofdstuk de individuen. We zoomen in op de inhoud van arbeids-marktonderzoeken om de kandidaten beter te leren kennen en om de manier waarop zij zich oriënteren op de markt te begrijpen.

Om een goede kandidaat te vinden, is het belangrijk in te zien waardoor kandidaten zich laten leiden, en wel het liefst zo specifiek mogelijk voor de beoogde doelgroep. Je zult de inhoud van je communicatie immers afstemmen op de zaken die voor je doel-groep belangrijk zijn. Daarnaast is het noodzakelijk te weten welke bronnen kandi-daten gebruiken om zich te oriënteren op een nieuwe baan. Je zult je employer branding (hoofdstuk 4) en werving (hoofdstuk 5) daarop laten aansluiten.

3.4.1 Inzicht in kandidaten: het belang van onderzoek

Om te kunnen starten met rekruteren, breng je in kaart welke talenten een kandidaat in huis moet hebben. Je maakt een profiel van de persoon die je zoekt.

Wanneer je het gewenste profiel van een kandidaat kent, ga je op zoek naar achtergrond-informatie over het soort kandidaten dat je zoekt. Wat vinden deze kandidaten belangrijk wanneer ze een andere baan zoeken? Waardoor laten ze zich leiden? En hoe zoeken ze ander werk? Wanneer je dat goed in kaart brengt, kun je hierop je wervingsaanpak afstemmen.

Je kunt gebruikmaken van twee soorten onderzoek: algemeen onderzoek en maat-werkonderzoek. Zoals we in hoofdstuk 2 zagen, wordt in Nederland veel **algemeen arbeidsmarktonderzoek** gedaan. Dat kan gaan om de arbeidsmarkt in zijn geheel, maar ook om specifieke segmenten, bijvoorbeeld de arbeidsmarkt voor zorg en welzijn, of de arbeidsmarkt in Midden-Nederland. Onderzoek naar specifieke segmenten wordt vaak gedaan in opdracht van branche- of beroepsverenigingen. Uit de onderzoeken krijg je een beeld van wat kandidaten belangrijk vinden bij de keuze voor een beroep, branche of baan. Daar kun je in je wervingsaanpak op inspelen. Vaak is dit algemene onderzoek online gratis toegankelijk. Er zijn ook onderzoeken die tegen betaling verkrijgbaar zijn, zoals het Arbeidsmarkt GedragsOnderzoek (AGO) voor de Nederlandse markt, of onder-zoeken van de Amerikaanse Recruiting Roundtable of Universum voor de internationale markt.

Arbeidsmarktinformatie kun je voor specifieke doelgroepen ook op maat in kaart laten brengen door een arbeidsmarktonderzoeksbureau. Voor moeilijk vindbare (niche) doelgroepen is zo'n **maatwerkonderzoek** zeker de moeite waard, niet alleen omdat je op deze manier je communicatie specifiek op deze doelgroep kunt toespitsen, maar ook omdat je misschien zaken binnen je organisatie moet aanpassen om aantrekkelijk te worden voor je doelgroep.

Een voorbeeld: je zoekt intensive care-verpleegkundigen voor het ziekenhuis. Deze doelgroep is moeilijk te vinden. Stel dat uit marktonderzoek blijkt dat de kandidaten die beschikbaar zijn met name geïnteresseerd zijn in parttime banen van 20 uur. Jouw organisatie biedt alleen banen aan van 32 uur of meer. Dan is het verstandig om met je hrm-afdeling of lijnmanagers te onderzoeken of en hoe het aantal uren voor de deeltijd-banen verkleind kan worden. Pas daarna kun je de mogelijkheid voor parttime werken als aantrekkelijk argument gebruiken in je arbeidsmarktcommunicatie.

3.4.2 Wat vinden kandidaten belangrijk?

Uit de arbeidsmarktonderzoeken blijken de factoren die de meeste kandidaten belangrijk vinden bij het veranderen van baan, de zogenaamde **pullfactoren**. Het zijn die factoren die het voor kandidaten aantrekkelijk maken om bij een andere organisatie te gaan werken. Pullfactoren zijn elementen met aantrekkingskracht. Naast de pullfactoren zijn er **pushfactoren**. Dat zijn de factoren waardoor kandidaten hun interesse verliezen.

3.4.3 Pullfactoren

De Intelligence Group deed onderzoek naar deze factoren. Men vroeg kandidaten naar de belangrijkste aspecten bij het kiezen van een werkgever. Dat leidde tot de volgende lijst (tabel 3.3):

PROJECTIE (x 1.000)	8.263
Steekproef	3.303
	%
Pullfactoren	
Goed salaris	50%
Vast contract	43%
Werksfeer	43%
Dicht bij huis/acceptabele reistijd	33%
Inhoud van het werk	33%
Uitdaging van het werk	23%
Zelfstandigheid in de functie	21%
Flexibele werktijden	20%
Afwisseling van het werk	19%
Goede secundaire arbeidsvoorwaarden/cao	18%
Doorgroeimogelijkheden	16%
Acceptabele werkdruk	15%
Mogelijkheid om parttime te werken	14%
Financieel gezonde werkgever	12%
Verantwoordelijkheid	11%
Opleidingsmogelijkheden	10%
Aansluiting vinden bij persoonlijke idealen	6%
Deskundig team en management	6%
Aansprekende producten/diensten	6%
Maatschappelijk belang van het werk	5%
Perspectief van een rustige, zekere loopbaanontwikkeling	5%
Internationale werkomgeving	3%
Werkplek ingericht op mijn (arbeids)beperkingen	3%

Wat zegt dit rijtje? Vijftig procent van de respondenten geeft aan dat salaris tot de belangrijkste vijf redenen behoort om voor een werkgever te kiezen.

Voor een werkgever is het dus belangrijk de randvoorwaarden salaris, werksfeer en het contract goed voor elkaar te hebben, niet alleen in de arbeidsmarktcommunicatie, maar ook in de praktijk. Nieuwe medewerkers vertrekken namelijk snel weer wanneer het verhaal op de arbeidsmarkt inhoudelijk niet aansluit bij de realiteit. Een organisatie met een onaantrekkelijk salarispakket, werksfeer en functieaanbod zal dit eerst moeten verbeteren voordat ze deze argumenten als pullfactoren in haar arbeidsmarktcommunicatie kan gebruiken. Daar is een belangrijke rol voor hrm weggelegd. De condities die van belang zijn voor een goede instroom van nieuwe medewerkers zullen zij mee moeten nemen in de algemene hrm-agenda. Denk aan het vernieuwen van het beloningsbeleid van de organisatie of het veranderen van de cultuur binnen het bedrijf.

Wanneer je naar de pullfactoren kijkt, is het verstandig de pullfactoren voor jouw specifieke doelgroep daarin mee te nemen. De pullfactoren kunnen per doelgroep verschillen. Zo vinden mannen het salaris en loopbaanperspectief in het algemeen belangrijk, terwijl vrouwen zich meer laten leiden door de inhoud van de baan.

Uit onderzoek van Randstad (Randstad Award 2015) blijkt dat werkzekerheid en loon aantrekkelijk zijn voor lager opgeleiden. En de inhoud van de baan en carrièremogelijkheden relevanter zijn voor hoger opgeleiden.

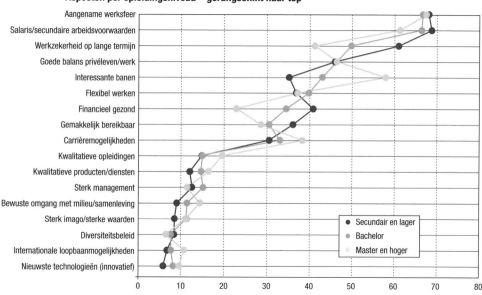

(Randstad, 2015)

De arbeidsmarkt speelt een rol bij de prioriteiten van de pullfactoren voor kandidaten. Wanneer die markt ruim is en een overschot aan kandidaten heeft, hechten kandidaten voornamelijk waarde aan salaris, werksfeer en de inhoud van het werk. Aan andere zaken wordt minder waarde gehecht. Kandidaten kunnen niet te kieskeurig zijn, anders vinden ze misschien geen werk. Op de momenten dat de arbeidsmarkt krap is, wordt vaak al voldaan aan deze drie randvoorwaarden: kandidaten krijgen dan al standaard een goed salaris en een vast contract. Andere pullfactoren winnen dan aan belang.

Feit blijft echter dat echt schaars talent de randvoorwaarden, zoals doorgroeimogelijkheden, altijd hoog op de agenda blijft houden. Dit talent zul je moeten blijven werven met een focus op de specifieke beweegmotieven van die schaarse groep.

3.4.4 Pushfactoren

Intelligence Group deed ook onderzoek naar de pushfactoren en vroeg Nederlanders naar de belangrijkste redenen om niet voor een werkgever te kiezen. Ze mochten maximaal vijf onderwerpen aankruisen. Geen goed gevoel bij de sfeer, een lange reistijd en een salaris dat minder is dan marktconform zijn de belangrijkste factoren die ervoor zorgen dat kandidaten afhaken.

TABEL 3.4   *Pushfactoren (Intelligence Group, 2015).*

PROJECTIE (x 1.000)	8.263
Steekproef	3.303
	%
Pushfactoren	
Lange reistijd	49%
Salaris/uurtarief (minder dan marktconform)	42%
Geen goed gevoel bij de werksfeer/bedrijfscultuur	37%
Geen goede eerste indruk	31%
Inhoudelijk niet interessant	27%
(Te) veeleisend	22%
Geen match met leidinggevende	20%
Geen goede naam in de markt	19%
Recruiter/bedrijf houdt zich niet aan zijn afspraken	16%
Geen parttime mogelijkheden	15%
Onregelmatige werktijden	15%
Geen vaste werkplek	15%
Reorganisaties die plaatsvinden	15%
Kan niets nieuws leren	14%
Lange sollicitatieprocedure	8%
Geen rekening gehouden met mijn arbeidsbeperkingen	7%
Geen thuiswerkmogelijkheden	7%
Niet maatschappelijk verantwoord ondernemen	7%
Geen parkeerplek	6%
Voegt geen waarde toe aan mijn cv	5%
Geen goede website	3%
Geen diversiteit in personeelssamenstelling	3%

3.4.5 Hoe vinden kandidaten je organisatie?

Net zoals het vanzelfsprekend is dat je de inhoud van je communicatie afstemt op de belangstelling van je doelgroep, is het ook vanzelfsprekend dat je de wervingsmiddelen afstemt op de doelgroep die je wilt aantrekken. Je wilt immers tot een optimale mix aan middelen komen om je doelgroep te bereiken voor je employer branding en vacatures.

In Nederland zijn er twee grote algemene arbeidsmarktonderzoeken naar bronnen die sollicitanten gebruiken om een baan te zoeken. Het eerste is het Arbeidsmarkt GedragsOnderzoek (AGO), uitgevoerd door de Intelligence Group onder meer dan 18.000 respondenten. Als je dit onderzoek wilt gebruiken moet je betalen. Het tweede onderzoek is het Nationaal Onderzoek Arbeidsmarkt (NOA), uitgevoerd door Stichting NOA, beheerd door mediapartners, uitgevoerd onder 27.000 respondenten. Het NOA meet het bereik van de verschillende media. Er was enige discussie over de onafhankelijkheid van het NOA, omdat de keuzes in de doelgroep of vraagstellingen zouden leiden tot bevoordeling van de uitkomsten voor print media.

Kandidaten gebruiken verschillende middelen en bronnen om zich te oriënteren op een nieuwe baan en/of werkgever. Uit onderzoek van de Intelligence Group komen de volgende bronnen naar voren (tabel 3.5):

TABEL 3.5 *Oriëntatiebronnen (Intelligence Group, 2015).*

ORIËNTATIEBRONNEN	
Vacaturesites	50%
Bekenden/netwerk	32%
Open sollicitatie	31%
Sociale media	25%
Interne vacature(s)	24%
Uitzendbureau	22%
Cv uploaden in databank van een vacaturesite	22%
Zoekmachine/search engine	19%
Dagblad/de krant	17%
Ervoor zorgen dat ik online vindbaar ben voor werkgevers/bureaus	16%
UWV	16%
Bedrijvensites	14%
Huis-aan-huisblad/lokale weekkrant	12%
Binnenlopen/bellen naar een bedrijf	11%
Werving- en selectiebureau (headhunter benaderen)	9%
E-mail service (job agent)	8%
Advertentie in winkel/etalage etc.	8%
Vakblad of tijdschrift	8%
Sollicitatie apps	7%
School/universiteit	6%
Banenbeurs/carrièrebeurs	6%

Benaderen van een corporate recruiter (van een bedrijf)	4%
Bedrijfspresentatie/open dagen	3%
Re-integratiebedrijf/loopbaancoach	3%

Voordat je een selectie maakt van de bronnen die je gaat inzetten om kandidaten te bereiken, is het goed je te verdiepen in het specifieke oriëntatiegedrag van jouw doelgroep. Per branche, functiegroep en opleidingsniveau zijn er verschillen te vinden in de manier waarop kandidaten zich oriënteren. Zo maken werknemers in consultancy meer gebruik van netwerksites als LinkedIn dan werknemers die werkzaam zijn in de horeca. Wanneer je iemand in de horeca wilt werven, zul je dat eerder via via doen.

In de hoofdstukken 4 en 5 gaan we verder in op het gebruik van de verschillende bronnen, kanalen en middelen voor je employer branding en werving van kandidaten.

 ## Een case: aantrekken van internationaal talent in de technologiesector

Binnen de technologiesector worden wereldwijd grote tekorten verwacht. Niet alleen in de hoeveelheid mensen maar ook in de juiste kwaliteiten van mensen. Universum doet hiernaar internationaal onderzoek in 55 landen, en brengt in kaart wat van belang is bij het aantrekken van jong technisch talent (Universum, *Talent attraction in the tech industry*, 2015).

Het eerste perspectief van het onderzoek is de **carrièredoelstellingen** van jong technisch talent: welke doelstellingen zijn het meest belangrijk voor je? Daaruit bleek dat technische studenten, meer dan anderen, geïnteresseerd zijn om een technische of functionele expert te worden. En ze zoeken creativiteit of ondernemerschap.

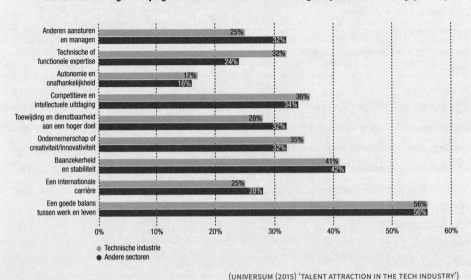

(UNIVERSUM (2015) 'TALENT ATTRACTION IN THE TECH INDUSTRY')

Het tweede perspectief is de **eigenschappen in werk** die aantrekkelijk zijn voor technisch talent. De top drie van pullfactoren blijkt:

Creatieve en dynamische werkomgeving	55%
Vriendelijke werkomgeving	49%
Leiders die jong talent ontwikkelen	42%

En als derde perspectief onderzocht Universum de **kanalen** waarmee jong technisch talent informatie zoeken over werkgevers:

	TECHNISCHE INDUSTRIE	ANDERE BRONNEN
Sociale media	60%	52%
Job sites	43%	42%
Carrièrewebsites	65%	60%
Carrièrebeurzen	51%	55%

Als recruiter van internationaal jong technisch talent kun je hier je voordeel mee doen. Hoe beter je je doelgroep kent, hoe beter je met hem kunt communiceren. Je weet wat je doelgroep belangrijk vindt en hoe je hem kunt bereiken. Daarnaast kun je binnen de organisatie knelpunten aangeven. Wanneer er bijvoorbeeld binnen je organisatie geen interessante banen zijn waarin technici expert kunnen worden of er geen goede begeleidingsmogelijkheden zijn, kun je daar vanuit hrm aan werken, om beter in staat te zijn mensen aan te trekken.

3.5 Samenvatting

Organisatie: doelstellingen, vraag, aanbod, planning

De doelstellingen van een organisatie zijn bepalend voor de vraag naar personeel. Wanneer je weet welke doelstellingen je wilt behalen, kun je een inschatting maken van het aantal en het soort mensen dat je daarvoor nodig hebt. Om te weten hoe groot je vraag is, zul je je huidige personeelsbestand goed moeten kennen. Dan weet je wie je al in huis hebt en wie je nog zult moeten werven. Je probeert je behoeften op een structurele manier in te schatten door het maken van een personele planning. Op deze manier kan recruitment proactiever te werk gaan.

Planning: farce of noodzaak?

Organisatiestrategie en de bijbehorende vraag naar personeel zijn steeds moeilijker te voorspellen door de turbulentie op de arbeidsmarkt. Er is daarom een kritische noot te plaatsen bij het maken van (gedetailleerde) planningen op middellange termijn (twee tot drie jaar) voor recruitmentdoeleinden. Hoe betrouwbaar zijn die planningen? En als de planningen niet betrouwbaar zijn, wat is dan de toegevoegde waarde van planningen voor recruitment? Je kunt een oplossing vinden door planningen klein te houden en vooral te focussen op functies die een kritische succesfactor zijn voor de organisatie.

De vacature

Met de lijnmanager maak je een analyse van de functie. Je inventariseert informatie over de organisatie, de afdeling, het werk en de benodigde kennis, kunde en vaardigheden. Op basis hiervan stel je vijf tot zeven criteria vast waaraan een nieuwe medewerker moet voldoen en geef je aan in welke mate hij hieraan moet voldoen.

De criteria waaraan de kandidaat moet voldoen, concretiseer je in gedrag. Je beschrijft het gedrag dat past bij het criterium en dat je wilt zien bij een kandidaat.

Kandidaten: onderzoek is cruciaal

Om te begrijpen hoe kandidaten zich bewegen op de arbeidsmarkt en waar ze zich door laten leiden, is arbeidsmarktonderzoek van wezenlijk belang. Je kunt dit zelf doen of je verdiepen in onderzoek van anderen. Op deze manier kom je te weten welke factoren kandidaten belangrijk vinden bij het veranderen van baan of werkgever en welke middelen ze gebruiken om zich te oriënteren op nieuwe banen en werkgevers. Daar kun je je employer branding (hoofdstuk 4) en werving (hoofdstuk 5) op afstemmen.

Snelle ontwikkelingen in middelen

De middelen die kandidaten gebruiken om zich te oriënteren veranderen in hoog tempo: van kranten, tijdschriften en jobboards naar sociale media en zoekmachines. Bovendien verschillen per doelgroep de middelen en kanalen sterk. Het blijven volgen van de ontwikkelingen op dit gebied is voor het vinden van de juiste kandidaten onmisbaar.

3.6 Opdrachten

Kennisvragen

1. Wat wordt bedoeld met de vervangingsvraag en wat met de uitbreidingsvraag? Geef van beide een voorbeeld.
2. Langs welke drie stappen kom je tot een strategisch personeelsplan?
3. Met welke argumenten zou jij een manager ervan overtuigen om met een personeelsplanning te werken?
4. Schets de samenhang tussen het strategisch beleid van een organisatie en de personeelsplanning.
5. Critici plaatsen twee kanttekeningen bij personeelsplanning. Wat houden die kanttekeningen in? Ben jij het met deze critici eens? Waarom wel of niet?
6. Wat is het belang van functieanalyse voor werving en selectie?
7. Wat zijn de onderdelen van een functieanalyse?
8. Wat is het belang van onderzoek naar doelgroepen/kandidaten?
9. Bij het aantrekken van kandidaten wordt gesproken over pullfactoren. Wat zijn dat en welke pullfactoren zijn volgens onderzoek van Intelligence Group (Arbeidsmarkt GedragsOnderzoek, AGO) in het algemeen het belangrijkst?
10. In de lijst met belangrijkste pushfactoren (tabel 3.4) staat een aantal factoren waarop jij als recruiter veel invloed hebt. Welke factoren zijn dat?

Cases

CASE 1   INVENTARISATIE VAN EEN VACATURE

Je werkt als recruiter voor een grote accountancyorganisatie. Een accountant zorgt voor inzicht in de financiën en voor het opstellen, beoordelen of controleren van de jaarrekening van organi-saties. Dat is nodig omdat zijn klanten op basis van de jaarrekening financiering krijgen of kunnen uitbreiden of overnemen. Hij geeft fiscaal en financieel-economisch advies aan bedrijven.

1. Verzamel informatie over de functie-eisen: zoek online naar informatie over de functie-eisen voor een accountant. Kijk op de sites van grote accountancyorganisaties als KPMG of Deloitte, lees de beschrijving van het beroep op www.carrieretijger.nl, of kijk voor vacatures op het gebied van accountancy op vacaturesites (indeed.nl). Wat zijn naar jouw inschatting de vijf belangrijkste functie-eisen waaraan een accountant moet voldoen? Denk aan de vaardigheden en eigenschappen.
2. Verzamel informatie over hetgeen kandidaten belangrijk vinden. Wat maakt een baan als accountant al dan niet aantrekkelijk voor de doelgroep?

CASE 2   UITBREIDING VAN DE 'WITTE BRIGADE'

Een grote horecaketen met landelijk zo'n dertig restaurants is eigenlijk permanent op zoek naar goed personeel voor de keuken, de zogenaamde 'witte brigade'. De vraag naar nieuw personeel is des te relevanter geworden nu men de komende vijf jaar tien nieuwe restaurants aan de Noordzee-kust wil openen. Daarom hebben ze jou als recruiter aangetrokken. Ze weten goed wat ze zoeken: jonge, enthousiaste medewerkers. De manager vraagt aan jou om het aanbod aan externe kandidaten in kaart te brengen en samen te vatten op een A4'tje. Hij wil antwoord op de volgende vragen:

- Wat is jouw inschatting van de beschikbaarheid van keukenpersoneel en bedienend personeel op de arbeidsmarkt?
- Op welke pullfactoren zou jij de focus leggen in je arbeidsmarktcommunicatie naar je doelgroep?
- Zoek online naar achtergrondinformatie over de markt en de kandidaten. Kijk bijvoorbeeld op de volgende websites:
  http://www.kenniscentrumhoreca.nl
  http://www.kenwerk.nl

Hoofdstuk 4
Branding en communicatie

 Leerdoelen

Nadat je dit hoofdstuk hebt gelezen, moet je het volgende kunnen:
- de brandingpiramide en het belang van de kernwaarden van een organisatie kennen;
- een definitie geven van de Employer Value Proposition (EVP) en de vijf stappen benoemen om tot een EVP te komen;
- het belang van employer branding kennen;
- het belang van job branding kennen en een plan voor een job brand maken;
- het belang van internal branding kennen en de vier fases van internal branding benoemen;
- een definitie geven van arbeidsmarktcommunicatie en de onderdelen van een arbeidsmarktcommunicatieplan kennen;
- criteria kennen voor de selectie van toeleveranciers en hen kunnen beoordelen.

Openingscase

Binnen Defensie zijn vier onderdelen actief: de marine, de landmacht, de luchtmacht, en de marechaussee. Er werken 43.000 militairen en 17.000 burgers bij Defensie. Voorheen verzorgden de vier onderdelen de werving van hun eigen personeel, met eigen campagnes en eigen slogans. Zo kon het gebeuren dat er voor sommige beroepen tegelijkertijd twee advertenties in dezelfde media stonden. Om dit efficiënter aan te pakken, is besloten de werving te centraliseren. Voor alle onderdelen wordt tegenwoordig met één centraal thema geworven dat past bij de identiteit van Defensie als geheel. De werving is daarbij centraal gecoördineerd.

Eén thema: 'Werken bij Defensie. Je moet het maar kunnen'
De campagne met één thema moet een enorme variëteit aan doelgroepen bedienen. Met een leeftijd tussen de 17 en 27 jaar, van vmbo tot wo en in vele vakrichtingen. En moet ruimte laten voor de vier verschillende krijgsmachtdelen.

Er is gekeken naar de overeenkomsten tussen de vier delen. Alle vier werken ze aan vrede en veiligheid. En voor alle vier geldt dat medewerkers veel in huis moeten hebben om er te kunnen werken. Daarom is gekozen voor het centrale thema: 'Werken bij Defensie: Je moet het maar kunnen'. Niet het materieel en de techniek van Defensie staan daarbij centraal. Maar de mensen die het doen en zich als militair inzetten: kun jíj dit aan?

Dit centrale thema is gebouwd op drie pijlers:
1. Je levert een bijdrage aan vrede en veiligheid. Het is een grootse missie. Je moet het maar kunnen!
2. Je moet echt vakmanschap in huis hebben. Ook onder uitzonderlijke omstandigheden: wanneer je kunt sleutelen aan een brommer, kun je dat dan ook aan een vliegtuig? Of wanneer je een verband kunt leggen om een been, kun je dat ook bij -21 graden?
3. Je bent trots op werken bij Defensie. Er was een tijd dat het sentiment was: 'Je gaat daar toch niet werken!' Er werd flink bezuinigd op Defensie en er vielen ontslagen. Het thema laat zien dat je echt wat moet kunnen om van betekenis te zijn. Het versterkt het respect en de trots, ook van bestaande medewerkers. En dat is belangrijk om ook via via medewerkers te werven, de *referral recruitment*.

Doelgroepgerichte aanpak

De campagne is te verdelen in een brede publiekscampagne voor 'iedereen' en specifieke deelcampagnes voor lastig te werven doelgroepen. Denk aan technici, officieren, jongeren, medisch personeel. Voorheen wierven de vier onderdelen deze doelgroepen afzonderlijk. Dat is gekanteld. Tegenwoordig werft Defensie deze doelgroepen centraal. Doordat je één merk voert, kun je specifieker ingaan op de drijfveren en interesses van de verschillende doelgroepen. Denk aan mensen met een technische interesse. Je kunt hen wegwijs maken binnen de totale organisatie. Als ze de baan niet bij de luchtmacht vinden, vinden ze die misschien wel bij een ander krijgsmachtdeel. Je maakt dan voor iedere doelgroep optimaal gebruik van de dwarsverbanden.

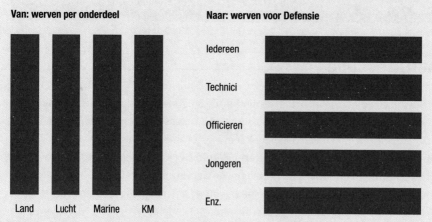

Van: werven per onderdeel

Land   Lucht   Marine   KM

Naar: werven voor Defensie

Iedereen

Technici

Officieren

Jongeren

Enz.

Voor ieder segment is een doelgroepgerichte aanpak ontwikkeld, behalve voor het burgerpersoneel voor Defensie. Dat wordt geworven door de centrale overheid ('werken voor NL').

Omdat de doelgroepen divers zijn, is ook de inzet van middelen divers. Een paar doelgroepgerichte voorbeelden:

Jonge technici. Voor hen is een event georganiseerd: TechBase. Daar kunnen 15.000 technici (leerlingen en starters) kennismaken met Defensie: een grootschalige belevenis, met een strak parcours, waarbij ze een echte Defensie-ervaring meemaken. En actief aan de slag kunnen met bijvoorbeeld lassen naast een F16.

Verpleegkundigen. In hun opleiding komen verpleegkundigen Defensie nauwelijks tegen. Om hen kennis te laten maken met het vak organiseerde Defensie de cursus 'verpleegkunde extreme'. Hoe gaat hechten op volle zee met een schommelend schip? Hoe pak je slangenbeten aan?

Leerlingen. De campagne richt zich daarnaast ook op leerlingen die na het vmbo een technische beroepsopleiding volgen. Een speciale doelgroepcampagne, met onder andere lespakketten, laat leerlingen kennismaken de ROC opleiding 'veiligheid en vakmanschap'.

'Influentials'

Natuurlijk vormen jongeren de belangrijkste doelgroep voor de werving van Defensie. Maar zij beslissen niet in hun eentje. Ook mensen om hen heen hebben invloed op hun keuze om ergens te gaan werken. Die mensen noemen we 'influentials'. Je kunt daarbij denken aan ouders ('Moet mijn zoon of dochter dit wel gaan doen?') of een voetbalelftal ('Ga jij je voor je kop laten schieten?'). Ouders hebben een bepalende invloed bij de keuze van jongeren voor Defensie. Daarom richt de campagne zich ook op hen. Wat houdt werken bij Defensie in? Wat zijn risico's? Wat betekent uitzending?

Wat is er bereikt met deze aanpak?

De naamsbekendheid van Defensie is hoog in de samenleving. Maar de overweging om te gaan werken bij Defensie was niet zo hoog (15%). Door de centrale campagne is deze interesse meer dan verdubbeld (37%). Ook is Defensie gestegen in de top 100 van favoriete werkgevers, en is er een sterke toename van het aantal sollicitanten. En dat voor de helft van het budget van voor de centrale aanpak.

Case ontwikkeld in samenwerking met Steam, bureau voor arbeidsmarktcommunicatie.

Een les voor recruitment

- Het is van belang goed na te denken over de manier waarop je recruitment organiseert. Zoals in deze case van Defensie. Centralisatie van werving leidt tot meer efficiency en daarmee besparing op kosten.
- Een doelgroepgerichte benadering van de arbeidsmarkt is belangrijk. Vanuit een centraal thema (zoals bij Defensies 'je moet het maar kunnen') kun je middelen en kanalen kiezen die passen bij de doelgroep, zodat je mensen aanspreekt op een manier die past bij hun interesses en vakmanschap.

4.1 Inleiding

Loek is recruiter bij een grote bank. Wanneer hij kandidaten op gesprek heeft, merkt hij dat ze geen goed beeld hebben van de bank; men weet niet waar de organisatie voor staat, wat de sfeer is, welke banen er zijn. Daar wil Loek iets aan doen, want op deze manier trekt de bank niet de juiste mensen aan. Hij gaat op onderzoek uit: waar ligt het aan? Is het verhaal niet helder of geloofwaardig? Kunnen ze de informatie niet vinden? Of vertellen medewerkers een heel ander verhaal op de arbeidsmarkt dan Loek denkt? En is de werkelijkheid misschien heel anders dan Loek denkt?

Hoofdstuk 3 ging in op de wensen en verwachtingen van de organisatie en de vraag naar personeel. We zagen hoe belangrijk het is om scherp te hebben op welke doelgroep je organisatie zich richt en op wat zij deze groep te bieden heeft. Als je je doelgroep goed kent, kun je de inhoud van je boodschap, je communicatiemiddelen en de kanalen die je gaat gebruiken daarop afstemmen.

De boodschap, middelen en kanalen zijn onlosmakelijk met elkaar verbonden. Want wat je vertelt, hoe je het vertelt en waar je het vertelt, zegt allemaal iets over de organisatie. In dit hoofdstuk zullen we ingaan op het belang van het zodanig positioneren van een werkgever en diens banen op de arbeidsmarkt dat de organisatie en de banen aantrekkelijk zijn voor de doelgroep en je daarmee op een goede manier talent kunt werven. De inhoud van de boodschap, de verschillende vormen van branding en de ontwikkeling van communicatiemiddelen staan centraal.

De inhoud van de boodschap is gebaseerd op de identiteit van de organisatie, de kernwaarden van het bedrijf. De manier waarop je tot deze kernwaarden komt, staat centraal in paragraaf 4.3 en 4.4. De kernwaarden vormen de inhoudelijke basis voor het creëren van een boodschap voor verschillende doelgroepen. In paragraaf 4.5 gaan we in op employer branding, het positioneren van de organisatie op de arbeidsmarkt. In paragraaf 4.6 staat job branding centraal, het positioneren van een baan bij je doelgroep. Ten slotte behandelt paragraaf 4.7, internal branding, het tot leven brengen van de werkgeverswaarden binnen je organisatie.

Deze vormen van branding concretiseer je in een communicatieplan. In paragraaf 4.8 leggen we de basis uit van het maken van zo'n plan. We zien dat niet alleen de inhoud van je verhaal van belang is om je organisatie te positioneren, maar ook de middelen en de materialen die je kiest. Deze middelen moeten je boodschap ondersteunen. Vervolgens gaan we kort in op de ontwikkeling van communicatiemiddelen. Dat gebeurt in de meeste gevallen door een communicatiespecialist. De recruiter voert, samen met de afdeling communicatie, de regie en is bijvoorbeeld betrokken bij de briefing van een communicatieadviesbureau en bij de beoordeling van het materiaal.

Een boeiend verhaal met aansprekende communicatiemiddelen moet worden verspreid om mensen aan te trekken. Waar vertel je je verhaal, hoe vertel je het en wat wil je ermee bereiken? In hoofdstuk 5 zullen we ingaan op de kanalen die je gebruikt om je boodschap tot leven te brengen en kandidaten te werven.

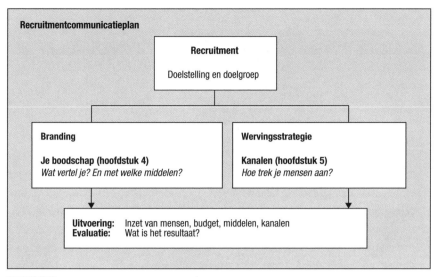

FIGUUR 4.1 *Recruitmentcommunicatieplan.*

4.2 De brandingpiramide

4.2.1 Branding binnen hrm

De doelstelling van branding is het verkrijgen en behouden van een uniek positief beeld door het positioneren van de organisatie als werkgever op de arbeidsmarkt in het algemeen (employer branding; paragraaf 4.5) en voor de eigen werknemers (internal branding; paragraaf 4.7), en daarnaast door het positioneren van banen bij de werkgever voor werkzoekenden (job branding; paragraaf 4.6).

Naast deze vormen van branding bouwt een organisatie een positie op als producent van goederen of diensten voor consumenten (product branding) en, als organisatie, ook voor stakeholders als investeerders of toeleveranciers (corporate branding).

Alle vormen van branding hebben een gemeenschappelijk uitgangspunt. Voor het bouwen van merken staat de **identiteit van de organisatie** centraal: die identiteit is als het ware de ziel van de organisatie. Wat maakt deze organisatie uniek? Wat is haar persoonlijkheid? Wat maakt deze organisatie voor de doelgroep aantrekkelijker dan de concurrenten?

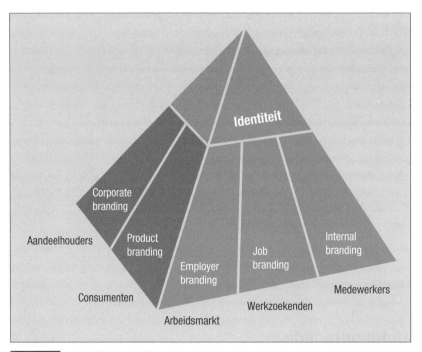

FIGUUR 4.2 *Brandingpiramide.*

Een goede samenwerking van corporate communicatie, hrm en het lijnmanagement is cruciaal voor het definiëren van de identiteit van de organisatie en het bouwen van een positie op de arbeidsmarkt.

4.2.2 De identiteit van de organisatie

De **identiteit van de organisatie** is het vertrekpunt voor alle vormen van branding. De identiteit van de organisatie maakt haar uniek.

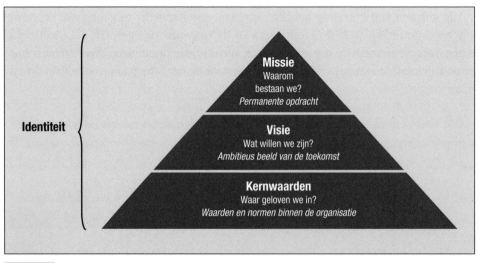

FIGUUR 4.3 *Meer over de identiteit van de organisatie.*

Laten we inzoomen op de identiteit van de organisatie. Datgene wat een organisatie uniek maakt, is gebouwd op drie belangrijke pijlers die de basis voor de identiteit van het bedrijf vormen:

- De **missie van de organisatie**. Waarom bestaan we? Wat is het ultieme doel dat de organisatie nastreeft? Je kunt dit zien als een permanente opdracht; een fundamentele behoefte waarin de organisatie voorziet.
- De **visie van de organisatie**. Wat willen we zijn? Wat zijn onze ambities? Wat is het gemeenschappelijke toekomstbeeld?
- De **kernwaarden van de organisatie**. Waar staan we voor? Waar geloven we in? Wat zijn onze waarden en normen? Wie zijn we?

De identiteit, het innerlijk van de organisatie, is het uitgangspunt voor branding. Het imago, het uiterlijke beeld dat bij anderen leeft, moet in het verlengde liggen van die identiteit. Dat geldt voor alle stakeholders van je organisatie: de aandeelhouder, je eigen medewerkers, de consumenten en werkzoekenden. In paragraaf 4.4 gaan we in op de identiteit en het imago van werkgevers.

VOORBEELD: VOLVO CARS, EEN EERLIJKE EN DEGELIJKE AUTO

De **missie** die Volvo nastreeft, luidt: 'We create cars for a better life.' Volvo wil met zijn werkzaamheden een betere levenskwaliteit stimuleren. Dat zie je terug in de **visie** van het bedrijf: 'Caring for people.' Dit 'caring for people' vind je terug in het product, de auto. Volvo wil dat zijn klanten in de veiligste auto rijden, met een modern Scandinavisch design en gebouwd op een duurzame manier met zorg voor het milieu. De kwaliteit van de auto en de klant staan centraal. 'Caring for people' vind je ook terug in de waarden die belangrijk zijn voor de eigen, interne Volvo-organisatie: een 'wij-gevoel' met collega's, vertrouwen, ontwikkeling, een sublieme uitvoering.

In de uitingen van het bedrijf zie je deze 'care for people' overal terug, bijvoorbeeld in de communicatie naar consumenten. De advertenties van de auto's ademen deze sfeer uit. In de werkplaats van de Volvo-garages streven ze naar helder en integer vakmanschap. In de positionering van Volvo als werkgever zie je dat ook terug: betrokkenheid, respect en persoonlijke aandacht staan als werkgeverswaarden centraal. De identiteit van Volvo zie je terug in alle verschijningsvormen van het merk.

Vormen van branding op een rijtje

- Employer brand (paragraaf 4.5): Het beeld dat bestaat over een organisatie als werkgever; ook wel werkgeversmerk genoemd.
- Employer branding (paragraaf 4.5): Het verkrijgen en behouden van een positieve, bij voorkeur authentieke en onderscheidende, positie als werkgever in de mindset van huidige en potentiële medewerkers en hun beïnvloeders, met als doel het aantrekken en behouden van de juiste medewerkers door het vestigen van relaties met (potentiële) medewerkers.
- Job branding (paragraaf 4.6): Het gericht vermarkten van een baan aan een specifieke doelgroep, door de inzet van de juiste media en middelen en door

in te spelen op de wensen en behoeften van deze doelgroep. Bij job branding, ook wel job marketing genoemd, ligt de nadruk op het aantrekkelijk positioneren van een baan en minder op het aantrekkelijk positioneren van een werkgever.

- Internal branding (paragraaf 4.7): Het intern tot leven brengen van de belangrijkste (werkgevers)merkwaarden van de organisatie. Als medewerkers het (werkgevers)merk omarmen en toepassen in hun houding en gedrag, worden de mogelijkheden voor het waarmaken van de (wervings)doelstellingen van de organisatie vergroot. Internal branding legt een directe link tussen de belofte aan de (arbeids)markt en de houding en het gedrag van medewerkers.

HET BELANG VAN BRANDING

De Amerikaanse Recruiting Roundtable, onderdeel van de zogeheten Corporate Executive Board, deed onderzoek naar de effectiviteit van de drie fases van recruitment met betrekking tot het behoud van medewerkers. Zij stelden 18.000 medewerkers die de afgelopen twee jaar van baan veranderden de vraag welke onderdelen van het recruitmentproces de meeste impact hadden op het succes in hun werk en hun besluit bij de nieuwe werkgever te blijven.

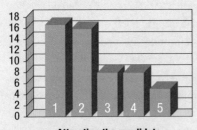

1 kennis van de job brand
2 wervingskanaal
3 kennis van de employer brand
4 manier van solliciteren
5 gebruikte informatiebronnen

Attracting the candidate

FIGUUR 4.4 *Effectiviteit van werving.*

Kennis van de job brand kwam in de fase van het aantrekken van kandidaten als doorslaggevende factor voor een succesvolle plaatsing uit de bus, meer dan de *kennis van de employer brand*. Op zich is dit niet verwonderlijk: als een kandidaat een goed idee heeft van de baan en weet wat er van hem verwacht wordt, zal de match tussen kandidaat en werkgever succesvoller zijn. De baan voldoet dan aan het beeld dat de kandidaat vooraf kreeg.

Job branding kan echter niet zonder employer branding. En omgekeerd. Job branding en employer branding liggen in elkaars verlengde. Een heel aantrekkelijke baan in combinatie met een weinig aantrekkelijke werkgever stoot nieuwe medewerkers af, net zoals een heel aantrekkelijke werkgever met een weinig aantrekkelijke baan.

4.3 Branding op basis van kernwaarden

Het verhaal op de arbeidsmarkt over de bank als werkgever zit niet goed in elkaar, dat is voor Loek wel duidelijk. De medewerkers denken heel anders over de bank dan hoe er op de website over de organisatie geschreven wordt. Potentiële medewerkers willen helemaal niet weten hoeveel hypotheken de bank verkoopt; ze willen weten wie er in het team werken en wat je op een dag doet. Daarover is echter niets te vinden op de site.

4.3.1 Inleiding

Zoals we in de vorige paragraaf zagen, is een goed merk gebouwd op de identiteit van de organisatie. Dat geldt voor job branding, employer branding en internal branding. De identiteit geeft aan hoe de organisatie daadwerkelijk is. Ze bevat de kernwaarden van een organisatie: de kenmerken die haar bijzonder maken. Deze kernwaarden zijn de basis voor de **Employer Value Proposition (EVP)**, een unieke set van relevante en aantrekkelijke waarden en voordelen die een werkgever biedt aan huidige en toekomstige werknemers. De EVP bevat zowel emotionele argumenten (bijvoorbeeld: 'ik vind het prettig om hier te werken') als rationele argumenten ('ik krijg hier een goede opleiding en goed salaris'). In paragraaf 4.4 gaan we nader in op de EVP als onderdeel van branding.

4.3.2 Bouwen op research

Om op een goede manier over je organisatie te communiceren, zul je een beeld moeten hebben van de identiteit en daarmee van de kernwaarden van het bedrijf. Je zoekt als het ware naar het dna van de organisatie. Hoe ervaren de medewerkers de organisatie? Waar staat de organisatie voor in de samenleving? Welke visie wil zij uitdragen? Je wilt immers een oprecht en eerlijk verhaal vertellen aan je doelgroep.

Om je communicatie goed af te stemmen op je doelgroep wil je ook weten hoe die doelgroep op dat moment over je denkt. Wat vindt hij van de organisatie? Komt het beeld dat hij van je organisatie heeft overeen met de werkelijkheid?

Voordat je start met branding is het van belang je organisatie als merk goed te begrijpen. Dat betekent:

1. *Begrip van de huidige positie van het merk.* Hoe wordt je merk nu gezien? Het is niet alleen belangrijk om te weten hoe het merk extern op de arbeidsmarkt wordt gezien, door bijvoorbeeld potentiële werknemers. Je kent dan het **imago** van het bedrijf. Je moet echter ook weten hoe de organisatie echt is, hoe het merk intern, door de huidige werknemers, wordt gezien. Je kent dan de huidige **identiteit van de organisatie**. Wanneer je beide hebt onderzocht, weet je of je identiteit en imago overeenkomen, of dat mensen de organisatie heel anders zien dan deze in werkelijkheid is. Wanneer je deze twee hebt onderzocht, ken je het vertrekpunt voor je brandingstrategie.
2. *Begrip van de wensen van je doelgroep.* Wat vinden (potentiële) medewerkers belangrijk bij het kiezen van een werkgever? Wanneer je dat hebt onderzocht, ken je de factoren die leidend zijn voor je doelgroep bij de keuze van een nieuwe werkgever en baan. Je weet welke elementen voor je doelgroep inhoudelijke relevantie hebben in je communicatie. Dit zijn de pullfactoren waarover we in hoofdstuk 3 schreven.

IMAGO Datgene wat je over de werkgever zou horen wanneer je potentiële werknemers op de arbeidsmarkt hiernaar zou vragen. Het beeld van organisaties in de buitenwereld.

IDENTITEIT Datgene wat je over de werkgever zou horen wanneer je medewerkers van de organisatie hiernaar zou vragen. De werkelijkheid van de organisatie.

In hoofdstuk 2 en 3 zijn we ingegaan op de externe markt. We keken naar de trends op de arbeidsmarkt en naar de factoren die de werkgeverskeuze van potentiële medewerkers bepalen. We gingen in op het belang van arbeidsmarktonderzoek en op de bureaus die dit soort marktonderzoeken verrichten.

Daarnaast is de interne beleving van het merk van belang. Wat vinden je eigen medewerkers de kracht van hun organisatie? Wat zijn voor hen de kernwaarden van het bedrijf? Passen zij deze kernwaarden toe in hun gedrag en houding? Wanneer je de antwoorden op deze vragen kent, weet je welke kernwaarden de huidige medewerkers op het moment in de praktijk ervaren. Wanneer je een imago op de externe markt wilt neerzetten dat niet aansluit bij de praktijk, zul je eerst moeten werken aan deze kernwaarden binnen de organisatie.

4.3.3 Onderzoek: Starten met een nulmeting

Voordat je een plan maakt en doelen formuleert voor branding en werving, is het van belang te weten hoe je ervoor staat. Dat kun je doen met een nulmeting. Dat is de huidige stand van zaken op die factoren die belangrijk zijn en waarop je wilt sturen (Key Performance Indicatoren: KPI's). Denk daarbij aan de kwaliteit van je kandidaten of de naamsbekendheid van je organisatie. Op basis van de uitkomsten van het onderzoek kun je een plan maken hoe je deze kunt verbeteren.

Hoe kun je een nulmeting doen?

1. *Ontsluit bestaande data*
   Binnen organisaties is vaak veel informatie beschikbaar die niet gebruikt wordt. Denk aan informatie uit het recruitmentsysteem of het personeelsadministratie- systeem: hoeveel mensen zijn er binnengekomen in de afgelopen twee jaar? En hoeveel van die mensen werken er nog? Hoe tevreden zijn we over deze mensen? Daardoor krijg je een betrouwbaar beeld van het resultaat van je werving tot dat moment. Zo kun je ook een analyse maken van het gebruik van de huidige werken-bij site via Google.com/Analytics of Comscore. Je ziet bijvoorbeeld hoeveel unieke bezoekers je site bezoeken en via welke kanalen ze op je site komen. Ook kun je het rendement van je bestaande online campagnes analy- seren. Dat kan je helpen bij het verbeteren van je online vindbaarheid.

2. *Gebruik publieke data*
   Veel brancheorganisaties doen onderzoek naar hun specifieke arbeidsmarkt. Denk aan horeca, landbouw, logistiek, techniek. Ook uitgevers van vakbladen doen regelmatig onderzoeken naar arbeidsmarktsegmenten. Die informatie is gratis beschikbaar. Hoewel het niets zegt over jouw organisatie specifiek, kun je het gebruiken om een beeld te krijgen over de mening van potentiële medewer- kers over de branche waarin je organisatie zich bevindt.
   Daarnaast zijn er veel tools die openbare informatie zichtbaar maken over een organisatie of employer brand. Denk aan Google Alert, Tweetdeck, Coosto. Het geeft je een indruk, een gevoel. Maar ook hier zorgt het niet voor exacte informatie voor jouw specifieke organisatie en recruitmentdoelstellingen.

3. *Onderzoeken binnen de organisatie*
   Ook onderzoeken binnen je organisatie die niet direct voor recruitment worden gedaan, kunnen je bruikbare informatie geven over de identiteit van je organi- satie en het beeld op de markt. Vooral binnen grote organisaties worden door verschillende afdelingen onderzoeken gedaan. De afdeling marketing onder- zoekt bijvoorbeeld het product of de dienst van de organisatie. Daaruit kun je voor recruitment vaak ook zaken over het imago van de organisatie afleiden. Je kunt ook denken aan hr-onderzoeken binnen het bedrijf. In veel organisa- ties wordt de interne beleving van werknemers getoetst in werknemerstevre- denheidsonderzoeken. Die gaan in op de tevredenheid over functie-inhoud, management, arbeidsvoorwaarden, opleidings- en doorgroeimogelijkheden, enzovoort. Uit de uitkomsten van deze onderzoeken is veel informatie te halen over het beeld dat werknemers hebben van hun werkgever. En dat beeld kun je

meenemen bij de keuze van de onderwerpen waarover je communiceert met je doelgroep en wat je over die onderwerpen vertelt.

Het is natuurlijk ook mogelijk een specifiek maatwerkonderzoek naar de mening van je werknemers te laten uitvoeren voor de branding van je organisatie. Je kunt het onderzoek dan in het bijzonder richten op die waarden en voordelen die relevant zijn voor het ontwikkelen van een EVP voor je organisatie. Welke waarden vinden je huidige medewerkers relevant en wat zouden zij daarover willen vertellen. Meer hierover in paragraaf 4.4 over het ontwikkelen van de *Employer Value Proposition*.

4. *Maatwerkonderzoek naar het employer brand*

   Maatwerkonderzoek zorgt ervoor dat je precies weet hoe je KPI's ervoor staan. Het kost geld, maar het zorgt ervoor dat een veelvoud van het geld dat je daarna in employer branding zou steken goed besteed wordt.

   Je kunt deze onderzoeken op veel manieren (laten) uitvoeren:

   a. Een kwantitatief onderzoek: je onderzoekt meerdere doelgroepen, bijvoorbeeld studenten economie, rechten en bedrijfskunde. Je maakt een analyse van de cijfers: hoeveel mensen kennen de organisatie? Hoeveel mensen hebben er een positief beeld bij? Hoeveel mensen zouden solliciteren? Deze onderzoeken worden door de omvang meestal door een gespecialiseerd bureau uitgevoerd.

   b. Een kwalitatief onderzoek: je onderzoekt bijvoorbeeld een specialistische doelgroep. Bijvoorbeeld gespecialiseerde verpleegkundigen of nanotechnologen. Je kunt onderzoek doen door face-to-face gesprekken of focusgroepen. Hierin vraag je naar meningen van de doelgroep over je KPI's. Welk beeld heb je van de organisatie? Hoe denk je over de mensen die er werken?

   Bij deze onderzoeken betrek je externe mensen. Maar je kunt ook je eigen medewerkers betrekken en je onderzoek richten op de waarden en voordelen die relevant zijn voor het behalen van je KPI's en het ontwikkelen van je EVP (zie ook paragraaf 4.4.1) Eén tot twee jaar nadat je de employer branding hebt opgestart doe je een nieuwe meting. Zo kun je onderzoeken of hetgeen je hebt aangepakt effect heeft gehad.

5. *Onderzoek bij kandidaten en sollicitanten*

   Je kunt actuele informatie over een organisatie verzamelen door iedere kandidaat of sollicitant (online) te vragen naar zijn beleving:

   a. Over het employer brand en de wervingsmiddelen en kanalen: wat vindt de sollicitant van de werkgever? En van de uitingen? (brand experience)

   b. Over de werving- en selectieactiviteiten: hoe heb je het recruitmentproces ervaren? (candidate experience)

   Het geeft een actueel inzicht in je merk en je recruitmentaanpak. Op die manier kun je meteen ingrijpen wanneer blijkt dat het niet loopt zoals je verwacht had.

VOORBEELD: NXP-BRANDING

NXP is een bedrijf dat halfgeleiders produceert. Het bedrijf was een onderdeel van Philips en is in 2006 verzelfstandigd. Op de arbeidsmarkt was NXP een onbekende werkgever. Het imago was nog niet duidelijk, en de identiteit van de organisatie was niet langer die van Philips. De NXP-identiteit moest nog groeien. Voordat aan employer branding gewerkt kon worden, was het van belang meer te weten over het imago en de identiteit van de organisatie.

4.4 Het ontwikkelen van een Employer Value Proposition (EVP)

Loek gaat het verhaal over de bank veranderen. Het moet een authentiek verhaal worden over wat er écht bij het bedrijf gebeurt, verteld door mensen van de bank zelf. Het verhaal moet een duidelijk toekomstperspectief laten zien, want het moet mensen aantrekken die willen meewerken om dat perspectief waar te maken.

4.4.1 Inleiding

Uitgangspunt voor branding is de EVP. Dat zijn de kernwaarden van de organisatie die haar aantrekkelijker maken als werkgever dan de concurrerende werkgevers. Deze kernwaarden vormen de basis van je boodschap als werkgever.

Hoe kom je tot een goede schets van deze waarden?

Het maken van een EVP kun je niet alleen doen vanuit hrm, recruitment of communicatie. Je zult het moeten doen samen met vertegenwoordigers van je externe doelgroep en je huidige medewerkers. In deze paragraaf zullen we ingaan op een eenvoudige manier om tot de kern van de Employer Value Proposition te komen.

Het ontwikkelen van een EVP kun je ook laten begeleiden door gespecialiseerde externe partijen gericht op arbeidsmarktcommunicatie of op recruitment. Zij begeleiden het proces en zorgen voor de bemensing. Vaak worden deze bureaus door multinationals en grote bedrijven ingehuurd.

Het proces: een focus- en een toetsgroep

Om tot de juiste waarden en voordelen voor je EVP te komen, zul je input moeten krijgen van je potentiële doelgroep en je huidige medewerkers. Dat is de eerste stap in het proces.

Selecteer een groep van huidige medewerkers die een afspiegeling is van je potentiële doelgroep op de externe arbeidsmarkt. Maak de groep niet te groot; vijf tot zes personen is voldoende. Zij vormen een focusgroep; ze worden betrokken bij de brainstorm over je huidige identiteit en imago en over je gewenste identiteit en imago. Deze groep geeft lading aan de EVP en zorgt ervoor dat het niet bij holle kreten blijft.

Selecteer daarnaast een externe groep van potentiële werknemers. Zij vormen een toetsgroep. Zij geven een oordeel over het huidige imago, de EVP en de boodschap die daaruit voortkomt. Het samenstellen van een geschikte groep kan lastig zijn, maar als het via via gebeurt is het een stuk eenvoudiger. Vraag huidige werknemers of zij mensen in hun netwerk hebben die aan zo'n groep kunnen deelnemen. Het gaat erom dat zij de beelden en ideeën kunnen toetsen.

Feedback van een toetsgroep kan zorgen voor inzicht in de noodzaak te investeren in branding. 'Vinden ze dit? Nou dan moet er echt wat gebeuren!'

4.4.2 Het bepalen van de EVP

De EVP is opgebouwd uit drie factoren: de **identiteit**, het **profiel** en het **imago** van de organisatie.

- De identiteit is de realiteit. Het is de ziel van de organisatie, de perceptie van de medewerkers: wat vinden zij van je organisatie?
- Het profiel is het bedrijfsdoel. Het zijn de ambities van de organisatie: wat wil de organisatie bereiken?
- Het imago is de externe opinie. Het is de mening van de buitenwereld: wat is belangrijk bij het kiezen van een nieuwe werkgever?

Je EVP is gebaseerd op deze drie factoren. Ze moeten dan ook op één lijn liggen. Stel, je bent recruiter voor een grote, logge organisatie. De directeur heeft de ambitie een dynamische organisatie te zijn en wil dat ook over zijn organisatie communiceren aan de buitenwereld. Dat is een onverstandige keuze: als de realiteit is dat je organisatie bureaucratisch en log is, kun je beter werken aan die identiteit dan dat je de buitenwereld probeert te overtuigen van je niet-bestaande dynamiek. Het benadrukken van andere punten die een kracht zijn van de organisatie is verstandiger.

Je zoekt naar een combinatie van wat je wilt zijn, wat je bent en wat de buitenwereld belangrijk vindt. Het moet een realistische afspiegeling zijn van kernwaarden van je huidige organisatie die aansluit bij de ambities van de organisatie en de interesses van de doelgroep.

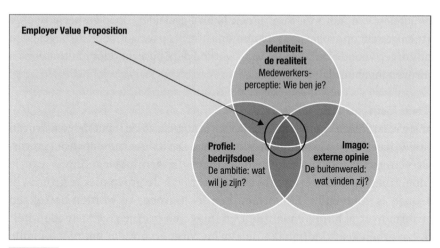

De bestanddelen van een Employer Value Proposition (Recruiting Roundtable, 2006).

Conclusie: een imago schetsen dat ver van de realiteit ligt, trekt misschien wel nieuwe medewerkers aan, maar die vertrekken snel weer als hun verwachtingen niet worden waargemaakt. Het is van belang dat ambities van de organisatie realistisch en haalbaar zijn.

4.4.3 Vijf stappen voor het maken van een EVP

Vanuit hrm en recruitment voer je de regie om tot de kern van je boodschap op de arbeidsmarkt te komen. Samen met je focus- en toetsgroep kom je tot deze kern.

Stap 1: Identificeer de belangrijkste doelgroep(en)

Het is belangrijk dat je boodschap je doelgroep aanspreekt. Baken daarom je doelgroep goed af. Het kan overigens best meer dan één groep zijn, en die groepen kunnen verschillende dingen belangrijk vinden. Denk bijvoorbeeld aan ziekenhuizen. Hun belangrijkste doelgroepen zijn verpleegkundigen op mbo-niveau, specialisten en bestuurders. Voor het bepalen van de kernwaarden van het ziekenhuis neem je deze doelgroepen als uitgangspunt. Wel pas je de uiteindelijke boodschap aan aan de verschillende doelgroepen. Een verpleegkundige is misschien meer geïnteresseerd in de mogelijkheden voor parttimewerk, de bestuurder in de strategische inrichting van het ziekenhuis, en de specialist in de toekomstige collega's binnen de maatschap. Je boodschap op de markt vormt een consistent geheel, maar het accent kan voor verschillende doelgroepsegmenten anders liggen.

Stap 2: Identificeer de aspecten voor de EVP

De EVP is opgebouwd uit drie verschillende onderdelen. Voor deze onderdelen beantwoord je de volgende vragen:

- *Imago*. Welke waarden en voordelen zijn het belangrijkst voor je doelgroep(en)? Wat wil je zijn voor de doelgroep op de arbeidsmarkt? Wat moet je deze doelgroep bieden om hem over te halen voor je te komen werken? (Zie hiervoor ook subparagraaf 3.3.2.) Zoals al genoemd is in subparagraaf 4.3.3 kun je hiernaar maatwerkonderzoek laten doen of werken met focusgroepen voor kwalitatieve input.
- *Profiel*. Welke doelstellingen en ambities streeft jouw organisatie na? Wat zou jouw organisatie graag willen zijn?
- *Identiteit*. Wat is de ziel van de organisatie? Welke waarden en voordelen zijn een kracht voor je organisatie? Wat vinden de medewerkers van je bedrijf van de sfeer, de cultuur en het leiderschap? Waar is je organisatie echt goed in? En wat zou je kunnen verbeteren? Het eerder genoemde werknemerstevredenheidsonderzoek zou hier een rol in kunnen spelen.

De identiteit van je organisatie kun je op verschillende manieren onderzoeken:

1. Interviews met medewerkers: een 'onafhankelijke' onderzoeker voert gesprekken met medewerkers en brengt die waarden en voordelen in kaart die volgens hen het meest relevant zijn voor de organisatie. Daarna toetst de onderzoeker zijn bevindingen bij een grotere groep binnen de organisatie.
2. Intern identiteitsonderzoek: je stelt een kwantitatieve steekproef op onder een representatieve groep van werknemers. Bij hen onderzoek je de waarden en voordelen, de ambities, de sfeer, het leiderschap, de authentieke cultuur. Zo krijg je een gedetailleerd beeld van de identiteit van de organisatie. Wellicht ontdek je verschillen tussen functiegroepen, locaties of afdelingen.
3. Brainstorm: je vraagt (een representatieve groep van) medewerkers naar hun mening over de organisatie, individueel of in een groep. Dat kun je doen door

ze te vragen trefwoorden over het bedrijf te noemen. Of door de organisatie als een metafoor te laten beschrijven: bijv. met welke sport, welk dier, welke auto zou je de organisatie vergelijken. Daaruit kun je een zelfbeeld van de organisatie afleiden.

Je kijkt naar de gemene deler in deze onderdelen. Je krijgt dan de kernwaarden van de organisatie die realistisch zijn, die aansluiten bij de doelgroep en die passen bij je organisatieambitie. In de volgende subparagraaf vind je een praktische aanpak om tot die aspecten te komen. Je gebruikt hiervoor het EVP-formulier (zie tabel 4.2).

Stap 3: Selecteer de aspecten die het best passen

Wat zijn de vijf tot zeven aspecten die moeten terugkomen in de boodschap? Welke aspecten bieden het meeste voordeel ten opzichte van je concurrenten? En welke eigenschappen zijn het eenvoudigst te realiseren wanneer je eigen organisatie er (nog) niet aan voldoet?

Stap 4: Maak de aspecten concreet

Ga verder met de vijf tot zeven waarden en voordelen die in je boodschap zouden moeten zitten. Het is van belang die aspecten tot leven te laten komen in je communicatie. Het moet tot de verbeelding spreken door concrete verhalen en voorbeelden. Laat mensen uit je organisatie voorbeelden uit hun dagelijks werk geven die ingaan op de verschillende aspecten. Brainstorm met je focusgroep om de 'holle kreten' invulling te geven. Interview managers over hun ervaringen met deze aspecten. Al die informatie kun je later gebruiken bij het concretiseren van je boodschap en je communicatieplan.

Stap 5: Bepaal de vervolgstappen

De vervolgstappen zijn afhankelijk van je bevindingen uit de eerdere stappen. Wanneer je identiteit en je profiel wel goed op elkaar aansluiten en je de externe opinie in kaart hebt gebracht, heb je de basis om een uitgekiend communicatieplan te ontwikkelen. Als blijkt dat je gewenste profiel nog niet de realiteit is of nog niet zo door werknemers wordt ervaren, zul je moeten werken aan de realiteit voordat je erover gaat communiceren.

Stel, je wilt communiceren dat je een organisatie bent met veel doorgroeimogelijkheden, maar je medewerkers ervaren dat niet zo. Voordat je erover gaat communiceren naar de buitenwereld, zul je moeten werken aan de doorgroeimogelijkheden of aan de manier waarop deze door de werknemers worden ervaren. Je wilt immers graag dat je merkwaarden tot leven worden gebracht in je organisatie (meer hierover vind je in paragraaf 4.7; 'Internal branding').

4.4.4 Een praktische checklist

De EVP-checklist (zie tabel 4.1) geeft een leidraad om eenvoudig in kaart te brengen wat de kernwaarden zijn die aansluiten bij het imago, het profiel en de identiteit van de organisatie, en of het realistisch en haalbaar is om die waarden te gebruiken in het bouwen van je merk.

TABEL 4.1   *Praktische checklist EVP.*

HOE WERKT HET?	STEL EEN GROEP SAMEN DIE KAN MEEDENKEN OVER JE EVP, BIJVOORBEELD EEN AFSPIEGELING VAN JE DOELGROEP DIE AL BIJ JE ORGANISATIE WERKZAAM IS, AANGEVULD MET INTERNE STAKEHOLDERS ALS LIJNMANAGERS OF COMMUNICATIEMEDEWERKERS. NEEM MET HEN HET FORMULIER DOOR, INDIVIDUEEL OF IN EEN BRAINSTORM MET DE HELE GROEP MENSEN.
Imago	Welke aspecten zijn het belangrijkst voor het aantrekken van je doelgroep? Het ideaal is dat deze aspecten uit marktonderzoek naar voren zijn gekomen, of dat de aspecten op basis van interviews met huidige medewerkers naar voren zijn gekomen als het meest relevant voor de doelgroep. Over aspecten die niet relevant zijn voor je doelgroep communiceer je minder uitgebreid dan over de aspecten die zeer relevant zijn. Meer informatie over de aspecten die van belang zijn vind je in hoofdstuk 3, waar het gaat over pull- en pushfactoren van kandidaten.
Identiteit	Welke van deze aspecten zijn een kracht voor je organisatie? Dat zijn de aspecten die de kern vormen van je identiteit, en als zodanig ook door medewerkers worden erkend als een sterk punt. Ook punten die als slecht worden beschouwd, kunnen belangrijk zijn. Als dit aspecten zijn die zeer relevant zijn voor de doelgroep, zou de organisatie hieraan moeten gaan werken.
Profiel	Welke aspecten passen bij de ambities van de organisatie? Waar zou de organisatie naartoe willen? Om doelstellingen te realiseren heb je soms een ander soort mensen nodig, met andere drijfveren. Bijvoorbeeld: je wilt een technisch excellent bedrijf zijn. Dan zoek je mensen die het aantrekkelijk vinden dat te willen zijn.
Voordeel	Welke aspecten worden door concurrenten niet goed ingevuld of worden niet goed door hen gecommuniceerd? Niet alle aspecten bieden evenveel unieke kracht. Als accountantskantoor zeggen dat de nieuwe medewerker een accountancyopleiding mag volgen, is niet anders dan bij andere accountantskantoren. Het is een vanzelfsprekendheid. De mogelijkheid om parttime of thuis te werken wanneer dit in de branche niet gebruikelijk is, is wél anders, en kan voordeel bieden als unieke kracht van de organisatie.
Realisatie	Welke aspecten kunnen het eenvoudigst worden gerealiseerd wanneer deze er niet zijn en wel wenselijk zijn? Sommige aspecten zijn eenvoudiger te realiseren dan andere. Opleidingsmogelijkheden of afwisseling in het werk zijn wellicht gemakkelijk te ontwikkelen, maar voor bijvoorbeeld het salaris geldt dat, door strakke eisen in de cao's, veel minder.
Keuze	Welke aspecten zijn relevant voor de identiteit en ambities van de organisatie, passen bij de waarden van de doelgroep? Welke aspecten zijn authentiek voor de organisatie, bieden de organisatie het meeste voordeel en kunnen eenvoudig gerealiseerd worden? Dit zijn de kernwaarden die passen bij de propositie van het bedrijf.

Met deze waarden bouw je het verhaal over je bedrijf op. Verzamel verhalen van medewerkers en/of stakeholders van je organisatie die deze waarden in zich hebben. Aan de hand van deze voorbeelden ga je die waarden tot leven brengen.

In tabel 4.2 is een voorbeeld ingevuld in een formulier om de EVP in kaart te brengen. Het betreft een technisch bedrijf dat jonge hoogopgeleide technici wil werven. Het bedrijf biedt volop uitdagende mogelijkheden. Er wordt hard gewerkt, mensen maken lange dagen. De omgeving is niet bijzonder dynamisch en creatief, zeker niet als je het vergelijkt met de branche.

TABEL 4.2 *Formulier voor het kiezen van de waarden voor een EVP.*

RELEVANTE EVP-ASPECTEN					KEUZE EVP-ASPECTEN
IMAGO	**IDEN-TITEIT**	**PROFIEL**	**VOORDEEL**	**REALI-SATIE**	**KEUZE**
Welke aspecten zijn het belangrijkst voor het aantrekken van je doelgroep?	Welke aspecten zijn een kracht van de organisatie?	Welke aspecten passen het best bij de ambities van de organisatie?	op welke aspecten kan de organisatie zich onderscheiden van concurrenten op de arbeidsmarkt?	Welke aspecten kunnen het eenvoudigst worden gerealiseerd wanneer ze er nog niet zijn?	Welke aspecten concurreren het best en passen het best bij de organisatiestrategie?
Neem die doelgroep in gedachten die het meest relevant voor je is.	Beoordeel op basis van goed, gemiddeld en slecht.	Beoordeel op basis van goed, gemiddeld en slecht.	Beoordeel op basis van goed, gemiddeld en slecht.	Beoordeel op basis van goed, gemiddeld en slecht.	Meeste voordeel, beste aansluiting bij de strategie en eenvoudig te realiseren.
Mogelijkheid om technisch of functioneel expert te worden	goed	goed	goed		Zeer relevant, realistisch en onderscheidend.
Creativiteit en dynamiek	gemiddeld	gemiddeld	slecht		Andere organisaties scoren hier veel beter op, Het zou wel ontwikkeld kunnen worden wanneer de organisatie de ambitie zou hebben.
Leiders die jong talent ontwikkelen	gemiddeld	goed	gemiddeld	goed	Heel relevant, nog niet helemaal de praktijk maar wel een realistische ambitie waarmee de organisatie zich kan onderscheiden.
Een goede balans tussen werk en privé	slecht	slecht	slecht	slecht	Dit is geen kracht van de organisatie en ook geen ambitie.
Voor meer waarden zie hoofdstuk 3.					

4.5 Employer branding

Loek kijkt nog eens kritisch naar het verhaal over de bank. Het lijkt eigenlijk sprekend op het verhaal van de concurrent en het nodigt niet uit om meer over de bank te weten te komen. Het is een saai en grijs verhaal. Jammer, want de bank heeft veel meer te bieden.

4.5.1 Inleiding

EMPLOYER BRANDING   Het verkrijgen en behouden van een positieve, bij voorkeur authentieke en onderscheidende, positie als werkgever in de **mindset** van huidige en potentiële medewerkers en hun beïnvloeders met als doel het aantrekken en behouden van de juiste medewerkers door het vestigen van relaties met (potentiële) medewerkers (naar Het nieuwe employer brand, 2012).

Employer branding gaat over het bouwen van een werkgeversmerk, met als belangrijkste doel om als organisatie een sterke aantrekkingskracht te krijgen en te behouden voor huidige en toekomstige werknemers, zodat ze graag bij je willen werken. Een investering in je werkgeversmerk doe je los van je recruitmentbehoefte op korte termijn. Het is een doorlopend en langdurig proces.

Voor het succesvol bouwen van een merk is een goede samenwerking tussen hrm, marketing, communicatie en management een vereiste, want alle informatie die over je organisatie naar buiten komt en in de media verschijnt, bepaalt hoe je huidige en toekomstige medewerkers over je denken. Je zult je bewust moeten zijn van je huidige merk en weten waar je met het merk naartoe wilt, wie je ideale doelgroep is, wat deze groep belangrijk vindt en hoe je ermee communiceert.

De invulling van employer branding verschilt sterk. Van oudsher is employer branding de traditionele wervingscommunicatie met mooie, beeldende campagnes, online of in de papieren media. Employer branding is echter veranderd. De wereld is minder maakbaar. Het is een integrale strategie geworden om een aantrekkelijk werkgeversmerk te laten ontstaan door netwerken met talent van binnen en buiten de organisatie te creëren. Dan staat niet alleen 'communicatie' met mooie campagnes centraal, maar draait het om de relatie die de organisatie aangaat met (potentiële) medewerkers. Het is een breder beleid, gericht op de totale werkgeversbeleving. Het gaat er niet om zoveel mogelijk mensen te bereiken en aan te trekken, maar om de organisatie te verbinden met mensen. Het merk ontstaat door een dialoog, niet door alleen maar zenden maar juist door een netwerk. Dat vraagt om een grote betrokkenheid van medewerkers, want zij kunnen door het aangaan van relaties een geloofwaardig en relevant merk bouwen. Zij kunnen anderen enthousiasmeren. Het betrekken van anderen en relaties aangaan wordt ook wel **employee relationship management** genoemd.

Deze dialoog kan op veel verschillende plekken ontstaan. Denk aan de dialoog met oud-werknemers, via sociale media, via referral recruitment, interne netwerken, familie. De kanalen die je voor deze dialoog in kunt zetten, bespreken we in hoofdstuk 5.

Door employer branding ontstaat een eigen authentiek beeld van de organisatie, realistisch, echt. Het laat op de arbeidsmarkt zien waar de organisatie voor staat en waarin zij onderscheidend is van andere organisaties. De organisatie springt in het oog. Dat is het meest lastige onderdeel van employer branding. Wat zijn die onderscheidende authentieke elementen die het verschil maken en door eigen medewerkers wordt herkend? Het kiezen van een unieke en onderscheidende positionering wordt, volgens het onderzoek 'bouwen aan het nieuwe employer brand', gezien als de meest invloedrijke variabele op het employer brand.

Employer branding zorgt ervoor dat mensen de organisatie aantrekkelijk vinden en er willen werken, maar er ook willen blijven werken. Het speelt een rol bij het behouden van personeel.

Een integrale aanpak van employer branding kun je niet los zien van job branding en internal branding. Je werkt niet alleen aan het beeld van je organisatie, maar ook aan een beeld over je vacatures. En dat niet alleen bij een externe doelgroep, maar ook binnen je eigen organisatie. Employer branding, job branding en internal branding vormen een geheel.

We zullen in deze en de volgende twee paragrafen kort ingaan op de verschillende vormen van branding. Daarna behandelen we het maken van een recruitmentcommunicatieplan, waarin al deze vormen van branding terugkomen (paragraaf 4.8). In het recruitmentcommunicatieplan staat waarover je communiceert, maar ook hoe je gaat communiceren en welke wervingsmiddelen en kanalen je kiest. Hierop gaat hoofdstuk 5 nog verder in.

EMPLOYER BRANDING: ALS HET IMAGO MAAR NIET FOUT IS

De meningen over het nut van employer branding verschillen sterk. Daarom verschillen ook de meningen over de tijd, het geld en de energie die erin gestoken moeten worden. Hoe groter je het belang van employer branding inschat, hoe groter het budget en hoe meer tijd je hierin wilt investeren. Een paar meningen op een rij:

- Een sterk werkgeversmerk biedt mensen houvast en trekt goede mensen aan.
- Een werkgeversmerk is als hygiëne: het is de basis die voor iedere organisatie op orde moet zijn.
- Mensen kiezen voor een werkgever die geen slecht imago heeft. Het imago hoeft echter niet per se uitstekend te zijn.
- Mensen kiezen niet meer voor een bedrijf, maar voor een leidinggevende en voor collega's. Het merk van de organisatie wordt minder belangrijk, in tegenstelling tot degenen met wie je samenwerkt.
- Organisaties organiseren werk, maar zijn geen werkgever meer. Dat worden mensen van zichzelf.

4.5.2 Merken bouwen en merken activeren

Binnen employer branding zijn er vele wegen die naar Rome leiden. Iedere organisatie heeft haar eigen aanpak, die past bij haar algemene marketingaanpak. Employer branding heeft twee focuspunten:

- het merk bouwen (in vakjargon ook **brand positioning** of **brand building** genoemd);
- het merk activeren (ook wel **brand execution** of **brand activation** genoemd).

Het merk bouwen: **brand positioning** *of* **brand building**

Bij het bouwen van een merk draait het om de EVP, zoals behandeld in paragraaf 4.4. De kernwaarden van de organisatie staan centraal. Waar draait het bij dit specifieke werkgeversmerk om? Wat maakt dit merk uniek? Waarvan gaan de ogen glimmen bij de medewerkers van deze organisatie? Wanneer je bezig bent met het bouwen van een merk ben je als het ware de architect die de **essentie van het merk** voor de organisatie naar boven haalt.

Om het merk goed te positioneren moet het:
- authentiek zijn; een merk is gebaseerd op de dagelijkse realiteit bij de werkgever, het geeft een eerlijk beeld van de organisatie;
- overtuigen; een merk overtuigt kandidaten ervan dat de werkgever de juiste voor hen is;
- differentiëren; een merk focust op unieke aspecten van het bedrijf en het werk;
- blijven hangen; een merk wordt door kandidaten onthouden, het valt op;
- voldoende gesegmenteerd zijn; een merk is voldoende gericht op specifieke doelgroepen.

Het merk activeren: **brand execution** *of* **brand activation**

Bij het activeren van het merk draait het om het tot leven brengen daarvan. Hoe zorg je dat het merk ook als zodanig wordt herkend door je doelgroep? Je bent als het ware de aannemer die het werk van de architect tot leven brengt. Je zorgt ervoor dat de verhalen over de organisatie op een aantrekkelijke en inspirerende manier worden verteld. Je geeft **het merk een gezicht**.

De tijdspanne die employer branding vraagt is minimaal twee jaar.

Om een merk goed te activeren moet employer brand activation:
- levensecht zijn; gedetailleerd materiaal met ware en echte verhalen wordt getoond in blogs, tweets, apps of artikelen;
- huidige werknemers een sleutelrol geven; er wordt voor gezorgd dat hun verhalen de buitenwereld bereiken in de communicatie;
- de verschillende communicatiekanalen consistent inzetten; je moet zorgen voor een herkenbaar geluid in de communicatie via medewerkers, websites, sociale media, advertenties enzovoort;
- mensen laten solliciteren; het merk moet zich richten op die onderdelen die mensen aanzetten om te gaan solliciteren.

Je zoekt naar middelen en media om je doelgroep te bereiken en te bewegen. Dat speelveld is bijzonder grillig en dynamisch. Er zijn veel manieren om dit voor elkaar te krijgen; er is niet één weg die de beste is en er is ook niet één allesomvattend verhaal.

BRANDING VIA EEN DIALOOG MET NETWERKEN

Een employer brand gaat leven doordat alle medewerkers betrokken worden bij het uitdragen van het merk. Medewerkers gaan dialogen aan met relevante netwerken (communities). Dat betekent dus niet alleen maar zenden, maar juist communiceren. Die netwerken kun je vanuit recruitment in kaart brengen: welke zijn er, hoe groot zijn ze, wat is hun invloed? Denk bijvoorbeeld aan alumni, volgers op sociale media of de trainees van een organisatie. Maar ook: wat levert het het netwerk op als er binnen het netwerk wordt gecommuniceerd over je employer brand? Vaak kunnen mensen in het netwerk zelf goed aangeven welke rol ze zouden willen spelen.

Om een goede dialoog te kunnen voeren, moeten medewerkers op de eerste plaats weten wat je als werkgever wilt uitdragen, en wanneer je dat wil doen. Daarvoor gebruik je het intranet, e-mail, interne sociale media als yammer, enzovoort. Maar ook hard copy kan goed werken: denk aan het personeelsblad of een direct mailing. Daarmee bereik je ook het thuisfront.

4.5.3 Randvoorwaarden voor succesvolle employer branding

Om employer branding tot een succes te maken is het van belang om eerst aan de slag te gaan met de **randvoorwaarden voor employer branding**.

De eerste voorwaarde is het zorgen voor draagvlak. Om employer branding te laten slagen is het van belang om het management mee te krijgen. Dat moet het ondersteunen. Maar niet alleen draagvlak van managers is van belang, maar ook het draagvlak van eigen medewerkers. Die spelen een belangrijke rol voor het employer brand (zie ook Internal branding, paragraaf 4.7). Zoals we in de paragraaf over Employer Value Proposition beschreven, vorm je voor het bouwen van een employer brand een werkgroep en betrek je andere stakeholders erbij om te komen tot de essentie van je brand. En het uitdragen van dit brand binnen de organisatie.

Het verkrijgen van draagvlak begint bij een gedeelde doelstelling. Wat willen lijnmanagers, de afdeling communicatie, hrm en recruitment bereiken met employer branding? Wanneer iedereen hetzelfde doel nastreeft, kan iedereen er samen aan werken.

Draagvlak houd je vast door binnen je organisatie goed te communiceren over employer branding. Denk daarbij aan het delen van de resultaten via het intranet, campagnenieuwsbrieven of het personeelsblad. Of het geven van trainingen over het employer brand zodat je van je medewerkers ambassadeurs maakt.

Een tweede voorwaarde is het vrijmaken van budget, mensen of tijd. Wanneer er draagvlak bij management is, wil dat nog niet altijd zeggen dat er meteen budget voor wordt vrijgemaakt. Of dat er mensen worden ingezet. Of dat een manager zijn eigen tijd gaat investeren om het employer brand neer te zetten. Daar is overtuigingskracht voor nodig, en emotionele betrokkenheid. Want het is niet altijd zo dat er budget beschikbaar komt op basis van rationele beslissingen. Soms worden die ook genomen op basis van het onderbuikgevoel bij het zien van een voorstel voor employer branding: 'Dit moeten we gewoon doen.'

De omvang van het budget is zeer divers. Het is afhankelijk van de te behalen doelen, schaarste van de doelgroep, concurrentie op de arbeidsmarkt, de bedrijfsgrootte, branche en werknemerstevredenheid. Het gewogen gemiddelde budget voor employer branding bedraagt 195.349 in Nederland (Waasdorp *et al.* 2012). Goed om daarbij te bedenken is dat er werkgevers zijn die het miljoen overschrijden. Gemiddeld wordt 40 euro per werknemer uitgegeven of 446 euro per vacature (los van de kosten als tijd of budget voor werving en selectie).

Niet alleen de omvang van het budget is relevant. Minstens zo relevant is de inzet van mensen. Communities kunnen bouwen in sociale media en zichtbaarheid in gedrukte media en op internet staan hoog op de lijst van invloedrijke variabelen voor employer branding. Daar heb je geen geld, maar juist menskracht voor nodig. De inzet van mensen moet je goed plannen om hen optimaal in te kunnen zetten in de loop van de tijd. Je moet binnen je organisatie iemand aanstellen die verantwoordelijk is voor deze employer branding activiteiten.

Als derde voorwaarde: het lef en de visie om keuzes te maken. Employer branding gaat over een unieke en onderscheidende positie. Het vraagt om lef en een visie om een keuze te maken voor de unieke propositie van de organisatie.

4.6 Job branding

De vacatureteksten bij de bank worden door de lijnmanager zelf geschreven. Meestal wordt de functiebeschrijving erbij gepakt en wordt er wat aan geschaafd. Dat leidt tot lange lijstjes met wensen: een kandidaat moet tien jaar ervaring hebben, een registeraccountantsopleiding afgerond hebben, proactief en ondernemend zijn, uitstekend Engels en Frans spreken, enzovoort. De baan zelf blijft onderbelicht. Dat is niet zo aantrekkelijk, vindt recruiter Loek.

4.6.1 Inleiding: wat is job branding?

JOB BRANDING   Het gericht vermarkten van een baan aan een specifieke doelgroep door de inzet van de juiste media en middelen en door in te spelen op de wensen en behoeften van deze doelgroep. Bij job branding ligt de nadruk op het aantrekkelijk positioneren van een baan en minder op het aantrekkelijk positioneren van de werkgever (Wervingswoorden.nl).

Net zoals je bij employer branding de werkgever positioneert, positioneer je bij **job branding** de baan. Het belangrijkste doel van job branding is de baan echt de moeite waard te maken voor de beste kandidaat. De kandidaten bepalen of ze een baan nemen op basis van de inhoud van het werk en wat ze zullen leren, doen en worden. Job branding brengt deze kansen en mogelijkheden concreet in beeld. In tegenstelling tot veel 'traditionele' advertenties gaat job branding minder uitgebreid in op de eisen en wensen van de organisatie, maar laat zien waarom deze baan aantrekkelijker is voor de doelgroep dan de baan bij concurrenten.

Job branding gebruik je extern in advertenties in de (online) media, maar ook in je interne communicatie naar je medewerkers voor je werving via via, je referrals (zie *hoofdstuk 5*). De bestaande medewerkers moeten immers aan potentiële collega's uit kunnen leggen wat de functie inhoudt. Het is daarom belangrijk de baan op een aantrekkelijke en heldere manier aan de man te brengen, zowel extern als intern.

Waarom job branding?

Er zijn drie belangrijke redenen voor job branding:

1. *Job branding is zeker zo belangrijk als employer branding.* Uit een onderzoek van Nyenrode Business University blijkt dat medewerkers zich meer committeren aan een manager, een team of project dan aan een werkgever. Het is daarom belangrijk juist die inhoud van de baan en de omgeving duidelijk te maken om nieuwe medewerkers over de streep te trekken.

2. *What's in it for me?* Kandidaten willen over het algemeen een verbetering wanneer ze een andere baan zoeken. Die verbetering kunnen ze vinden in een hogere beloning en in de 'job stretch'. Denk bij dat laatste aan de inhoud van de baan, de toekomstmogelijkheden of de sfeer. Het is daarom van belang goed over te brengen wat de baan inhoudt en waar er voor kandidaten kansen liggen om zich te verbeteren, zeker als er weinig ruimte in het salaris zit om mensen enthousiast te krijgen voor de baan.

3. *Meer semi-actieven bereiken.* Semi-actieve zoekers (zo'n 40% van de populatie) kijken af en toe naar vacatures. Ze lezen de teksten niet echt, maar kijken opper-vlakkig. Zeker in een krappe arbeidsmarkt heb je de semi-actieve kandidaat hard nodig om vacatures in te vullen. Het is belangrijk om hem in die vluchtige tien seconden een beeld te geven van de baan en zijn aandacht vast te houden.

> Saaie beschrijvingen trekken saaie kandidaten aan. En wie wil er een saaie nieuwe collega? Topkandidaten zijn alleen geïnteresseerd in saaie banen als ze wanhopig zijn. Maar ze zijn zelden wanhopig!

4.6.2 Hoe kom je tot een goede job branding?

Om tot een goede job branding te komen, zijn de volgende vijf aandachtspunten van belang:

Punt 1: Wie is je doelgroep?

Allereerst bepaal je wie je doelgroep is. Maak concreet wie je zoekt voor je baan: de gewenste opleiding, ervaring en competenties. Wees zo kritisch mogelijk, om te voorkomen dat je een schaap met vijf poten zoekt. Wanneer mag iemand echt niet komen, en wat is rekbaar? Mag iemand komen wanneer hij zijn hbo niet heeft afgerond, maar wel vijf jaar relevante erva-ring heeft? Als dat zo is, is het opnemen van de eis 'afgeronde hbo-opleiding' niet noodzake-lijk. Zorg dat je drie tot vier duidelijke eisen hebt die het profiel afbakenen.

Als de markt ruim is en je verwacht veel (ongewenste) reacties te krijgen, dan zul je wellicht wat barrières willen opwerpen. Je zult wellicht scherpere selectiecriteria willen opnemen om je profiel meer af te bakenen. Wanneer de markt krap is en je verwacht dat er weinig mensen zullen reageren, maak dan het sturen van een sollicitatie zo eenvoudig mogelijk en baken het gewenste profiel inhoudelijk zo min mogelijk af.

Punt 2: Wat gaat iemand doen?

Maak de inhoud van het werk duidelijk. Leg de 'officiële' functiebeschrijving opzij en beschrijf waarmee iemand bezig is. Welke resultaten wil je zien? Wanneer is iemand succesvol? Geef een beeldende schets met concrete werkzaamheden en de sfeer. Zorg dat de nadruk ligt op de baan. Belangrijk is dat er aandacht is voor de pullfactoren (zie hoofdstuk 3); dát zijn de zaken waarover de kandidaten iets willen lezen.

Punt 3: Wat bied je de kandidaat aan?

Organisaties blinken vaak uit in algemeenheden: open sfeer, collegialiteit, goede arbeidsvoorwaarden. Kandidaten willen graag het echte verhaal horen over de organisatie. Sluit aan bij de kernwaarden van je organisatie, de EVP (zie paragraaf 4.4). Dat zijn de authentieke en onderscheidende waarden en voordelen die je de kandidaten echt kunt bieden. Zorg dat deze kernwaarden in de job brand op een concrete en heldere manier beschreven worden. Houd het volgende in je achterhoofd: 'Wat zouden medewerkers vertellen op een feestje wanneer ze hun baan en werkgever beschrijven?'

Punt 4: Hoe maak je de baan aantrekkelijk voor de kandidaat?

Het is belangrijk de aandacht te trekken en vast te houden. Goede attentiewaarde vind je terug in:

- *De functietitel*. Een pakkende kop. De titel die de organisatie intern gebruikt, hoeft niet de titel te zijn die de lading dekt voor de buitenwereld. Het is belangrijk de titel te checken op aantrekkingskracht en duidelijkheid. Toets de functietitel die je wilt gebruiken bij je doelgroep, of, wanneer je die niet kunt benaderen, bijvoorbeeld bij je huidige werknemers. Wat vinden zij van deze naam? Check ook op Google en in de cv-databases van vacaturesites wat je tegenkomt als je de titel gebruikt. Zijn dat de functies die je wilt vinden? Of sla je met de titel de plank mis?
- *De vormgeving*. De vormgeving van de job brand moet de doelgroep aanspreken. Er moeten niet alleen beelden gebruikt worden, maar er moet ook op gelet worden dat het lettertype prettig leesbaar is. En het moet vanzelfsprekend in lijn liggen met het communicatiemateriaal van de organisatie in het algemeen en van de employer brand in het bijzonder (zie paragraaf 4.5).
- *De schrijfstijl*. Korte zinnen, begrijpelijke taal, zinvolle informatie en tussenkoppen houden de aandacht van de lezers vast.

Punt 5: Hoe zorg je ervoor dat de juiste kandidaat reageert?

Hoe meer concrete informatie, hoe beter kandidaten reageren. Wanneer er een concrete plaatsings- en sluitingsdatum is opgenomen, blijken meer kandidaten te reageren op een vacature. Dat geldt ook voor een concrete naam van iemand bij wie men meer informatie kan inwinnen, bij voorkeur de vacaturehouder of iemand die net zoveel van de baan weet als hij.

Wanneer je verwacht dat er veel (ongewenste) kandidaten reageren, kun je hen vragen via een formulier te solliciteren, zodat jij sneller een selectie kunt maken op basis van een gestandaardiseerd profiel. Bovendien weerhoudt het kandidaten die niet echt geïnteresseerd zijn ervan om een sollicitatie te sturen.

SNELLE TIPS VOOR JOB BRANDING

Een nieuwe baan is een nieuwe toekomst

Het is goed om je te realiseren dat je mensen een nieuwe toekomst aanbiedt. Dan wil een kandidaat natuurlijk wel goed begrijpen wat die toekomst inhoudt. Zorg dat hij daarvan een goed beeld krijgt.

Slimme koppen voor mensen die niet vaak kijken

Semi-actieven kijken maar af en toe en vluchtig naar andere banen en zijn niet geïnteresseerd in saaie jobs. Zoek een functienaam die de doelgroep aanspreekt. Dat hoeft niet de intern gebruikte naam te zijn. Secretaresse of managementassistent, vertegenwoordiger of sales rep, boekhouder of controller?

Tien seconden de tijd

In de eerste twee zinnen leest de persoon wat hij gaat doen, leren of worden. Maak een korte en aantrekkelijke samenvatting van de functie, zodat een kandidaat kan zien of de baan bij hem past en kan beslissen of hij doorgaat met lezen.

Met beide voeten op de grond

Wat doet de persoon iedere dag en wat zou hem beter maken dan de rest van de medewerkers? Schrijf het zo persoonlijk mogelijk op en vermijd algemene verantwoordelijkheden en de lijsten met competenties.

De job is onderdeel van een groter doel: de missie, visie en strategie van het bedrijf

Koppel het werk aan een bedrijfsdoel. Geef aan wat de organisatie doet en wat de kandidaat gaat bijdragen. Zoals Boeing zegt: 'Help us land the next generation of moon walkers.'

Gebruik een uitgebreid prestatieprofiel (en geen interne functiebeschrijving…)

Zorg dat kandidaten in wie je geïnteresseerd bent een uitgebreid prestatieprofiel krijgen. Daarin staan de prestaties die jij verwacht van de kandidaat. Welke taken, activiteiten en projecten gaat hij/zij oppakken, met wie en onder welke omstandigheden?

Begin met kansen en beperk de eisen

De zin 'Gebruik je controllersopleiding om ons nieuwe internationale accountingsysteem op te zetten' klinkt beter dan 'Functie-eisen: controllersopleiding, vijf jaar internationale accountingervaring'. Geef dus geen lijst met vaardigheden en eisen, maar beschrijf de door de organisatie verwachte resultaten en prestaties.

Locatie, locatie, locatie!

Voor kandidaten is het bij het kiezen van een baan erg belangrijk om te weten waar het bedrijf gevestigd is: geef informatie over bereikbaarheid, parkeergelegenheid, openbaar vervoer, enzovoort.

Beloning en zo
Zorg dat duidelijk is waar mogelijkheden zitten voor de kandidaten. Denk aan het salaris, maar ook aan andere voorwaarden: thuiswerken, opleidingen, flexibele werktijden, enzovoort.

Een gelijke boodschap voor alle betrokkenen!
Neem met alle personen die bij de selectie betrokken zijn het profiel door, check wat werkelijk belangrijk is en blijf daarbij. Zorg dat alle betrokkenen het erover eens zijn wanneer een kandidaat echt succesvol is. Voorkom het zogenoemde **moving job spec syndrome**: steeds weer verschuivende functiespecificaties zorgen ervoor dat je de geschikte kandidaat nooit gaat tegenkomen!

Actieve beschrijvingen zijn aantrekkelijker dan passieve
Schrijf over 'doen', 'veranderen' en 'verbeteren' in plaats van over 'verantwoordelijk zijn/ worden voor'. Schrijf: 'u gaat ons salesteam leiden', en niet 'u bent verantwoordelijk voor de leiding van ons salesteam', of 'het salesteam wordt door u geleid'.

Sluit je vormgeving aan bij de algemene vormgeving
Zorg voor een mooie vormgeving. Sluit aan bij je huisstijl of de stijl van je employer branding. Wanneer mensen verder kijken dan alleen de vacature treffen ze een herkenbaar beeld aan.

Beschrijf de doelstellingen en verwachtingen SMART
Zorg dat de beschrijving SMART is, dat wil zeggen: Specifiek, Meetbaar, Actiegericht, Resultaatgericht en Tijdgebonden.

Reverse engineer je zoekproces
Op welke trefwoorden zoeken je topmensen als ze naar een baan op zoek gaan? Zoek op vacaturesites en Google en kijk welke banen je daar vindt. Analyseer waarom je deze banen vindt en die van jou niet. Benoem je de trefwoorden goed? (Zie voor meer over Search Engine Optimization (SEO) subparagraaf 5.3.1.)

Intelligence Group en Work Wonders deden onderzoek naar verwachtingen van nieuwe medewerkers met de vraag: worden de verwachtingen die zijn ontstaan tijdens het wervings- en selectietraject waargemaakt na binnenkomst? Dat bleek tegen te vallen. Zes op de tien waren teleurgesteld. Opvallend was dat een op de vier teleurgesteld bleek in het salaris. Dat is tijdens de werving en selectie onvoldoende helder gemaakt. Reden temeer om kandidaten een concrete berekening van het netto-inkomen aan te bieden, zodat ze niet voor verrassingen komen te staan.

4.6.3 Een concrete vacature beschrijven

Inhoudelijk
Wanneer je tot een goede beschrijving van een baan wilt komen, zul je de juiste informatie over de baan naar boven moeten krijgen bij de vacaturehouder. In hoofdstuk 3 vind je hoe je een functieanalyse kunt maken. Deze analyse gebruik je om tot

een pakkende en wervende vacaturetekst te komen. Wat zijn de elementen van een job brand?

1. Doelstellingen voor de organisatie
Begrijp de management- en organisatiedoelstellingen

Laat de manager teamprojecten en organisatiebehoeften beschrijven: realiseren van …% groei, implementatie van een nieuw ict-platform, ontwikkelen van nieuwe markt voor product x, enzovoort.

Begrijp de langetermijnplanning en strategische issues

Wat zijn de belangrijkste strategische doelen op langere termijn? Wat voor projecten spelen er voor de kandidaat die bijdragen aan deze strategie? Welke rol vult iemand in: manager, strateeg, specialist, bouwer?

2. Doelstellingen voor de functie
Bepaal de doelstellingen

Wat moet deze persoon de komende drie tot zes maanden doen/bereiken om succesvol te zijn? Noem twee tot drie concrete on-the-job resultaten: een nieuw proces implementeren, vijfentwintig klanten per dag bezoeken, …% kosten reduceren?

Bepaal de subdoelen

Neem één of twee doelen: wat zijn de twee dingen die een succesvol persoon zou moeten doen om het doel te bereiken? Voor de procesimplementatie zou dit bijvoorbeeld kunnen zijn: bepaal de belangrijkste *bottlenecks* en ontwikkel binnen dertig dagen een plan om deze aan te pakken.

Check of er nog andere doelstellingen zijn

Zijn er nog andere zaken die moeten veranderen of verbeteren de komende tijd? Zijn er zaken die meteen opgelost moeten worden?

3. Teambeschrijving
Leer de teamskills kennen

Met wie gaat deze kandidaat samenwerken en aan welk soort projecten? Hoe ziet het team eruit? Maak een *work chart* met alle mensen met wie hij gaat samenwerken.

4. Vaardigheden
Benchmark met de beste personen uit het team

Wat doen de beste mensen in deze baan anders dan de gemiddelde persoon? Als je aan je beste persoon denkt, wat doet hij/zij dan anders?

Vertaal vaktechnische vaardigheden in resultaten

Wat zijn de vaktechnische uitdagingen in de baan? Hoe gebruikt de kandidaat zijn vaktechnische vaardigheden voor het bereiken van resultaten? Hoe weet je dat iemand echt goed is in zijn vak?

5. Conclusie

Beschrijf de belangrijkste taak en graadmeter

Wat is de *deal breaker*? Aan welke doelen of taken kunnen geen concessies worden gedaan? Waarom is dat belangrijk? Wat doet de kandidaat zodat de manager hem/haar succesvol vindt?

Schrijven en vormgeving

Je doelgroep moet de baan aantrekkelijk vinden. Daarbij laat hij zich niet alleen leiden door de inhoud van de baan, maar ook door de schrijfstijl in en vormgeving van de vacature. In het kader 'Snelle tips voor job branding' vind je hiervoor een aantal algemene adviezen. Het is belangrijk om de job branding mee te nemen bij je employer branding. Op die manier ontstaat consistentie in de uitingen en versterken de positie van de organisatie en de positie van de baan elkaar.

Wervingskanalen

In hoofdstuk 5 gaan we in op de kanalen die je kunt gebruiken voor job branding, waaronder de geschreven media, de online en mobiele media, en de werving voor vacatures via referrals.

DE TOP 10 VAAGSTE VACATUREWOORDEN

Tekstridder en Bureau De Uitkomst analyseerden 40.000 vacatures en kwamen tot de volgende top 10 van nietszeggende woorden (http://vaagtaal.nl/personeelspraat/onderzoek-vacaturetaal):

1. Actief (30%)
2. Resultaatgericht (25%)
3. Flexibel (23%)
4. Innovatief (22%)
5. Dynamisch (21%)
6. Complex (20%)
7. Proactief (18%)
8. Gedreven (15%)
9. Klantgericht (14%)
10. Competentie (11%)

4.7 Internal branding

4.7.1 Inleiding: Het merk als kompas

Een sterk werkgeversmerk is belangrijk voor het aantrekken van nieuwe medewerkers. Het geeft aan waar de kracht van de organisatie ligt, wat haar identiteit is en waar de organisatie een voorsprong heeft op concurrenten. Het bouwen en activeren van een werkgeversmerk is gebaseerd op de kernwaarden van de organisatie, de EVP.

Er is een aantal hr-instrumenten dat veel effect heeft op het merk. Denk aan het inves-teren in de werksfeer, doorgroeimogelijkheden, goede arbeidsvoorwaarden of cultuur-programma's. En een heel belangrijke: de kernwaarden gedragen laten zijn in de orga-nisatie. In het vak wordt wel eens gezegd: 'Intern beginnen is extern winnen.' Je kunt extern niet communiceren wat je intern niet waar kunt maken.

Maar hoe zorg je ervoor dat wat je belooft op de arbeidsmarkt in je employer brand en job brand in de praktijk ook zo wordt ervaren? Daarover gaat **internal branding**. Je gebruikt het merk om je mensen binnen de organisatie te inspireren om de waarden te laten leven. Het merk is een kompas: het zorgt ervoor dat het beeld dat je in de buitenwe-reld neerzet, overeenkomt met de werkelijkheid.

Het merk op de arbeidsmarkt wordt gebouwd in een dialoog tussen de medewer-kers van de organisatie en (mogelijke) kandidaten. Die dialoog komt niet tot stand onder druk van regels, protocollen of via uitgestippelde kanalen. Medewerkers maken zelf de keuzes. Het merk wordt gebruikt om sturing te geven aan de keuzes waarover en hoe er gecommuniceerd wordt. Welke kernwaarden zijn inspirerend? Welke waarden passen bij mij en waarover praat ik in de buitenwereld?

4.7.2 Drie disciplines werken samen aan een internal brand

Voor internal branding werken drie disciplines samen: het gaat om het bouwen van een werkgeversmerk (marketing), door en met medewerkers (human resources), op een aansprekende manier (communicatie). Als het merk door eigen medewer-kers wordt doorleefd en uitgedragen, werkt het merk naar de buitenwereld sterker. Potentiële nieuwe medewerkers zien dan in de praktijk wat het werkgeversmerk betekent.

De basis voor internal branding is de EVP, die zoals gezegd bestaat uit de kernwaarden en voordelen die de organisatie te bieden heeft aan werknemers. Deze kernwaarden passen bij de identiteit van de organisatie (wie je bent), bij de ambities van de organi-satie (wie je wilt zijn) en bij de interesses van potentiële werknemers (wat zij belangrijk vinden). De kernwaarden vormen als het ware de belofte die je doet aan je doelgroep op de externe arbeidsmarkt: 'Wanneer je bij ons komt werken, kun je dit verwachten.' Ze geven een beeld van de persoonlijkheid van de organisatie. Bij internal branding gaat het om het tot leven brengen van je EVP. Hoe zorg je ervoor dat die merkbeloftes ook echt waar zijn?

Marc van Eck *et al.* (2013) onderscheiden vier fases voor internal branding. Zij gaan ervan uit dat je kernwaarden duidelijk zijn. Dat is de basis van het internal branding-proces. Op die basis wordt vervolgens voortgebouwd.

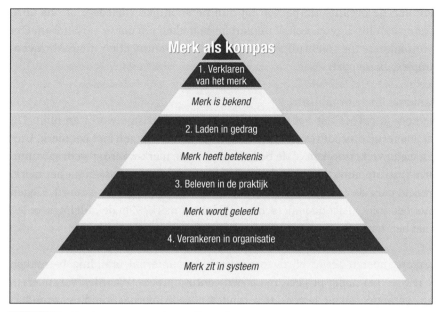

FIGUUR 4.6 *De vier stappen van internal branding.*

Fase 1: Verklaren van het merk

In deze fase leg je het merk helder en overtuigend uit aan medewerkers. Op een enthousiaste manier maak je duidelijk wat de kracht van het merk is. Medewerkers moeten het in hun eigen woorden kunnen doorvertellen aan anderen. Je zorgt dat het voor iedereen vanzelfsprekend is dat het merk niet alleen een belofte is aan de buitenkant, maar dat het in de praktijk ook waar is. Werknemers moeten het als het ware meteen herkennen en in de praktijk ervaren dat het zo is.

Fase 2: Laden in gedrag

In deze fase betrek je medewerkers bij het bepalen van de betekenis van het merk voor hun eigen werk. Laat ze met elkaar afspraken maken om het merk te vertalen in gedrag en houding. Medewerkers moeten het merk niet opgelegd krijgen, maar er zelf invulling aan geven. Ze noemen dat ook 'living the brand'. Het kan verhelderend zijn om medewerkers inzicht te geven in de percepties van potentiële nieuwe medewerkers. Hoe denkt de buitenwereld over de organisatie? De uitkomsten hiervan kunnen worden gebruikt om de kernwaarden verder in te kleuren, of deze zelfs aan te passen, want het is mogelijk dat bepaalde kernwaarden in de praktijk niet realistisch blijken te zijn.

Fase 3: Beleven in de praktijk

Medewerkers gaan aan de slag met het merk. Het merk wordt een richtlijn voor het dagelijkse werk. Medewerkers kijken als het ware door de bril van het merk naar hun werk. In deze fase kun je medewerkers businessvraagstukken laten oplossen met behulp van het merk. Ook onderzoek je hoe de organisatie scoort op onderdelen van het merk. Dat koppel je terug aan de afdelingen en je kijkt hoe die met concrete acties zaken kunnen verbeteren. Daarnaast kun je medewerkers laten ontdekken hoe de kernwaarden van de organisatie passen bij hun persoonlijke waarden, of, als deze waarden niet op één lijn liggen, een actieplan laten maken om dat te verbeteren. Om het proces te ondersteunen gebruik je 'traditionele communicatie': nieuwsbrieven, kaarten, filmpjes, enzovoort.

Fase 4: Verankeren in de organisatie

In deze fase zorg je ervoor dat het merkgedrag een automatisme wordt en blijft. Dit betekent dat je interne procedures en systemen in lijn moeten liggen met het merk. Laat managers en medewerkers kijken of de bedrijfsprocessen 'merk-waardig' gedrag stimuleren. De hrm-instrumenten voor in-, door- en uitstroom moeten passen bij het merk. Kijk bijvoorbeeld naar de competenties waarop medewerkers worden gestuurd. Liggen die in lijn met het merk? Past de leiderschapsstijl bij het merk? Zijn de afdelingsdoelen consistent met het merk?

De medewerkers moeten actief bij de organisatie van internal branding betrokken blijven. Het is geen eenmalig project, maar een continu proces. Waarden veranderen, de organisatie verandert en medewerkers veranderen, en je internal branding verandert mee.

De manier waarop internal branding wordt aangepakt is heel divers. Dat zie je bijvoorbeeld terug in de nominaties voor de NIMA Internal Brandingprijs (www.nima.nl).

De internal brandingstrategie neem je mee in een communicatieplan. Daarin beschrijf je het plan van aanpak voor je internal branding. Paragraaf 4.8 behandelt het maken van het communicatieplan.

4.8 Recruitmentcommunicatieplan

Loek heeft voor de bank de doelstellingen op een rijtje gezet. Het schort aan de positionering van de bank, zeker als je kijkt naar de concurrentie. De doelgroepen die de bank interessant vindt, lijken geen interesse te hebben in een overstap naar de bank. De vacatures zijn niet wervend genoeg en het merk leeft niet echt bij de huidige medewerkers van de bank. Zij zijn nauwelijks ambassadeurs van de organisatie. Loek heeft voor ogen wat hij wil veranderen en gaat aan de slag met het maken van een plan.

4.8.1 Inleiding

Je hebt research gedaan en je hebt de EVP, de kernwaarden voor de positionering van je organisatie, goed in kaart gebracht. Uit deze fase kan naar voren komen dat er iets schort aan je huidige boodschap of dat je boodschap je doelgroep niet goed bereikt. De naamsbekendheid bij je doelgroep kan te gering zijn, of de kernwaarden worden niet goed voor het voetlicht gebracht. De vacatures hebben onvoldoende aantrekkingskracht, je medewerkers zijn nauwelijks betrokken bij de werving, of de mensen die je hebt aangetrokken vertrekken onverwacht snel weer. Kortom: je hebt een communicatie- en/of wervingsprobleem. Je maakt een communicatieplan om zo'n probleem aan te pakken.

> **RECRUITMENTCOMMUNICATIE** Structureel communiceren naar de interne en externe arbeids-
> marktdoelgroepen en hun beïnvloeders, met als doel het positief beïnvloeden van het werkgevers-
> merk, het werven van nieuwe medewerkers en/of het contact onderhouden met huidige, potentiële
> en oud-medewerkers (AmcInfo.nl, 2011.).

In de voorgaande definitie worden **drie doelstellingen voor recruitmentcommunicatie** onderscheiden:

1. Het positief beïnvloeden van het werkgeversmerk, bijvoorbeeld door middel van employer branding, het vergroten van de naamsbekendheid en het verbeteren van de positionering van de organisatie. Dit is een doelstelling voor de lange termijn.
2. Het werven van nieuwe medewerkers, bijvoorbeeld door middel van job branding, het maken van advertenties en het ontwikkelen van een wervende site. Dit is een doelstelling voor de korte termijn.
3. Contact onderhouden met huidige, potentiële en oud-medewerkers: internal branding en relatiemanagement met potentiële kandidaten.

In de definitie worden verder verschillende **doelgroepen voor recruitmentcommunicatie** onderscheiden, namelijk:

- doelgroepen op de interne en externe arbeidsmarkt: huidige, potentiële en oud-medewerkers;
- en de beïnvloeders van die doelgroepen: denk hierbij aan ouders of decanen op school; 'influentials' in vakjargon (zie ook de openingscase).

VOORBEELD: PARENTAL MARKETING

De fastfoodketen McDonald's had te maken met een hoog verloop bij zijn personeel. Nieuwe medewerkers gingen snel weer weg. In de zoektocht naar nieuw personeel richtte het bedrijf zijn boodschap vervolgens ook aan de ouders van zijn doelgroep. Die ouders bleken een goede bron: zij stimuleerden hun kinderen om aan de slag te gaan en ze hadden een positieve invloed op de duur van het dienstverband.

Ook bij internationale recruitment zie je dit terug. Chinese ouders hebben bijvoorbeeld een grote invloed op hun kind bij het maken van loopbaankeuzes.

4.8.2 Ieder plan is anders

Ieder communicatieplan is anders. Dat is logisch. Iedere organisatie heeft andere doelstellingen die behaald moeten worden. En andere doelgroepen, een andere arbeidsmarkt. De basis van het communicatieplan is echter voor elke organisatie gelijk. Het recruitmentcommunicatieplan gaat in op:

- Je doelstelling en je doelgroep: wat wil je bereiken en bij wie wil je dat bereiken?
- Je boodschap aan die doelgroep: wat ga je je doelgroep vertellen?
- Je strategie en de middelen die je gaat inzetten: hoe ga je dat doen?

Je kunt dit plan zelf maken of je kunt een gespecialiseerd bureau inhuren om het voor je te ontwikkelen en het materiaal dat bij dat plan hoort verder uit te werken. In deze paragraaf zullen we de basis voor een eigen plan toelichten. In subparagraaf 4.8.4 gaan we in op het selecteren van een extern bureau dat kan helpen bij de ontwikkeling van een communicatieplan en -materiaal.

ZELF DOEN OF LATEN DOEN?

Stel jezelf de volgende vragen:

- Is het communicatieprobleem scherp genoeg?
- Zijn alle betrokkenen gecommitteerd om het probleem op te lossen?
- Is er deskundigheid in huis om het probleem aan te pakken, bijvoorbeeld een afdeling communicatie?
- Heeft deze afdeling de gelegenheid om het plan te maken? Heeft men tijd?
- Is er een langetermijnbetrokkenheid van verschillende stakeholders en uitvoerders?

Als op de voorgaande vragen vaker 'nee' dan 'ja' wordt geantwoord, lijkt het een goed idee om er een extern bureau bij te betrekken.

Voorwaarden voor een succesvol plan

Support van alle betrokkenen

Een communicatieplan werkt alleen als het door alle betrokkenen wordt gesteund en uitgevoerd. Het hoort thuis op de agenda van hrm-medewerkers voor de instroom van nieuwe medewerkers; op de agenda van de afdeling communicatie als afgeleide van de algemene communicatie van de organisatie; en op de agenda van het management als onderdeel van het strategische plan van de organisatie. Zorg dat je de sleutelfiguren in het communicatietraject vroegtijdig bij het plan betrekt – zo creëer je draagvlak en voorkom je teleurstellingen bij stakeholders achteraf.

Recruitmentcommunicatie kun je niet los zien van de algemene communicatie van de organisatie. Deze twee moeten op één lijn liggen. In veel organisaties is daarom niet de recruiter eindverantwoordelijk voor de recruitmentcommunicatie, maar de afdeling communicatie. Deze laatste afdeling voert de volledige regie over het communicatieplan; de recruiter geeft haar de input om tot een goede communicatieaanpak te komen (zie ook de rolverdeling in hoofdstuk 1).

Een brede oriëntatie

Het plan is niet alleen gericht op de externe communicatie voor de werving van potentiële nieuwe medewerkers; de inhoud en de stijl van de communicatie moeten ook worden doorgevoerd in de selectie en onboarding van nieuwe medewerkers. Op deze manier zorg je voor een consistente lijn in het recruitmenttraject. Het plan moet bovendien gericht zijn op de interne communicatie naar eigen medewerkers voor je internal branding. In het plan geef je antwoord op de vraag hoe interne medewerkers betrokken zijn bij de doelstellingen van het recruitmentcommunicatieplan.

Een systematische opbouw en uitvoer

Het plan is een soort draaiboek waarmee gewerkt wordt. Het zorgt voor een duidelijk herkenbare boodschap voor alle betrokkenen en een doordachte keuze van de in te zetten middelen en kanalen. Het is verstandig om in het plan te werken met een heldere opbouw met goed afgebakende onderdelen.

> **INDIVIDUALISERING**
>
> Communicatie gaat van massacommunicatie naar individuele communicatie, niet alleen wat betreft de inhoud, maar ook wat betreft de vorm. De communicatie wordt afgestemd op het individu: 'What's in it for me?' Een vorm van employer branding gericht op een 'massa' sluit hierbij minder goed aan dan employer branding die past bij het individu. Je kunt je afvragen of een groot werkgeversmerk nog wel zo maakbaar en wenselijk is in een geïndividualiseerde maatschappij.

4.8.3 De onderdelen van een recruitmentcommunicatieplan

Het recruitmentcommunicatieplan omvat de volgende onderdelen:
1. probleemomschrijving;
2. doelen en doelgroepen;
3. boodschap;
4. wervingsstrategie;
5. uitvoering;
6. evaluatie.

1 Probleemomschrijving

Hierin beschrijf je welk recruitmentprobleem je wilt aanpakken. Wil je de positie van de werkgever op de arbeidsmarkt verbeteren? Is er een tekort aan een specifiek soort medewerkers? Wil je betere sollicitanten of meer sollicitanten? Ieder probleem vraagt om een ander soort oplossing. Een goede analyse van het probleem en een juiste probleemstelling vormen de basis van het plan, en zorgen ervoor dat je de juiste vervolgstappen neemt en de goede middelen, kanalen, mensen en boodschap kiest.

2 Doelen en doelgroepen

Wanneer je weet welk probleem je wilt oplossen, kijk je naar de doelen en doelgroepen die je wilt bereiken. Die beschrijf je in dit deel. Je **doelstellingen** moeten zo concreet mogelijk zijn. Dat is met name belangrijk om te kunnen vaststellen of je communicatie effectief is.

Je kunt denken aan het verbeteren van:
1. de werving van (specifiek) talent;
2. de bekendheid als potentiële werkgever;
3. het aantal sollicitaties dat je ontvangt;

4. de kwaliteit van de sollicitaties die je ontvangt;
5. de positie op de arbeidsmarkt en opzichte van je concurrenten;
6. meer mensen via referral binnenkrijgen;
7. de betrokkenheid van medewerkers om zich in te zetten voor werving;
8. de bekendheid van het merk bij eigen medewerkers.

Op basis van deze doelstellingen doe je een nulmeting. Hoe doen we dat nu eigenlijk? In subparagraaf 4.3.3 gingen we in op deze manieren van onderzoek.

Je bepaalt een norm voor de verbetering van de doelstellingen. Een handig hulpmiddel bij het vaststellen van de doelstellingen, is deze SMART te maken: Specifiek, Meetbaar, Actiegericht, Realistisch en Tijdgebonden. Ga bij iedere doelstelling die je maakt na of deze aan de SMART-vereisten voldoet. Stel, je werkt als recruiter bij een groot ingenieursbureau en je hebt een probleem met de werving van geschikte starters. Een SMART-doelstelling kan dan zijn: 'Binnen een halfjaar moet het aantal open sollicitaties van starters met twintig procent toegenomen zijn.' Dat kun je later concreet meten en evalueren. Meer hierover in hoofdstuk 8.

Voor het bereiken van je doelstellingen is het afbakenen van je doelgroepen cruciaal (zie ook hoofdstuk 3). Daardoor kun je je boodschap en je keuze van middelen en media goed laten aansluiten bij de belevingswereld van je doelgroepen, hun interesses, motieven en ambities. Daarmee verbeter je het bereik van je doelgroep. In het voorbeeld van de starters beschrijf je om welk soort starters het gaat: 'Startende elektrotechnici op wo-niveau met de potentie door te groeien naar projectmanager.' Door een goede afbakening kun je bijvoorbeeld je recruitment richten op studieverenigingen in de elektrotechniek, door het aanbieden van workshops of stages (zie hoofdstuk 5).

3 Boodschap

De kern van je boodschap is de ziel van je organisatie. De basis is de EVP: de set van aantrekkelijke werkgeverswaarden en voordelen die van jouw organisatie een aantrekkelijker werkgever maken voor de doelgroep dan je concurrerende werkgevers (zie paragraaf 4.4). Het is een authentiek en bij voorkeur uniek en persoonlijk beeld. Die kernboodschap maak je concreet met voorbeelden en verhalen van mensen in je organisatie. Zo ontstaat een levend beeld.

Niet alleen de inhoud van je boodschap, maar ook de gekozen toon, middelen en media bepalen de kracht van je boodschap. De inhoudelijke boodschap en de keuze van je middelen moeten op één lijn liggen. De werving van een serieuze controller met tien jaar ervaring zal anders verlopen dan de werving van leden van een salespromotieteam met studenten. Dat is niet alleen zichtbaar in de tekst, maar ook in de opmaak van de website en de vacature, en in de media die je kiest.

4 Wervingsstrategie

De arbeidsmarkt en je behoefte zijn bepalend voor de strategie die je volgt. Zij bepalen de aanpak en richting die je kiest. In een krappe arbeidsmarkt gebruik je andere wervingsstrategieën dan in een ruime markt. Wanneer er weinig mensen op de markt zijn, zul je alles uit de kast moeten halen om de goede mensen te vinden. Ook de urgentie van je vacatures of je doelstellingen bepalen de intensiteit van je aanpak. Wanneer je binnen een halfjaar tienduizend parttime postbodes nodig hebt, volg je een andere strategie dan wanneer je binnen een periode van drie jaar vier gespecialiseerde internationale wetenschappers nodig hebt. In hoofdstuk 5 behandelen we de wervingsstrategie.

5 Uitvoering

Bij het onderdeel 'uitvoering' vermeld je de inzet van middelen en kanalen, van mensen en van geld.

- *Inzet van middelen en kanalen*. De keuze van je middelen en kanalen hangt af van je doelen, je doelgroepen en het beschikbare budget. De doelen kunnen variëren van het invullen van een concrete vacature of de branding van een organisatie of baan. Dat vergt een andere aanpak. Daarnaast moet je je middelen laten aansluiten bij het soort doelgroep dat je hebt. Ouderen, jongeren, hoogopgeleiden, laagopgeleiden. Ze gebruiken bijvoorbeeld andere media, en ze gebruiken de media anders. Ouderen lezen vaker de krant dan jongeren. Hoogopgeleiden gebruiken vaker LinkedIn dan laagopgeleiden. Meer informatie over de kanalen die je inzet vind je in hoofdstuk 5.
- *Inzet van mensen*. Goede afspraken over de rol en verwachting van betrokken medewerkers zijn van belang voor een goede uitvoering van je plan. Denk daarbij aan medewerkers van de afdelingen communicatie, hrm en recruitment en aan het lijnmanagement; en aan de organisatiebrede inzet van mensen voor het communiceren met communities of in de vorm van referral recruitment (subparagraaf 5.4.3).
- *Inzet van budget*. Slimme communicatie hoeft niet veel te kosten. Een krappe markt en veel verschillende soorten vacatures zullen echter over het algemeen een hoger communicatiebudget vragen, omdat je meer werk moet verrichten om goede kandidaten te vinden. Je moet bijvoorbeeld bonussen geven aan personeel om goede referrals te krijgen, headhunters inschakelen en/of meer adverteren.

In sommige organisaties wordt bij het bepalen van het budget niet meegenomen hoe moeilijk het is om mensen te vinden. Budgetten worden gekoppeld aan het aantal personen dat geworven moet worden. Maar ongeacht hoe een budget tot stand komt, de hoogte van het budget leidt meestal tot flinke discussies tussen recruitment, finance en lijnmanagement.

Meer informatie over de kerngetallen voor de inzet van middelen en mensen voor recruitment vind je in hoofdstuk 8.

6 Evaluatie

In de laatste stap bepaal je de manier waarop je de uitvoering van de voorgaande onderdelen evalueert en met wie je die evalueert. Vragen die je kunt stellen bij een evaluatie:

1. Draagt de communicatie bij aan de organisatie- en hrm-strategie van het vinden en werven van medewerkers of de retentie van medewerkers?
2. Is er een goede koppeling van de recruitmentcommunicatie en corporate communicatie?

3. Hoe verloopt de samenwerking tussen lijnmanagement, hrm, recruitment en communicatie?
4. Hoe is het draagvlak bij de belangrijkste stakeholders, zoals het management?
5. Zijn medewerkers voldoende betrokken bij de communicatie?
6. Hoe gaat de samenwerking met externe bureaus voor onderzoek of de ontwikkeling van communicatiemiddelen?

Wanneer je je doelstellingen haalt, is het tijd dit te vieren en uit te dragen. Bedank medewerkers die een bijdrage leverden. Geef complimenten over de bijdrage die ze leverden aan de voordelen voor de organisatie. Wanneer blijkt dat de doelstellingen en het plan niet zijn gerealiseerd, zul je moeten bekijken hoe dit komt en wat je kunt doen om dat te herstellen.

Alleen door een goede evaluatie kun je verbeteringen aanbrengen en kun je zaken een volgende keer anders aanpakken. Het is van belang met alle betrokkenen te evalueren, want niet iedereen denkt er altijd hetzelfde over.

De verschillende onderdelen van het plan hangen met elkaar samen. Het kan zijn dat je moet besluiten je doelstellingen aan te passen omdat je budget niet toereikend blijkt te zijn. Of dat je bij het bepalen van je strategie je probleem scherper voor ogen krijgt en je je probleemomschrijving aan moet passen. Door tijdige evaluatie van de resultaten blijft een goed communicatieplan zich ontwikkelen en aanpassen aan de actuele ontwikkelingen in de markt en binnen het bedrijf.

4.8.4 Het ontwikkelen van communicatiemateriaal

Het ontwikkelen van communicatiemateriaal is een stap die volgt op de ontwikkeling van de evp en het communicatieplan. Wanneer deze beide stappen zijn doorlopen, heb je scherp voor ogen wat de inhoud van je boodschap is en welke kanalen en middelen je wilt inzetten voor je werving. De vervolgstap is het ontwikkelen van communicatiemateriaal: beeldmateriaal, apps, games, advertenties, websites, banners, brochures, enzovoort.

Waaraan moet het materiaal inhoudelijk voldoen?
In je werving doe je als organisatie een toezegging aan je doelgroep. Je biedt die als het ware een nieuwe toekomst aan. Als recruiter creëer je verwachtingen bij nieuwe medewerkers. Binnen een bedrijf, met collega's, in een baan, met klanten. Voordat een kandidaat in die toekomst stapt, wil hij een goed en eerlijk beeld hebben van die mogelijke toekomst. Ook de (nog niet gerealiseerde) ambities van de organisatie kunnen hierin een rol spelen. Inhoudelijk moet je communicatiemateriaal daarom een realistisch, aantrekkelijk en ambitieus toekomstbeeld schetsen van het werk en de werkomgeving.

Welke kanalen gebruik je?
Het materiaal dat je ontwikkelt, moet passen bij de kanalen die je hebt gekozen om je merk neer te zetten. Die kanalen kunnen voor de verschillende doelgroepen, branches, regio's en sectoren sterk verschillen. Denk bijvoorbeeld aan een krappe arbeidsmarkt. Als er maar weinig kandidaten beschikbaar zijn op deze markt, zul je ook graag

mensen willen bereiken die niet actief rondkijken op de markt: de zogenoemde latente en passieve kandidaten. Zij zijn misschien wel te verleiden wanneer ze een leuke kans voorbij zien komen, ook als ze er niet echt naar zoeken. Wanneer je alleen media kiest die worden gebruikt door mensen die actief op zoek zijn naar een nieuwe baan, zoals vacaturesites, dan mis je de doelgroep van latente en passieve kandidaten. Zij zijn niet op zoek naar een andere baan en lezen de vacaturesites nauwelijks. Je zult dan ook kanalen en middelen moeten kiezen die passen bij een passieve doelgroep. In hoofdstuk 5 vind je meer informatie over de verschillende kanalen voor werving.

Hoe pak je het aan?

Vaak hebben organisaties de expertise voor de ontwikkeling van communicatiemateriaal niet in huis. Je zult dan een communicatiebureau of reclamebureau moeten inhuren om het materiaal te ontwikkelen. Recruitment zal, meestal in nauwe samenwerking met de afdeling communicatie, de regie voeren over de ontwikkeling van het materiaal.

De selectie van een bureau

Wanneer de organisatie geen vast communicatiebureau heeft waarmee zij samenwerkt, maak je een selectie van drie tot vijf bureaus waarmee je zou kunnen samenwerken. Je betrekt bij de selectie de mensen die het bureau gaan briefen maar ook de mensen die het uiteindelijke materiaal gaan beoordelen.

Je verdiept je in de volgende aspecten van de potentiële bureaus:

1. Wat weet je van het bureau?
   - omvang van het bureau;
   - expertise van medewerkers en freelancers;
   - internationale samenwerking;
   - gemiddelde tarieven van het bureau.
2. Heeft het bureau kennis van:
   - de arbeidsmarkt, arbeidsmarktonderzoeken, imago-onderzoeken?
   - het opzetten van een strategisch mediabeleid, inclusief online, mobiele en sociale media?
3. Heeft het bureau ervaring met:
   - arbeidsmarktcommunicatie; interne communicatie; job branding; internal branding?
   - jouw branche of sector of doelgroep?
   - het ontwikkelen en implementeren van een huisstijl?
   - het begeleiden van evenementen en beurzen, pr en sponsoring, drukwerk en technische realisatie ten behoeve van onlinemedia?
4. Is er een persoonlijke klik met het bureau?

Op basis van de antwoorden op de voorgaande vragen kies je een bureau.

Meer informatie over communicatiebureaus vind je op de volgende websites:

www.vea.nl   Vereniging van erkende communicatieadviesbureaus
www.vpra.nl   Brancheorganisatie voor pr-bureaus

Het maken van een briefing

Op basis van het communicatieplan maak je een briefing voor het communicatiebureau. De briefing is de omschrijving van de opdracht aan het bureau. Hierin staat duidelijk wat de verwachte uitkomsten zijn en wat de condities van de opdracht zijn. Vaak is het een schriftelijk stuk dat mondeling wordt toegelicht. Je stelt de briefing voor het communicatiebureau samen met de stakeholders in je organisatie op. Zij beoordelen immers later samen met jou het eindresultaat van de communicatie.

In de briefing van het bureau ga je in op de volgende aspecten:
- Welk communicatieprobleem wil je oplossen? Wie is je doelgroep?
- Welke boodschap wil je overbrengen? Wat zijn de kernwaarden van de boodschap?
- Welke resultaten verwacht je van de communicatie? Op welke termijn?
- Wat is het budget?
- Wie zijn er vanuit het bedrijf bij betrokken?
- Welk communicatiemateriaal is al voorhanden (bijvoorbeeld voor algemene communicatie van het bedrijf)?

Wanneer het materiaal is ontwikkeld, is de briefing een document om op terug te grijpen voor de evaluatie. Is alles geleverd? Voldoet het aan de verwachtingen die eerder zijn uitgesproken?

4.8.5 Actie

Er is een recruitmentcommunicatieplan ontwikkeld. De boodschap is helder. Het communicatiemateriaal is opgezet en de kanalen zijn gekozen. (Op de materialen, middelen en kanalen om mensen te werven komen we in hoofdstuk 5 uitvoerig terug.) Dan is het tijd om het plan uit te voeren. Dat betekent:
- *Het opstellen van een helder projectplan met duidelijke afspraken over de verschillende onderdelen en verantwoordelijkheden.* Het is zaak het plan in kleinere delen op te knippen en daar acties aan te koppelen. Denk bijvoorbeeld aan het betrekken van je eigen medewerkers bij werving (referral recruitment), of aan met behulp van internal branding het merk tot bloei brengen in de organisatie. Je geeft dan concreet aan wat er voor de deelprojecten moet gebeuren, wanneer het moet gebeuren en wie het gaat doen.
- *Het inkopen van toeleveranciers voor de uitvoering van het communicatieplan.* Denk aan onlinemedia als vacaturesites, sociale media en Google, aan media als uitgevers van kranten en vakbladen of aan werving- en selectiebureaus en headhunters.
- *Het intern communiceren over de externe communicatieplannen en het ontwikkelde materiaal.* Je informeert alle medewerkers en het management over de externe communicatie. Hiermee vergroot je de interne betrokkenheid bij de externe communicatieplannen. Wanneer medewerkers worden vergeten in de communicatie zien zij de uitingen 'opeens' in de media en dat kan wrevel wekken. Zorg dat je persberichten eerst intern deelt, geef de medewerkers tips over de inzet van sociale media voor het delen van het employer brand, verspreid filmpjes, mailtjes, posters enzovoort om het doel van de campagne toe te lichten. Zo zorg je dat de medewerkers actief betrokken zijn bij het communiceren over je merk.

MAGNEET

De creatiefste en beste campagne als het gaat om arbeidsmarktcommunicatie wordt ieder jaar beloond met een Magneet. De Magneet werd in 1985 voor het eerst uitgereikt door de Stichting Jaarprijzen Personeelscommunicatie (SJP). De jury bestaat uit opdrachtgevers en communicatiebureaumedewerkers. Daarnaast is er een publieks- en doelgroepjury. Want communicatie is méér dan het plaatsen van een advertentie voor een vacature (www.sjp.nl).

Effies

Naast de Magneten zijn er Effies. De Effies zijn prijzen bedoeld om de effectiviteit van reclame te belonen. Ze worden wereldwijd toegekend; in Nederland sinds 1984 (www.effie.nl).

4.9 Samenvatting

De brandingpiramide

De identiteit van de organisatie is de basis voor de positionering, of het nu gaat om het bouwen van een employer brand op de arbeidsmarkt, een job brand voor werkzoekenden of een internal brand voor eigen medewerkers. De identiteit en de kernwaarden van de organisatie komen in alle vormen van positionering terug.

Employer Value Proposition

De waarden en voordelen die een organisatie biedt op de arbeidsmarkt, aan werkzoekenden of eigen medewerkers laten zich samenvatten in de Employer Value Proposition, de EVP. Deze is gebaseerd op drie onderdelen, namelijk:
- het imago: de waarden en voordelen die het belangrijkst zijn voor doelgroep(en) van de organisatie;
- het profiel: de waarden en voordelen die de organisatie nastreeft;
- de identiteit: de waarden en voordelen die een kracht voor organisatie zijn.

De waarden en voordelen die het meeste concurrentievoordeel bieden en het meest realistisch en authentiek zijn, gebruik je als kernwaarden in je communicatie op de arbeidsmarkt.

Employer branding: brand building en brand activation

De positionering van een merk steunt op de EVP. Vervolgens wordt het merk geactiveerd. In enge zin betekent activeren het maken en uitvoeren van een 'traditioneel communicatieplan'. In ruime zin betekent activeren het 'ontwikkelen en implementeren van een integrale strategie voor merkbeleving'. In dit hoofdstuk zijn we ingegaan op het bouwen van het merk en op het opzetten van een communicatieplan. In hoofdstuk 5 behandelen we de middelen en kanalen om het merk daadwerkelijk te activeren.

Job branding

Job branding is het gericht vermarkten van een baan aan een specifieke doelgroep door de inzet van de juiste media en middelen en door in te spelen op de wensen en behoeften van deze doelgroep. Ook hier spelen de kernwaarden (EVP) een belangrijke rol bij het beschrijven van de inhoud van de baan.

Internal branding

Bij internal branding wordt het merk ingezet om je mensen binnen de organisatie te sturen bij het waarmaken van datgene wat je aan potentiële medewerkers op de arbeidsmarkt toezegt. Drie disciplines, namelijk marketing, hrm en communicatie, werken hiervoor samen. De vier fases van het internal brandingproces zijn het verklaren, laden, beleven en verankeren van het merk.

Recruitmentcommunicatie: plan en middelen

Het recruitmentcommunicatieplan is een plan om het werkgeversmerk positief te beïnvloeden, nieuwe medewerkers te werven, en contact te onderhouden met huidige, potentiële en oud-medewerkers. Dat kan gaan om employer branding, job branding of internal branding. Het plan gaat in op de recruitmentdoelstellingen die je wilt realiseren, op je doelgroep, de boodschap aan die doelgroep, en de strategie en middelen die je gaat inzetten om die doelgroep te bereiken.

Om het plan uit te voeren worden middelen ontwikkeld die passen bij de kanalen die je gaat inzetten. Deze middelen worden over het algemeen ontwikkeld door of in samenwerking met een reclamebureau. In dit hoofdstuk is beschreven hoe je het juiste bureau kunt selecteren en hoe je dit moet briefen. In hoofdstuk 5 komen de kanalen aan de orde.

Tabel 4.3 Checklist brandingroadmap.

JE KERNWAARDEN IN KAART BRENGEN OM TE POSITIONEREN: WAT IS JE EMPLOYER VALUE PROPOSITION?
Ken je de gemene deler van de kernwaarden in de identiteit, het profiel en het imago van de organisatie?
Weet je welke van deze kernwaarden het best passen bij de organisatiestrategie en het meeste voordeel opleveren in de communicatie?
Zo niet: heb je een team van mensen om tot een realistische EVP te komen?
Investeren in de brandingpiramide: aan welke positionering ga jij werken?
Positioneren van de kernwaarden van de organisatie op de externe arbeidsmarkt: employer branding. Het vertellen van een verhaal en het merk bouwen en activeren.
Positioneren van de kernwaarden op de interne arbeidsmarkt: internal branding. Het merk als kompas beleven en verankeren.
Positioneren van de vacatures op de markt van sollicitanten: job branding. De baan aantrekkelijk maken voor de juiste doelgroep.
Het ontwikkelen van een recruitmentcommunicatieplan: hoe pak je de positionering aan?
Formuleer de doelstellingen en doelgroepen voor je communicatieplan.
Formuleer de onderdelen van het communicatieplan: probleemstelling, doelen, boodschap, wervingsstrategie, uitvoering, evaluatie.
Ontwikkel communicatiemateriaal of selecteer een communicatieadviesbureau dat dit voor je doet.
Kies de middelen en kanalen om mensen te bereiken en ga voor de uitvoering (zie hoofdstuk 5).

4.10 Opdrachten

 Kennisvragen

1. Leg uit hoe de brandingpiramide eruitziet.
2. Wat zijn de drie elementen waarmee je de EVP bepaalt? Beschrijf deze elementen kort.
3. Wat zijn de vijf stappen voor het maken van een EVP?
4. Een lijnmanager wil het bedrijf op de arbeidsmarkt mooier neerzetten dan het is. Wat vind jij daarvan?

5. Wat is het belang van job branding? Vind jij job branding belangrijker of minder belangrijk dan employer branding? Waarin zou jij je recruitmentbudget investeren? Waarom?
6. Beschrijf de vier fases om tot een internal brand te komen.
7. Wie moet volgens jou een leidende rol hebben in de arbeidsmarktcommunicatie: de afdeling recruitment of de afdeling communicatie? Waarom?
8. Beschrijf de onderdelen van een recruitmentcommunicatieplan. Bij welke onderdelen zou jij de hulp inroepen van een expert?

Cases

CASE 1   PROBLEMEN MET BRANDING

Teun is hoofd van de afdeling communicatie. Hij heeft een vacature voor een startende hbo'er voor de functie van interne communicatiemedewerker. Sollicitanten vinden goede begeleiding en doorgroeimogelijkheden erg belangrijk. Ze willen dat er met respect met hen wordt omgegaan en dat zij sturing kunnen geven aan hun werk. De directie van het bedrijf streeft deze waarden na, maar er staat in de arbeidsmarktcommunicatie nergens iets over geschreven. De directie wil dat op de arbeidsmarkt uitgebreid wordt verteld over doorgroeimogelijkheden, begeleiding en respect. Manager Teun en zijn collega's hebben geen idee van die waarden. Ze zijn van de oude stempel en vinden dat er eerst maar eens gepresteerd moet worden voordat over doorgroeimogelijkheden en sturing gesproken wordt.

Jij bent recruiter voor de afdeling van Teun. Het blijkt lastig te zijn een goede starter te vinden. Er komen weinig kandidaten op de vacature af en als ze op gesprek komen raken ze niet enthousiast. Wat ga jij doen in je branding? Ga je de directie volgen en uitgebreid over deze waarden communiceren?

CASE 2   JOB BRANDING

Lees de volgende vacaturebeschrijving. De organisatie vraagt je om jobbrandingadvies. Wat vind je van de vacature? Zou je iets willen veranderen in deze uiting?

VERPLEEGKUNDIGE

Wie zijn wij?
Ons medisch centrum is voorbereid op de nieuwe ontwikkelingen van de eenentwintigste eeuw. Wij zoeken mensen die met passie samen met collega's hoogwaardige zorg verlenen. Dat vraagt om een grote betrokkenheid van medewerkers, inlevingsvermogen en veranderingsbereidheid.

Wij bieden aan
Ons medisch centrum is op zoek naar verpleegkundigen. Wij hebben vacatures op de volgende afdelingen:

- Algemene interne, Algemene chirurgie, Longgeneeskunde, Cardiologie, Ouderengeneeskunde, Neurologie, Orthopedie, Urologie en Gynaecologie.
- U bent verantwoordelijk voor vernieuwende zorgconcepten. U gaat digitaal werken, zodat u meer tijd en aandacht overhoudt voor de patiënt.

Wij vragen
- diploma A-verpleegkundige / mbo-verpleegkundige / hbo-V; registratie in het BIG-register;
- bij voorkeur ziekenhuiservaring;
- ambitieuze, gedreven persoonlijkheid;
- openstaan voor vernieuwende ideeën en improvisatievermogen;
- kwaliteitsbewust en klantgericht;
- zelfstandig functioneren en accuraat;
- flexibel inzetbaar;
- samenwerken;
- respect.

Dienstverband
Conform vacaturebeleid

Werktijden
Onregelmatig

Salaris
Afhankelijk van ervaring

Hoofdstuk 5
Wervingsstrategie

Kiezen van wervingsmiddelen en kanalen

 Leerdoelen

Nadat je dit hoofdstuk hebt gelezen, moet je het volgende kunnen:
- een wervingsplan afstemmen op verschillende doelgroepen;
- verschillende wervingsmiddelen beschrijven en beoordelen op hun effectiviteit en inzetbaarheid: online werven, sociale media, boemerangrecruitment, magneetrecruitment, internationaal werven, campusrecruitment.

 Openingscase

Case Philips: #experiencephilips

Philips

Philips is een technologiebedrijf dat het leven van mensen wil verbeteren door middel van zinvolle innovaties op het gebied van gezondheidszorg, consumentenlevensstijl en verlichting. Talent Acquisition van Philips Benelux is verantwoordelijk voor het proactief vervullen van de wervingsbehoeften en de ontwikkeling van innovatieve recruitment marketingstrategieën. Het sluit daarbij zoveel mogelijk bij de bestaande communicatiekanalen aan. Binnen de verschillende sociale kanalen is er meestal een goede bedrijfspagina van Philips. Daar wordt geen aparte 'werken-bij'-pagina naast gezet. Zo wordt tijd, geld en energie optimaal ingezet om één beeld neer te zetten van Philips als producent en werkgever.

Innovatieve doelgroepgerichte aanpak

Philips wil graag topstudenten rekruteren voor zijn Philips Benelux Traineeship. Het ontwikkelde een promotiecampagne voor de directe werving van 23 jonge talenten. Tegelijkertijd wilde het met een campagneaanpak Philips als werkgever neerzetten, zodat talentvolle studenten en afstudeerders meteen aan Philips denken wanneer ze een baan zoeken. Het was belangrijk dat deze campagne innovatief en interactief was zodat deze paste bij de merkbelofte van Philips 'Innovation and you'.

Studenten willen graag weten hoe hun leven als trainee bij Philips eruitziet. Om dit traineeship te promoten heeft Philips trainees die al bij Philips werkten ingezet voor de campagne. Voor vijf specifieke functiegebieden, Engineering, Sales, Marketing, Finance en Supply Chain Management, hebben ze een trainee geselecteerd om mee te werken.

Via sociale media (Instagram in dit geval) gaven die vijf weken dagelijks een ongecensureerd kijkje in hun leven als trainee binnen Philips. Per dag maakten ze een tot drie foto's. Van het testen van nieuwe producten, het bezoeken van klanten of beurs tot een fotoshoot voor een nieuwe reclamecampagne. Maar ook etentjes met collega's en gezellige momenten op de werkplek werden vastgelegd.

Ze gebruikten daarvoor in hun communicatie #experiencephilips. De social posts werden verzameld op de speciale campagnesite experiencephilips.com. Er zijn vervolgens allerlei kanalen ingezet om studenten naar deze site te krijgen. Denk aan postings op sociale media (LinkedIn, Twitter, Facebook), specifiek gericht op de doelgroep. Maar ook aan e-mails, banners op studentensites en posters op universiteiten.

Daarnaast is een intern communicatieprogramma opgezet: via het interne social kanaal van Philips, intranet en narrow casting is er richting medewerkers gecommuniceerd dat Philips op zoek was naar toptalent voor het traineeship. Medewerkers konden via het referral programma potentiële kandidaten voordragen.

Resultaten: meten is weten

Qua resultaten is de campagne een succes geweest. Dat wordt gemeten in harde cijfers:

- Binnen vijf weken zijn zo'n 140.000 wo-studenten in Nederland bereikt in de leeftijd van 22-27 jaar, waarbij de focus lag op derde- en vierdejaars.
- De campagnesite is door 10.000 mensen bezocht. Die bezoekers brachten daar gemiddeld zo'n 1 minuut 40 door met het bekijken van de foto's.
- De verscheidenheid van media-inzet heeft zijn nut bewezen: ongeveer 50% van de bezoekers was afkomstig van sociale media en 50% kwam uit de overige kanalen. Via Instagram kregen de trainees ook vragen van geïnteresseerden en dat leverde een waardevolle interactie op.
- Dit alles heeft uiteindelijk geresulteerd in ruim 1.000 sollicitaties, waarvan de kwaliteit ongekend hoog was.

Naast de harde cijfers is ook kwalitatieve feedback belangrijk. Tijdens de recruiterinterviews wordt actief gevraagd wat men van de ExperiencePhilips-campagne vond en of die heeft bijgedragen aan de juiste perceptie van Philips.

Verbreding

De aanpak was succesvol en is inmiddels breder uitgerold. #experiencephilips is er niet meer alleen voor de doelgroep student, maar ook voor de meer ervaren professionals in bijvoorbeeld sales, engineering en marketing. Ook daarbij is goed gekeken naar iedere specifieke doelgroep. Welke online kanalen gebruiken ze? En hoe kunnen die worden ingezet voor succesvolle werving?

Een les voor recruitment

- Leren door het te doen is een belangrijk motto tijdens campagnes op sociale media. Je kunt niet alles van tevoren uitdenken. Je leert van je ervaringen en past je strategie aan: we geloven erin, beginnen eraan en leren ervan. Als het succesvol is, gaan we ermee door.

- Klein beginnen is groot winnen. Een afgebakende doelgroep (zoals in het geval van Philips de topstudenten) geeft een grotere kans van slagen dan een aanpak die onmiddellijk in de volle breedte start. Je hebt dan een betere focus op datgene wat effectief is.

5.1 Inleiding

Je hebt bedacht wat je wilt vertellen aan je doelgroep. Het is een ijzersterk verhaal. Maar hoe ga je het voor het voetlicht krijgen bij je doelgroep? Hoe zorg je ervoor dat deze mensen je verhaal leren kennen? En bij je willen komen werken? Welke communicatiemiddelen zet je in? Kies je voor advertenties, flyers, posters? En welke wervingskanalen kies je om je doelgroep te bereiken? Kranten en tijdschriften, sociale media, referrals, businesscourses?

In hoofdstuk 4 zagen we het belang van het positioneren van een werkgever en de banen op de arbeidsmarkt op zo'n manier dat de organisatie en banen aantrekkelijk zijn voor de doelgroep. We maakten een onderscheid tussen employer branding, job branding en internal branding.

In hoofdstuk 4 behandelden we de inhoud van je verhaal. Om jouw doelgroep goed te laten kennismaken met de organisatie, wil je een uniek en authentiek verhaal vertellen over datgene wat jouw organisatie bijzonder maakt. De inhoud van je verhaal draait om de EVP: de unieke set van waarden voor een organisatie die als basis dient voor de positionering op de arbeidsmarkt.

In paragraaf 4.8 zagen we dat niet alleen de inhoud van je verhaal van belang is om je organisatie te positioneren, maar ook de middelen en de materialen die je kiest. Deze middelen moeten je boodschap ondersteunen. In subparagraaf 4.8.4 gingen we kort in op de ontwikkeling van communicatiemiddelen. Dat gebeurt in de meeste gevallen door een communicatiespecialist. De recruiter voert, samen met de afdeling communicatie, de regie en is bijvoorbeeld betrokken bij de briefing van een communicatieadviesbureau en bij de beoordeling van het materiaal.

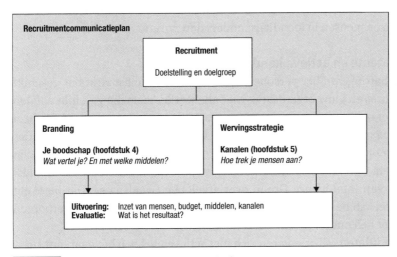

FIGUUR 5.1 *Inhoud recruitmentcommunicatieplan.*

Een boeiend verhaal met aansprekende communicatiemiddelen moet worden verspreid om kandidaten aan te trekken. Waar vertel je je verhaal, hoe vertel je het en wat wil je ermee bereiken? De antwoorden op deze vragen verwerk je in je recruitmentcommunicatieplan. Zoals beschreven in hoofdstuk 4 staat in dat plan wat je wilt vertellen (de inhoudelijke boodschap voor je doelgroep) en met welke middelen je dit wilt doen. Welke wervingskanalen je hiervoor gaat gebruiken en hoe je deze middelen inzet, is het onderwerp van dit hoofdstuk.

5.2 De start voor werving

Guus zoekt voor een ingenieursbureau universitair opgeleide elektrotechnici met drie tot vijf jaar ervaring. Het is een krappe arbeidsmarkt. Er zijn weinig geschikte elektrotechnici beschikbaar, en de mensen die er zijn, lijken niet echt op zoek naar een andere baan.

Daan zoekt voor een logistiek bedrijf ongeschoolde loodsmedewerkers. De arbeidsmarkt is ruim. Er zijn veel geschikte mensen op zoek naar een dergelijke baan.

De wervingsaanpak voor Daan en Guus zal zeer verschillend zijn. Guus zal mensen die eigenlijk niet op zoek zijn naar een andere baan enthousiast moeten maken voor zijn bedrijf en de vacatures. Daan kan volstaan met een kleine advertentie op het prikbord in de loods, en krijgt dan vermoedelijk veel geschikte spontane reacties via zijn huidige werknemers binnen.

Het uitgangspunt voor je recruitmentplan is de arbeidsmarkt waarop je werft. Je kijkt hoe de arbeidsmarkt van je doelgroep eruitziet en daar stem je je aanpak voor je werving op af.

Eerst maak je een **inschatting van het kwalitatieve en kwantitatieve aanbod** aan mogelijke kandidaten voor je organisatie. Hoeveel kandidaten zijn er beschikbaar? En voldoen zij aan het door jou gewenste profiel? Zijn deze kandidaten actief op zoek naar een andere baan of werkgever? Of lijken ze geen interesse te hebben om te bewegen?

Daarna kijk je naar **de manieren waarop kandidaten zich oriënteren**. Welke middelen en kanalen gebruiken zij wanneer ze op zoek zijn naar een andere baan? En als ze niet actief zoeken, hoe zou je ze dan kunnen bereiken? De uitkomsten kunnen heel verschillend zijn. Ouderen zoeken anders dan jongeren, hoogopgeleiden anders dan laagopgeleiden en mensen in loondienst anders dan zzp'ers.

5.2.1 Passieve, latente en actieve kandidaten

Je maakt een inschatting van het personele aanbod op de arbeidsmarkt dat geschikt is voor jouw vacatures en jouw organisatie. Niet alle werknemers die geschikt zouden zijn, zijn even actief op de arbeidsmarkt. Binnen je doelgroep zijn er mensen die heel actief rondkijken naar een andere baan of werkgever. Zij kijken naar de advertenties in kranten, zoeken op jobboards en vragen anderen of ze vacatures kennen. Dit zijn **actieve kandidaten**. Gemiddeld is 13% van de beroepsbevolking actief op de arbeidsmarkt (onderzoek van Intelligence Group over afgelopen twaalf jaar). Dat betekent dat het grootste deel van de beroepsbevolking zich niet oriënteert. Dat zijn 'verborgen kandidaten'. Je kunt hen onderscheiden in twee soorten:
- **Latente kandidaten**. Zij oriënteren zich niet actief en hebben het naar hun zin in hun baan. Ze kijken wel af en toe rond. En ze hebben wel interesse wanneer ze worden benaderd. Ongeveer vier op de tien potentiële kandidaten zijn latent.

- **Passieve kandidaten**. Zij hebben geen interesse in een andere baan, en kijken ook niet rond.

Er is een verschil in activiteit, gerelateerd aan onder andere:
- *Leeftijd*. Je ziet in figuur 5.2 dat ouderen minder actief zijn op de arbeidsmarkt dan jongeren. De verwachting is dat door de vergrijzing de activiteit zal afnemen.
- *Opleidingsniveau*. Hoger opgeleiden zijn actiever dan lager opgeleiden. De mate van activiteit is per doelgroep verschillend. Daarmee zul je rekening moeten houden in je wervingsaanpak.

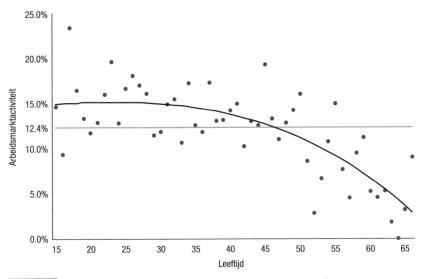

FIGUUR 5.2 *Percentage actieve werknemers (Intelligence Group, 2014).*

Wat kun je met deze gegevens?

Stel: je hebt een vacature voor een vakkenvuller in je supermarkt. Je weet dat de arbeidsmarkt ruim is en er voldoende geschikte kandidaten zijn die actief rondkijken naar een baan. Wanneer je een advertentie ophangt op het prikbord van je supermarkt of op de werken bij-website van je supermarkt zet, krijg je meteen geschikte reacties. Met dit middel, het briefje op het prikbord of een advertentie op je website, zoek je naar de actieve kandidaten. Maar stel dat de markt krap is: er zijn eigenlijk te weinig kandidaten actief op zoek naar een vacature voor vakkenvuller. Dan zul je alles uit de kast moeten halen om de kandidaten te benaderen die niet aan het rondkijken zijn maar die wel geschikt zouden zijn als vakkenvuller. In je wervingsaanpak zul je middelen en kanalen moeten opnemen om die passieve doelgroep te bereiken. Albert Heijn deed dat bijvoorbeeld met de online aanpak via AH Facebookvuller.

Het loont om verschil te maken tussen een aanpak waarbij je alleen actieve kandidaten wilt of hoeft te bereiken en een aanpak waarbij je ook passieve en latente kandidaten wilt bereiken. Wanneer je te maken hebt met een ruime arbeidsmarkt met genoeg actieve kandidaten, kun je je doelgroep bereiken met beperkte middelen. Vaak is het zetten van een advertentie dan afdoende. Wanneer je echter ook passieve of latente kandidaten wilt of moet bereiken om je vacature(s) in te vullen, zul je meer en andere middelen moeten inzetten. Je zult de 'verborgen' kandidaten eerst moeten vinden en moeten interesseren voor de organisatie en voor de vacature, voordat ze daadwerkelijk actief reageren. De investeringen in tijd, aandacht of geld zijn in het algemeen veel hoger bij het benaderen van passieve kandidaten dan bij het benaderen van actieve kandidaten.

We zullen de werving van actieve en passieve kandidaten als uitgangspunt nemen voor de wervingsaanpak voor je organisatie.

5.2.2 De markt en urgentie

Om te bepalen of je je bij het vinden van de juiste kandidaat alleen richt op de actieve kandidaten of ook op de passieve en latente, maak je een inschatting van twee zaken:

1. *De beschikbaarheid op de markt.* Hoe ingewikkeld is het om iemand op de arbeidsmarkt te vinden? Is de markt ruim of krap? Zijn er veel of weinig mensen actief op zoek naar een andere baan?
2. *Het belang van de vacature.* Hoe belangrijk is het om snel iemand te vinden? Wat is het afbreukrisico voor de organisatie wanneer de geschikte kandidaat niet snel gevonden wordt?

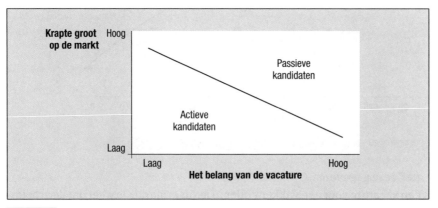

FIGUUR 5.3 *De complexiteit van de markt en de urgentie van de vacature bepalen de wervingsstrategie.*

Uitgangspunt voor het maken van het plan is figuur 5.3. Wat laat het zien? In een arbeidsmarkt waar voldoende mensen beschikbaar zijn, is het niet ingewikkeld een goede kandidaat te vinden. Wanneer je vacature weinig urgentie heeft voor de organisatie, kun je je wervingsstrategie prima afstemmen op de kandidaten die actief op zoek zijn naar een baan. Je plaatst een wervende advertentie, zorgt dat je communicatie over de organisatie op orde is en ziedaar: de geschikte kandidaten komen je inbox binnen.

In een arbeidsmarkt waar weinig geschikte mensen beschikbaar zijn, is het daarentegen ingewikkeld om mensen te vinden. Zeker wanneer de vacature grote prioriteit heeft voor de organisatie, zul je je wervingsstrategie ook moeten afstemmen op het vinden van kandidaten die niet of minder actief zijn op de markt: de passieve en latente kandidaten. Zij zullen niet snel reageren op een advertentie. Je zult alle middelen en kanalen willen inzetten om de juiste mensen te vinden. Eigenlijk al voordat een vacature gaat ontstaan, zodat je als het ware al weet hoe en waar geschikte kandidaten te vinden zouden zijn.

PRIORITEITEN STELLEN

Als recruiter is het soms moeilijk prioriteiten te stellen. Je hebt heel veel vacatures op je bord en die moeten allemaal worden ingevuld. Welke doe je eerst?

Recruiters willen lijnmanagers eigenlijk allemaal op dezelfde manier bedienen, maar dat is niet altijd het beste voor de organisatie in haar geheel. Het is belangrijk harder je best te doen voor functies die het verschil maken voor de organisatie. De vacatures die veel problemen opleveren voor de continuïteit van het bedrijf moeten het snelst worden ingevuld. Het belang van een snelle invulling is voor de organisatie voor deze vacatures het grootst. Je maakt als recruiter een verschil in de aanpak voor de banen die kritisch en urgent zijn en in die voor de banen die minder kritisch en urgent zijn voor de organisatie. Je moet dan wel zorgen dat er duidelijke criteria bestaan waarmee je een manager kunt uitleggen waarom zijn vacature als minder kritisch wordt bestempeld en dus minder hoog op jouw prioriteitenlijst komt te staan, want anders jaag je managers tegen je in het harnas.

ACTIEF EN PASSIEF

Organisaties die alleen actieve kandidaten werven, vergeten meer dan de helft van de beschikbare kandidaten op de arbeidsmarkt. Vooral in een krappe arbeidsmarkt is dat jammer. Volgens onderzoek van LinkedIn (2014) is 75% van de kandidaten passief. En maar 48% van de Nederlandse bedrijven werft passieve kandidaten.

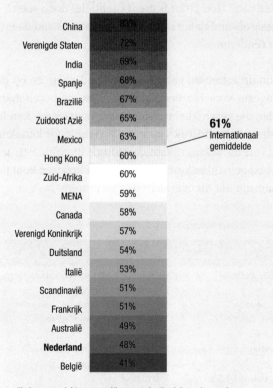

China	83%
Verenigde Staten	72%
India	69%
Spanje	68%
Brazilië	67%
Zuidoost Azië	65%
Mexico	63%
Hong Kong	60%
Zuid-Afrika	60%
MENA	59%
Canada	58%
Verenigd Koninkrijk	57%
Duitsland	54%
Italië	53%
Scandinavië	51%
Frankrijk	51%
Australië	49%
Nederland	48%
België	41%

61% Internationaal gemiddelde

"In hoeverre richt uw recruiting organisatie zich op de werving van passieve kandidaten?"
(LinkedIn (2015) Recruiting Trends Nederland 2015)

Dat is een gemiste kans: mensen die passief waren op de arbeidsmarkt en benaderd zijn voor een andere baan, blijven langer in hun nieuwe functie en/of bij hun nieuwe werkgever dan hun actieve collega's. Het lijkt alsof ze meer zitvlees hebben. De kans dat zeer passieve kandidaten bij hun nieuwe organisatie blijven, is 50% hoger dan bij hun zeer actieve collega's, aldus de Recruiting Roundtable.

5.2.3 Een recruitmentcommunicatieplan voor je vacatures

Voor het aantrekken van nieuwe medewerkers zijn twee zaken van wezenlijk belang:

Je boodschap op de arbeidsmarkt

In hoofdstuk 4 gingen we in op de communicatie over de organisatie op de arbeidsmarkt. We zagen dat je de inhoud van je verhaal op orde moet hebben om je te positioneren op de arbeidsmarkt. Een goed verhaal alleen is echter niet genoeg: de middelen waarmee je dit verhaal vertelt, zullen het moeten ondersteunen en versterken.

In subparagraaf 4.8.4 gingen we in op de ontwikkeling van de middelen en materialen, en op de partijen die betrokken zijn bij de ontwikkeling van de middelen.

De wervingskracht voor de individuele (of groepen van) vacatures

Voor iedere vacature of groep vacatures zul je moeten bedenken welke kanalen je inzet om de goede kandidaat te vinden. Daarbij stel je vragen als de volgende:
- Welke doelgroep spreek je ermee aan? Hoe groot is die (potentiële) doelgroep?
- Welke middelen zet ik in voor passieve kandidaten en welke voor actieve kandidaten?
- Wat zijn de kosten en wat is het rendement?

Kort samengevat: een recruitmentcommunicatieplan gaat in op de boodschap, en op de communicatiemiddelen die worden ingezet voor het ondersteunen van die boodschap. Daarnaast bevat het de wervingskanalen die geschikt zijn voor actieve en passieve kandidaten. We gaan in de volgende paragrafen van hoofdstuk 5 in op die verschillende kanalen.

In tabel 5.1 vind je een overzicht van de belangrijkste communicatiemiddelen ter ondersteuning van je verhaal en de meest gebruikte kanalen die je kunt inzetten voor de werving van kandidaten. Duidelijk mag zijn dat dit overzicht niet uitputtend is.

TABEL 5.1 *Communicatie en werving voor actieve en passieve kandidaten.*

SOORT KANDIDATEN	MIDDELEN	KANALEN
Passieve kandidaten	– Algemene (mobile) website werkgever – Corporate campagnes – Blogs, apps, films, twitter, games, presentaties – Free publicity, artikelen in (online) media – Nieuwsbrief organisatie/RSS	– Referral recruitment (via via werving) – Evenementrecruitment – Sociale media (Facebook, LinkedIn, Twitter, YouTube, Instragram) – Boolean Search – Boemerangrecruitment (alumni) – Magneetrecruitment – Talentpool – (Executive) search en headhunting – Prijzen en awards

SOORT KANDIDATEN	MIDDELEN	KANALEN
Actieve kandidaten	(Mobile) career site werkgever	– (Online) vacatures plaatsen
		– Cv's zoeken in cv-databases
		– Graduate recruitment
		– Uitzendbureaus

De middelen en kanalen waarmee je je passieve kandidaten bereikt, zijn ook geschikt voor het bereiken van je actieve kandidaten. Een voorbeeld: bij het kanaal boemerang-recruitment benader je oud-werknemers en kijk je of ze interesse hebben om terug te keren naar hun voormalige werkgever (als een boemerang). Er zullen oud-werknemers zijn die niet actief zijn op de arbeidsmarkt, maar er zijn wellicht ook oud-werknemers die wel aan het rondkijken zijn. Met boemerangrecruitment werf je zowel passieve als actieve kandidaten.

Omgekeerd is dat niet vanzelfsprekend. Wanneer je vacatures plaatst op vacature-sites, zul je daarmee actieve banenzoekers bereiken. De passieve en latente kandidaten zullen hier niet snel terechtkomen.

Effectiviteit van kanalen

In het algemeen is voor organisaties niet de hoeveelheid reacties van kandidaten van belang, maar juist de kwaliteit van de reacties. Binnen recruitment spreken we over de 'quality of hire'. Je wilt die middelen inzetten die effectief zijn en kandidaten leveren die meer dan goed presteren ('outperformers') en zo min mogelijk kandidaten leveren die slecht presteren ('bad hires').

Voor het onderzoek van de Stand van het Werven (2015) werden 255 wervingsprofes-sionals ondervraagd over de effectiviteit van kanalen en de kwaliteit van kandidaten. In figuur 5.4 vind je de uitkomsten van het onderzoek.

Deze professionals gaven aan dat de inzet van de volgende kanalen het meest effectief is en de beste kandidaten oplevert:

- LinkedIn;
- talent sourcing;
- huidige medewerkers;
- eigen recruitmentsystemen;
- referral.

Het is van belang bij het maken van een wervingsplan rekening te houden met de effectiviteit van middelen en de tijd en investeringen die het vraagt.

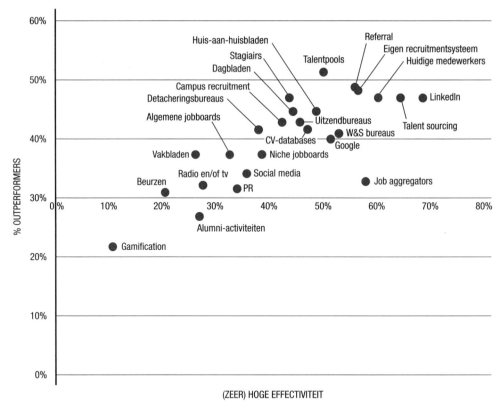

FIGUUR 5.4 *Quality of hire x effectiviteit van het wervingskanaal (Stand van Werven, 2015).*

Binnen grote organisaties als Philips, Achmea en Océ wordt veel onderzoek gedaan naar de effectiviteit van werving. De 'quality of hire' staat daarbij centraal. Ze onderzoeken de prestaties van de nieuw binnengekomen werknemers, één of twee jaar na binnenkomst, en koppelen deze prestaties aan de kanalen waarmee deze medewerkers geworven werden. In hun wervingsstrategie focussen de organisaties zich op die kanalen die het hoogste percentage *outperformers* leveren en het laagste percentage *bad hires*.

Uit de onderzoeken van deze organisaties naar wervingskanalen die een goede 'quality of hire' opleveren, blijken de volgende kanalen effectief:

- *direct sourcing*: het rechtstreeks benaderen van de doelgroep;
- *referral recruitment*: werving 'via via';
- interne kandidaten;
- *graduate recruitment*: werven van afgestudeerde starters.

Kanalen die naar verhouding een groter deel minder presterende medewerkers leveren zijn:

- het adverteren van banen;
- het rekruteren via headhunters.

Voor veel organisaties heeft de 'quality of hire' hoge prioriteit. Zij passen hun werving dus aan op de kanalen die naar verhouding de beste kandidaten opleveren.

5.2.4 Interne of externe kandidaten?

Uit de bovenstaande onderzoeken blijkt dat je huidige medewerkers een effectieve bron zijn voor het invullen van vacatures. Wanneer een vacature ontstaat ga je, voordat je gaat werven op de externe markt, allereerst kijken naar interne kandidaten (medewerkers die al bij de organisatie werkzaam zijn).

Interne arbeidsmarkt

Werven op de interne arbeidsmarkt kan veel voordelen hebben. De kosten zijn laag en de vacature kan snel ingevuld zijn. Je krijgt mensen van wie je de kwaliteiten goed kunt inschatten en die het bedrijf al kennen. Ze zijn daardoor snel operationeel.

Managers hebben soms weerstand tegen het openstellen van vacatures op de interne arbeidsmarkt:

- Ze zijn bang voor job hopping: medewerkers die van baan naar baan gaan zonder ooit iets echt af te maken. Managers hebben liever de coördinatie in eigen hand.
- Ze verwachten een groot aantal reacties, of reacties van ongeschikte kandidaten die na hun afwijzing gedemotiveerd zijn. Zeker als er reorganisaties zijn bij het bedrijf, kan er een overvloed aan kandidaten zijn. Mensen die hun baan dreigen te verliezen, solliciteren dan op elke interne vacature. Dat kan leiden tot een grote groep afgewezen interne kandidaten die gefrustreerd raken omdat ze de baan niet hebben gekregen.
- Ze hebben de angst dat hun goede mensen intern gaan solliciteren en uit het team vertrekken. Dit tegenhouden heeft weinig zin, want wanneer talentvolle mensen zelf geen invloed op hun carrièreverloop hebben binnen het bedrijf, zullen ze op termijn wellicht naar buiten vertrekken. Bovendien kan het de organisatie voor externe kandidaten minder aantrekkelijk maken: blijkbaar hebben ze binnen jouw organisatie geen invloed op hun carrièrepad.

Je maakt een afweging om een vacature in te vullen op de interne arbeidsmarkt, dus binnen de organisatie, of op de externe arbeidsmarkt, buiten de organisatie. Soms heb je geen keuze: vooral binnen grotere organisaties is vaak afgesproken dat vacatures eerst voor interne kandidaten opengesteld worden. Daarmee wordt de selectieprocedure dus altijd opgestart. Pas wanneer blijkt dat er geen geschikte interne kandidaten zijn, mogen externe kandidaten reageren.

EXTERNE FETISJ: PAYING MORE TO GET LESS

Michael Bidwell deed onderzoek naar het effect van aannemen van nieuwe medewerkers extern versus de mobiliteit van eigen medewerkers bij een financiële instelling (University of Pennsylvania, 2010). Zijn conclusie: je betaalt meer en krijgt minder. Externen kosten gemiddeld 18% meer dan internen. En het duurt drie jaar voordat ze op hetzelfde niveau zitten als interne kandidaten die een promotie maken.

Voorwaarden voor een soepele interne arbeidsmarkt

Om de interne arbeidsmarkt soepel te laten verlopen, zul je een aantal condities voor lijnmanager, medewerkers en recruitment moeten waarmaken.

De wil van managers

Het belangrijkst is de wil van managers om interne kandidaten een echte kans te geven. Dat vraagt om draagvlak bij de directie en een cultuur waarbij er doorgroeikansen zijn voor interne medewerkers. En het vraagt om het vertrouwen dat afspraken nagekomen worden. Dat betekent dat managers soms afscheid moeten nemen van hun beste mensen, terwijl ze hen graag nog wat langer op de afdeling hadden willen houden. Wanneer managers erop kunnen vertrouwen dat er voor de bemensing van hun afdeling een goede oplossing wordt gevonden, zullen interne kandidaten sneller een kans krijgen om door te stromen.

Goede technische support

Net zoals bij vacatures op de externe markt, is het noodzakelijk dat ook de interne arbeidsmarkt ondersteund wordt door goede ict. Er moet een systeem zijn waarmee managers hun eigen vacatures kunnen aanmelden en volgen, waarmee recruiters het proces kunnen managen en waarmee kandidaten online kunnen reageren en de status van de vacature kunnen bekijken. Deze systemen worden vaak ook op de externe arbeidsmarkt gebruikt.

Het bewaken van een goede balans tussen de belangen van de organisatie en die van de kandidaat

Organisaties willen graag hun doelstellingen halen. Daarvoor is het nodig dat een medewerker datgene wat hij heeft geleerd ook toepast voor het bedrijf. Organisaties willen daarom dat medewerkers op hun plek blijven om het geleerde toe te passen. Medewerkers willen soms eerder doorstromen om te blijven leren en geboeid te blijven. Het is belangrijk dat er een goede balans is tussen 'nog blijven zitten' en 'bewegen'. Dat geldt zowel voor de organisatie als voor de medewerker.

Om die balans te houden maken organisaties duidelijke afspraken met hun medewerkers over de interne doorstroom. Afspraken kunnen onder meer de volgende zaken betreffen:

- *Tijd op de werkplek*. Organisaties hebben vaak een duidelijk criterium. Zo moeten medewerkers bijvoorbeeld minimaal zes maanden bij de organisatie of drie jaar op een werkplek werkzaam zijn voordat zij mogen reageren op vacatures. De afspraken zijn sterk afhankelijk van het soort werk en de 'terugverdientijd' voor medewerkers. Wanneer je iemand een jaar moet inwerken en hij daarna pas bijdraagt aan het bedrijfsresultaat, wil je liever niet dat hij na anderhalf jaar doorstroomt naar een baan waar hij opnieuw een jaar moet leren.
- *Overleggen over intern solliciteren*. Bij de meeste bedrijven is het de afspraak dat een kandidaat mag solliciteren en dat hij overlegt met zijn manager op het moment dat hij na het eerste gesprek doorgaat in de interne procedure. Zo voorkom je dat managers kandidaten ontmoedigen om te solliciteren, waarna deze gefrustreerd het bedrijf verlaten.
- *Een maximumaantal posities waarop de kandidaat gelijktijdig kan solliciteren*. Zo probeert de organisatie te voorkomen dat er een groot volume aan reacties op interne vacatures afkomt. Of kandidaten mogen alleen reageren als ze aan

bepaalde minimumeisen voldoen. Een zelfselectie moet voorkomen dat vacaturehouders te veel sollicitanten krijgen die niet aan de kwalificaties voldoen.

- *Het benaderen van interne kandidaten.* Het is in de meeste organisaties *not done* om direct interne mensen te benaderen. De vacaturehouder belt naar de lijnmanager om te vragen of hij een van de medewerkers van zijn afdeling mag benaderen voor de vacature.
- *Een helder en duidelijk proces.* Vaak worden banen eerst voor interne kandidaten opengesteld en komen ze pas wanneer er geen geschikte kandidaten zijn op de externe markt. Zeker tijdens reorganisaties moeten interne kandidaten een kans krijgen. Wanneer de interne en externe arbeidsmarkt heel krap zijn, lopen de trajecten vaak naast elkaar.

Zorgvuldigheid richting kandidaten

Recruitment moet ervoor zorgen dat lijnmanagers zorgvuldig omgaan met interne kandidaten. Krijgen ze een eerlijke kans, of voert de lijnmanager de selectiegesprekken met interne kandidaten om vervolgens iedereen af te wijzen en een externe kandidaat aan te nemen? Krijgen kandidaten goede feedback wanneer ze worden afgewezen? Recruiters moeten managers aanspreken op 'fout gedrag' en komen soms in een bemiddelende rol terecht wanneer een interne kandidaat schijnbaar onterecht wordt afgewezen.

5.2.5 Wat externe kandidaten willen weten van werkgevers

Wanneer er intern geen geschikte kandidaten beschikbaar zijn, ga je op de externe markt zoeken naar kandidaten.

Voordat je kandidaten benadert, is het belangrijk je te oriënteren op wat kandidaten willen weten van een potentiële werkgever. Intelligence Group heeft onderzoek gedaan naar de **benaderfactoren**: factoren waarmee kandidaten benaderd worden door een werkgever (Intelligence Group, 2015) met de vraag: 'Welke informatie is voor u belangrijk wanneer u benaderd wordt voor een nieuwe baan (bij een andere werkgever)?'

TABEL 5.2   *Benaderfactoren (Intelligence Group, 2015).*

Duidelijkheid over inhoud van de functie	71%
Duidelijkheid over salaris	61%
Functie sluit aan bij mijn opleiding/vaardigheden	49%
Duidelijkheid om welke werkgever het gaat	46%
Duidelijkheid over de locatie	43%
Er is nu een concrete vacature voor mij	27%
Duidelijkheid over hoe ze bij mijn profiel zijn gekomen	17%
Duidelijkheid wie de contactpersoon is	17%
Snelle opvolging van het (eerste) contactmoment	12%
Beslissingstermijn van het aanbod	10%

Wat valt op?

- De harde feiten over de inhoud van de baan en het salaris worden heel belangrijk gevonden door kandidaten. Daar zul je dus aandacht aan moeten besteden.
- Kandidaten willen duidelijkheid over praktische factoren als contactpersonen, concrete vacature en de werkgever.

5.3 Rekruteren van actieve kandidaten

Guus is recruiter voor een ingenieursbureau. Hij zoekt jaarlijks zo'n twintig elektrotechnici. Die zijn niet eenvoudig te vinden. Maar één ding weet Guus zeker: hij wil zorgen dat de vacatures en de organisatie in beeld komen bij iedere elektrotechnicus die op zoek is naar een andere baan.

Wanneer je een recruitmentplan opstelt, start je met het maken van een plan voor het werven van actieve kandidaten. Kandidaten die actief zijn, wil je in ieder geval niet missen. Zij zoeken immers zelf en het zou jammer zijn als zij jouw vacatures en organisatie niet zouden vinden in hun zoektocht. Actieve kandidaten zoeken naar een passende baan bij een passende organisatie. Aan jou de taak om hen in hun zoektocht bij jouw organisatie terecht te laten komen.

Om ze bij jou op gesprek te laten komen, moeten ze:
- jouw baan en/of organisatie kunnen vinden;
- jouw baan en/of organisatie aantrekkelijk en geloofwaardig vinden;
- besluiten te solliciteren.

Dit betekent dat je je moet verdiepen in actieve kandidaten. Hoe zoeken ze naar banen? Wat maakt een baan en organisatie de moeite waard voor hen? En wat maakt dat ze besluiten te solliciteren?

5.3.1 Kandidaten moeten je organisatie of baan vinden

Online oriëntatie is het meest belangrijke kanaal voor actieve werkzoekenden. Vacaturesites spelen daarbij een belangrijke rol. Denk bijvoorbeeld aan Indeed. Search engines als Google stijgen sterk als kanaal voor oriëntatie op werkgevers en banen.

TABEL 5.3 *Gebruik oriëntatiekanalen actief zoekenden (Intelligence Group, 2015).*

Oriëntatiebronnen van actief werkzoekenden (n=482)	
Vacaturesites	62%
Open sollicitatie	38%
Cv uploaden in databank van een vacaturesite	36%
Sociale media	35%
Bekenden/netwerk	35%
Uitzendbureau	33%

UWV	30%
Zoekmachine/search engine	26%
Ervoor zorgen dat ik online vindbaar ben voor werkgevers/bureaus	25%
Bedrijvensites	21%
E-mail service (job agent)	20%
Interne vacature(s)	19%
Binnenlopen/bellen naar een bedrijf	14%
Huis-aan-huisblad/lokale weekkrant	14%
Dagblad/de krant	13%
Advertentie in winkel/etalage etc.	13%
Werving- en selectiebureau (headhunter benaderen)	10%
Sollicitatie-apps	9%
Benaderen van een corporate recruiter (van een bedrijf)	6%
Re-integratiebedrijf/loopbaancoach	6%
Vakblad of tijdschrift	6%
Banenbeurs/carrièrebeurs	6%
School/universiteit	5%
Bedrijfspresentatie/open dagen	3%

Er is ook een aantal kanalen dat daalt in populariteit: denk aan e-mailservices, binnenlopen bij een bedrijf, de advertentie in een winkel.

Het is belangrijk je te realiseren dat deze cijfers erg algemeen zijn. Per doelgroep zijn er verschillen in het gebruik van kanalen. Ouderen gebruiken vaker print, lager opgeleiden vaker regionale kanalen, jonge marketeers sociale netwerken en blogs en vlogs. Het is daarom zaak goed te kijken naar de kanalen voor jouw specifieke doelgroep.

VOORBEELD

Een grote, luxe hotelketen in het zuiden van Nederland zoekt horecapersoneel voor zijn restaurants en de facilitaire dienst. De belangrijkste doelgroep zijn oudere, laagopgeleide vrouwen, misschien zonder werk op dit moment. Deze vrouwen willen op hun fiets naar hun werk kunnen. Het hotel werft deze vrouwen via advertenties in de wekelijkse krantjes van de kerken dicht bij de hotels.

Doordat internet steeds meer wordt gebruikt voor vacatures, is het lastiger om te zorgen dat jouw vacature door kandidaten wordt gevonden. Ze zien door de bomen het bos niet meer. Ze zoeken op sites die niet relevant voor hen zijn. Of ze zoeken wel op de goede sites, maar gebruiken de site inefficiënt. Het is belangrijk te begrijpen waar en hoe je doelgroep online zoekt. Op die manier kun je je vindbaarheid vergroten.

MOBILE RECRUITMENT

Indeed, de internationale banenzoekmachine, heeft 1.726 (potentiële) werkzoekenden in Nederland gevraagd naar hun favoriete manier van solliciteren. Uit de representatieve steekproef (2014) blijkt dat maar liefst 61% van de werkzoekenden zich met behulp van een smartphone of tablet oriënteert op de arbeidsmarkt. Maar slechts 11% van de ondervraagden gebruikt ook daadwerkelijk een mobiel apparaat om vervolgens te solliciteren. Ze hebben het idee dat hun sollicitatie via mobiele apparaten minder serieus wordt genomen dan via een vaste pc. Of dat de gegevens minder goed overkomen. Wellicht een terecht zorg: in 2015 blijkt slechts 16% van de organisaties een mobiel geoptimaliseerde recruitmentsite te hebben.

TOP 25 ORIËNTATIESITES

De Intelligence Group heeft onderzoek gedaan naar het gebruik van internetsites voor het zoeken van een baan. Zij stelden aan 14.691 representanten van de beroepsbevolking de vraag: 'Welke internetsite(s) zou u gebruiken/gebruikt u om een baan te zoeken?'

TABEL 5.4   *Top 25 vacaturesites (Intelligence Group, 2015).*

Top 25 vacaturewebsites	
nationalevacaturebank.nl	42%
monsterboard.nl	29%
indeed.nl	15%
werk.nl	24%
jobbird.com	11%
intermediair.nl	4%
randstad.nl	4%
jobrapido.nl	4%
vacaturekrant.nl	3%
onderwijsvacaturebank.nl	3%
werkenbijdeoverheid.nl	3%
stepstone.nl	2%
uitzendbureau.nl	2%
meesterbaan.nl	2%
limburgvac.nl	2%

jobnet.nl	1%
vacature.overzicht.nl	1%
trovit.nl	1%
zorgpleinnoord.nl	1%
brabantwerkt.nl	1%
job.nl	1%
tempoteam.nl	1%
nuwerk.nl	1%
brabantzorg.net	1%
vacature.nl	1%

Wat valt op?

- De vacaturesites die in de top 10 staan, hebben daar een stevige positie. Maar dat kan snel veranderen. Een aantal jaren terug was Jobnews een sterke vacature-site. In een paar jaar tijd is deze site uit de top 25 verdwenen.
- Jobaggregators groeien snel, sites als indeed.nl. Het lijkt ten koste te gaan van de nichesites. Een jobaggregator verzamelt banen van andere sites en presenteert ze tegelijk. Deze sites stijgen snel in populariteit bij werkzoekenden omdat ze een groot aanbod hebben en omdat ze goed te vinden zijn. Ze hebben een slimme **Search Engine Marketing** van de vacatures. Een banenzoeker die googelt op 'vacature secretaresse' komt zeer waarschijnlijk op de resultaten van een jobaggregator terecht. De komst van de jobaggregators zorgt ervoor dat de arbeidsmarkt minder transparant lijkt. Voor kandidaten wordt het door het grote aanbod aan vacatures lastiger om op de juiste site met de juiste banen terecht te komen, en voor werkgevers wordt het lastiger om in dit grote volume hun vacatures te laten opvallen. De uiteindelijke matchingskans via een jobaggregator is daarom niet per definitie groter dan op nichesites met minder vacatures die kwalitatief beter aansluiten bij het publiek dat op de site zoekt.

SEARCH ENGINE MARKETING

Search Engine Marketing is het specialisme dat webpagina's vindbaar maakt bij zoekdiensten. Dit wil zeggen dat een webpagina op een prominente plaats bij de zoekresultaten van een zoekmachine komt te staan wanneer een zoekmachinegebruiker een voor die webpagina relevante zoekterm intypt. Doordat de webpagina beter gevonden kan worden, vergroot dit de effectiviteit van de reclame-uiting op internet.

(Wikipedia.org)

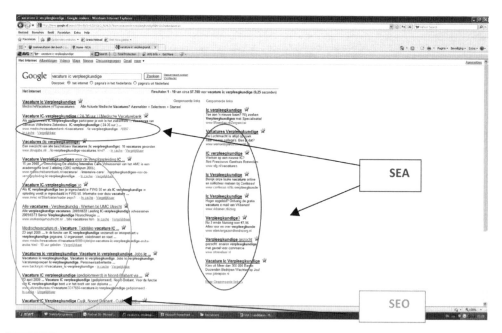

FIGUUR 5.5   *SEO en SEA*

(Google en het Google-logo zijn geregistreerde handelsmerken van Google Inc., gebruikt met toestemming).

Search Engine Optimization (SEO)

Met **Search Engine Optimization** worden de techniek, de inhoud en de linkstrategie van een website aangepast. Op deze manier probeer je hoger in de 'organische' resultaten van de zoekopdracht van kandidaten te komen. Dit is een vak apart, waaraan vaak specialisten te pas komen.

Enkele basale tips

- Jobboards als monsterboard.nl en indeed.nl zijn actief met SEO. Als je een vacaturetekst op een goede manier op hun site plaatst, zal deze sneller in de zoekresultaten van bijvoorbeeld Google zichtbaar zijn.
- Zoekmachines kijken hoe relevant een bepaald document is aan de hand van het aantal woorden of woordcombinaties dat erin voorkomt. Bedenk welke woorden relevant zijn voor je doelgroep. Bijvoorbeeld 'telemarketing' of 'verpleegkundige B', of plaatsnamen als 'Groningen', 'Hellevoetsluis'. Zeker voor kandidaten die regionaal een baan zoeken kan dit zeer relevant zijn. Zet deze trefwoorden in de titelpagina van de vacature. Er staat dan iets als: www.onsbedrijf.nl/telemarketeer-hellevoetsluis. Verwerk de trefwoorden duidelijk in de vacaturetekst. Zorg dat zo'n 5% van de tekst bestaat uit de trefwoorden, zonder dat het geforceerd overkomt. Gebruik bijvoorbeeld een aantal keren 'telemarketing' of 'telemarketeer', maar ook 'marketing', 'callcenter', 'telefonische verkoop', enzovoort. 'Je werkt als telemarketeer aan …', 'Je collega's op de telemarketingafdeling zijn …', enzovoort. Zorg dat het geen rijtje trefwoorden achter elkaar wordt, want dan 'bestraft' een zoekmachine dit met een lagere plaatsing.

- Zorg voor een goede samenvatting van je boodschap. Een zoekmachine laat een kort stukje tekst zien. Het is slim om voor een vacature in plaats van een algemene beschrijving van de organisatie een korte samenvatting te schrijven die de doelgroep meteen helderheid verschaft, bijvoorbeeld: 'Wij zoeken een verpleegkundige B voor de afdeling gynaecologie in het Academisch Ziekenhuis in Groningen.'

Search Engine Advertising (SEA)

Tegen betaling worden er advertenties geplaatst boven en naast de 'organische' resultaten op basis van een of meer zoekwoorden die aan de advertentie zijn gekoppeld. Stel dat jouw organisatie in Haarlem op zoek is naar een receptioniste. Een kandidaat zoekt in Google naar 'vacature receptioniste Haarlem'. Met **Search Engine Advertising** koop je de advertentieruimte boven en naast de gewone resultaten van deze zoekopdracht. Je betaalt alleen voor de zoekmachinegebruikers die op een van je advertenties klikken en naar jouw site doorlinken (kijk naar Google AdWords en Yahoo! Search Marketing).

5.3.2 Kandidaten moeten je aanbod aantrekkelijk en geloofwaardig vinden

Jan is actief op zoek naar een baan als elektrotechnisch ingenieur. Op een vacaturesite vindt hij een baan bij de organisatie van Guus. Hij gaat op zoek naar meer achtergrondinformatie. Hoe doet hij dat? Waar laat hij zich door leiden?

Wanneer kandidaten een vacature vinden of jouw organisatie leren kennen, moeten ze gegrepen worden door het verhaal over de organisatie en de vacature. Aantrekkelijk en geloofwaardig zijn is erg belangrijk.

> Een kandidaat moet een organisatie en baan aantrekkelijk en geloofwaardig vinden.
> Aantrekkelijk: verleidelijk, interessant, spannend, pakkend, boeiend
> Geloofwaardig: aannemelijk, overtuigend, authentiek

Met name twee factoren spelen een rol bij een aantrekkelijke en geloofwaardige boodschap: de inhoud van je verhaal, en de kanalen en middelen die je gebruikt om dat verhaal te vertellen.

De inhoud van je verhaal

In hoofdstuk 4 zijn we ingegaan op de inhoud van je verhaal – niet alleen het verhaal over je organisatie (employer branding), maar ook over je banen (job branding) en je verhaal naar je eigen medewerkers toe (internal branding). De basis voor employer, job en internal branding is de Employer Value Proposition (EVP), de belangrijkste kernwaarden van je organisatie. Deze zijn gebouwd op:
- De identiteit: wie zijn wij?
- Het imago: hoe ziet de buitenwereld ons?
- Het profiel: wat zijn onze ambities?

Het verhaal op de arbeidsmarkt moet in overeenstemming zijn met de identiteit en ambities van de organisatie. Wanneer je een verhaal vertelt dat ver van de realiteit af staat, trekt het in eerste instantie wel mensen aan, maar die blijven over het algemeen niet lang: ze gaan weg als de werkelijkheid anders blijkt. Het verhaal moet kloppen, authentiek zijn, anders haken nieuwe medewerkers teleurgesteld af.

In hoofdstuk 4 vind je meer informatie over de manier waarop de EVP tot stand komt, en over hoe je die kunt gebruiken bij het maken van een aantrekkelijk en geloofwaardig verhaal aan je doelgroep.

Website is de spil: corporate branding en employer branding op één lijn

Het overgrote deel van de kandidaten gebruikt de website van de organisatie om meer informatie over de organisatie te vinden, en dan gebruiken ze niet alleen het recruitmentgedeelte, maar juist ook de algemene site van de organisatie. Voor de werving is het daarom noodzakelijk de website in het algemeen goed op orde te hebben.

Zoals we ook in hoofdstuk 4 zagen, moet het verhaal op het recruitmentgedeelte van de site in lijn zijn met het verhaal over je organisatie in het algemeen. Want als kandidaten zoeken naar meer informatie over de organisatie stoppen ze niet bij het 'werken bij'-gedeelte van de site. Je recruitmentverhaal kan nooit een verhaal op zich zijn; het moet aansluiten bij de identiteit van je organisatie.

De website heeft een beperkte houdbaarheidsdatum. Generiek kan wordt gezegd dat na twee jaar de technologie en focus op een site verandert. Eerst stond bij het maken van een website de vindbaarheid via Google centraal. Daarna het gebruik van video, vervolgens de integratie van sociale media, en toen de candidate experience, waarbij online en real life geïntegreerd worden. De communicatie wordt steeds persoonlijker en meer op maat.

VOORBEELD: KPN: WERVING HIGH POTENTIALS DOOR MEDIAWIJZE KINDEREN

Om high potentials te werven voor de KPN Business Course werden 150 op maat gemaakte films geproduceerd waarin de mediawijze kinderen de kandidaten persoonlijk aanspraken. De kinderen haalden persoonlijke details van de kandidaten aan. Deze gegevens waren afkomstig van de sociale-mediaprofielen van de kandidaten. Bij het openen van het filmpje zagen de studenten een kind dat zei: 'Je bent wel lekker bezig als preses van je studentenvereniging, maar kun je er ook voor zorgen dat ik wifi in de auto krijg?'

Onlineverhalen kennen en hanteren

Realiseer je wat er online over je organisatie wordt gezegd. Kandidaten oriënteren zich via zoekmachines als Google, fora als Glassdoor, of nieuwssites. Zorg dat je weet wat in de zoekresultaten over je organisatie naar boven komt en dat je hier op een goede manier mee omgaat. Wanneer er bijvoorbeeld grootse reorganisaties zijn geweest, verschijnen deze nieuwsberichten nog lange tijd daarna in de zoekresultaten van Google, ook wanneer je organisatie deze al lang achter de rug heeft en weer groeit. Je kunt op je eigen website in ieder geval duidelijkheid geven over de daadwerkelijke situatie. Op discussiefora en sociale media geef je snel reacties op opmerkingen over je organisatie.

Internal branding

Zo'n 40% van de kandidaten gaat in zijn familie-, vrienden- en kennissenkring op zoek naar informatie over je organisatie, blijkt uit onderzoek van de Intelligence Group (2014). Je huidige of oud-werknemers zijn dus belangrijke directe of indirecte informatiebronnen. Het is nuttig dat je medewerkers het bedrijf ondersteunen bij het vertellen van het verhaal. Om te kijken of dat realistisch is, ga je het volgende na:

- Wat vinden de medewerkers van je organisatie? Hoe beschrijven zij de organisatie 'op een feestje'?
- Wijkt dat af van de boodschap die jij wilt uitdragen? Hoe komt dat? Moet je werken aan de identiteit van je organisatie? Of is jouw boodschap niet realistisch?
- Kennen ze de employer brand? Kennen ze de vacatures? Hoe kun je zorgen dat ze die leren kennen, en kunnen navertellen in hun eigen woorden?

De kern waar het hier om draait, is internal branding (zie hoofdstuk 4).

En naast (en soms in plaats van) de 'werken bij'-site is het belang van een goede bedrijfs-pagina op sites als Facebook of LinkedIn sterk gegroeid.

Informatie

Neem de kernwaarden van de EVP (hoofdstuk 4) als uitgangspunt voor de inhoud van de site, of het nu gaat om data over de organisatie, de cultuur en sfeer, de mensen die er werken, de vacatures, arbeidsvoorwaarden en sollicitatiewijze, het recruitmentteam, enzovoort. Toets alle informatie inhoudelijk aan deze uitgangspunten. Zorg dat geïnteres-seerden achtergronddata kunnen downloaden: de cao, opleidingsbrochures, wervingsbro-chures, enzovoort. Ververs informatie voortdurend; niet alleen vacatures, maar ook het (werkgevers)nieuws over de organisatie. En zorg voor interactiviteit. Creëer mogelijkheden om te reageren en reageer zelf.

Stijl

Sluit aan bij de stijl van de organisatie. Een organisatie in het ontwikkelen van games heeft een heel andere uitstraling dan een plattelandsgemeente. Sluit ook aan bij de tijdgeest. Een richtlijn voor het herontwerp van een site is ongeveer twee jaar. Zorg daarnaast dat de informatie pakt. Denk aan aansprekend bewegend beeld. Maak aantrekkelijke gadgets zoals apps of spelletjes wanneer dit bij de doelgroep past.

Interactieve doelgroepcommunicatie

Zorg allereerst dat geïnteresseerden zich eenvoudig kunnen aanmelden voor updates of het volgen van je organisatie of een persoon met sociale media (bijvoorbeeld via e-nieuws-brieven, Twitter of jobalerts), zodat jij als organisatie met hen kunt communiceren. Zorg er ook voor dat zij kunnen reageren op je site: doorverwijzen naar anderen, reageren op polls, chatfunctie/forum voor discussie, testen, een blog, Twitter, Facebook. Zorg dat je je boodschap segmenteert, zodat een specifieke doelgroep in een eigen deel op de site infor-matie vindt. Zo zou er voor een ziekenhuis een eigen deel voor verpleegkundigen op de site kunnen staan.

Vindbaarheid

Zorg voor een duidelijke navigatie en een zoekfunctie op de site en zorg ervoor dat de site vindbaar is via zoekmachines als Google. Maak vanuit de corporate site een heldere verwij-zing naar de recruitmentsite (één klik verwijderd).

5.3.3 Kandidaten moeten besluiten te solliciteren

Jan heeft de vacature van elektrotechnisch ingenieur gevonden bij de organisatie van recruiter Guus. Hij vindt het een aantrekkelijk en geloofwaardig verhaal. Nu moet hij besluiten om te gaan solliciteren. Hoe kan Guus zorgen dat hij dat doet? En hoe weet Guus wat wel en wat niet werkt in de werving?

Je wilt graag dat je wervingsuitingen leiden tot actie, dus dat iemand die je vacaturetekst leest zijn cv naar je opstuurt; dat iemand die je blog leest, doorklikt naar je organisatiewebsite; dat iemand die je tweet leest, die doorstuurt naar een geïnteresseerde. We noemen dit conversie.

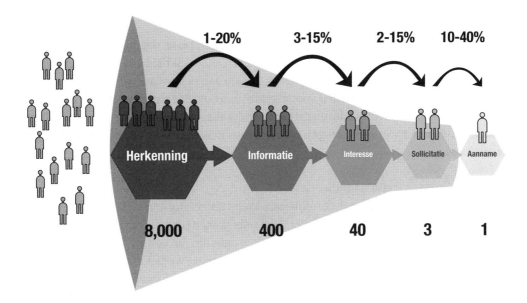

> **CONVERSIE** Conversie betekent ook wel omzetting. Het gaat erom een bezoeker van een website, een lezer van een advertentie, de volger van een blog of Twitter, te verleiden tot het ondernemen van actie. Het kan daarbij bijvoorbeeld gaan om solliciteren, het achterlaten van een cv of het opvragen van informatie.

Conversie op websites

Om de **conversie** op je website te vergroten, zorg je ervoor dat er een duidelijke 'call to action' is in je communicatie, dus een oproep die duidelijk maakt wat je van mensen verwacht. Je wilt bijvoorbeeld dat mensen reageren op vacatures. Een button met 'apply here' of 'overtuig mij', 'bekijk alle vacatures' op een plek op de site waar mensen dit zien, in een kleur of vorm die opvalt, helpt dan.

Daarnaast is het van belang je websitestatistieken te doorgronden. Via bijvoorbeeld Google Analytics kun je een analyse maken. Waar komen je bezoekers vandaan? Waar klikken ze op? Waar haken ze af? Komen ze op de sollicitatiepagina terecht? Zitten er drempels in je site, bijvoorbeeld formulieren of software die moet worden gedownload? Kunnen ze via hun smartphone een cv uploaden uit de cloud?

> **SOLLICITATIECONVERSIE OP WEBSITE**
> (totaal aantal sollicitanten via de website / totaal aantal bezoekers van de website) × 100%.
> 2% zou een redelijke ratio zijn.

Het vergroten van de conversie van websites is niet altijd eenvoudig. Een eerste stap die je kunt nemen is een kleine testgroep samen te stellen van (potentiële) gebruikers en aan deze groep te vragen op jouw site te zoeken naar een specifieke vacature en de manier waarop je kunt solliciteren, via een desktop, tablet of smartphone. Evalueer met deze testers wat hun bevindingen zijn en wat je kunt doen om negatieve punten aan te pakken.

Conversie in je vacaturetekst

Duidelijkheid in wat je verwacht van een sollicitant maakt dat hij sneller reageert. Zo zorgen een sluitingsdatum in je vacaturetekst, duidelijkheid over de arbeidsvoorwaarden, een reactietermijn, en een concrete naam van een vacaturehouder aan wie de sollicitatie verzonden kan worden voor een hogere conversiegraad. Maar ook duidelijkheid over de sollicitatieprocedure zorgt ervoor dat meer sollicitanten reageren. Sollicitanten houden niet van verrassingen tijdens het sollicitatieproces en ook niet van lange procedures.

Conversie en sollicitatieformulieren

Er kleven voor- en nadelen aan formulieren. Wanneer een formulier klantonvriendelijk is, haken mensen af. Zij willen dan niet de moeite nemen om het formulier in te vullen. Zeker bij topkandidaten wil je niet dat ze afhaken omwille van een formulier. Alleen voor vacatures waar je te veel reacties verwacht, zou dit effect wellicht wenselijk zijn, want dan houd je vanzelf de gemotiveerde kandidaten over die het formulier wél invullen.

Voor een optimale conversie is het verstandig het formulier zo klantvriendelijk mogelijk te maken. Zorg dat het snel in te vullen is en overzichtelijk is. Een aantal tips:
- Beperk het aantal verplichte velden tot een minimum.
- Vraag om een upload van een cv. Wanneer je een kandidaat later wilt terugvinden in je systeem, doorzoeken de meeste recruitmentsystemen ook de cv's in de bijlage.
- Laat de techniek zijn werk doen: veel systemen kunnen het profiel van LinkedIn of het cv al automatisch overnemen. De kandidaten hoeven het dan alleen nog te controleren.
- Zorg voor een heldere vormgeving, zodat mensen weten waar ze zijn in het formulier. Laat zien hoeveel velden ze nog in moeten vullen en hoeveel tijd dat ongeveer kost. Kandidaten haken minder snel af wanneer ze deze gegevens kennen.

Conversie en Google AdWords Search Funnels

Google heeft een instrument om te meten hoe de conversie is van de AdWords, de advertenties die je boven en naast de organische zoekresultaten kunt laten plaatsen: de Search Funnels. Je krijgt zo inzicht in het zoektraject dat kandidaten hebben gevolgd om tot een sollicitatie over te gaan. Welke zoektermen hebben ze ingetikt? Hoe vaak hebben ze de advertentie gezien en hoe vaak hebben ze erop geklikt? Wanneer hebben ze voor het laatst gesolliciteerd, en hoeveel tijd zit daartussen? Zo kun je direct zien wat je AdWords hebben opgeleverd.

GOOGLE ANALYTICS

Google Analytics heeft een functie om de bijdrage van verschillende kanalen aan je conversie te bekijken ('Multi-Channel Funnels'). Stel, een kandidaat krijgt een tweet met een vacature op Monsterboard. Via Monsterboard komt hij op jouw site terecht. Daar leest hij je blog en kijkt vervolgens op LinkedIn of hij iemand in zijn netwerk heeft die meer over jouw organisatie weet. Dan besluit hij via jouw site te solliciteren. Via welk kanaal komt deze kandidaat binnen? Met Analytics zie je niet alleen de laatste bron die de kandidaat heeft bezocht, maar ook alle voorgaande bronnen. Zo kun je kijken wat de verschillende kanalen bijdragen aan je werving.

(Zie voor meer info www.netwerven.nl)

5.4 Rekruteren van passieve, latente (en ook actieve) kandidaten

Guus krijgt weinig reacties op zijn advertenties en campagnes. Er lijken weinig kandidaten op de markt. Hij heeft besloten om alles op alles te zetten om ook die kandidaten te vinden die niet op zoek zijn naar een andere baan en hen te interesseren voor de vacatures.

Wanneer er te weinig kandidaten actief zijn op de markt, zul je voor het invullen van je vacatures ook moeten kijken naar passieve kandidaten. Zij zijn nog niet actief, maar ze zijn er misschien wel voor te interesseren om actief te worden.

Je zult je **recruitment proactiever** moeten aanpakken. Je gaat niet alleen op zoek naar kandidaten op het moment dat je al een vacature hebt; je zult ervoor moeten zorgen dat je mogelijke kandidaten voortdurend in je vizier houdt. Wanneer je nu misschien geen vacature voor hen hebt, kun je die op termijn wel hebben, en wanneer ze nu misschien niet geïnteresseerd zijn, kunnen ze dat op termijn wel zijn.

Wat zijn de voordelen van proactiever werven? Je kent je kandidaten al (enigszins) en hoeft daardoor minder mensen te zien. De procedures gaan sneller omdat je niet van voren af aan hoeft op te starten met het zoekproces. En je rekruteert binnen een populatie die zelf niet op zoek is, waardoor je wat minder concurrentie hebt. Actieve kandidaten zijn vaak met meerdere opties bezig, en dat vergroot de kans dat ze afhaken en voor een andere organisatie zullen kiezen.

Voordat je middelen en kanalen inzet om passieve kandidaten te werven, zul je je basis voor recruitment goed op orde moeten hebben. Dat geldt voor je website, je vacaturebeschrijvingen, je sollicitatieprocedures, enzovoort. Als je de passieve kandidaten weet te interesseren in je organisatie, zijn ze immers niet langer passief. Zij zullen zich net als actieve kandidaten gaan oriënteren op je organisatie, eerst via je website en de vacaturebeschrijvingen, en daarna via alle andere kanalen die banenzoekers gebruiken om een betrouwbaar beeld te krijgen van je organisatie en de vacatures (zie subparagraaf 5.3.2). De passieve of latente zoeker is dan een actieve zoeker geworden, en de middelen en kanalen die je voor je actieve banenzoekers inzet, worden dan voor deze zoekers ook belangrijk.

We zullen in deze paragraaf ingaan op de volgende kanalen die gebruikt kunnen worden om kandidaten te vinden en te interesseren voor je organisatie. Vanzelfsprekend geldt dat je in deze kanalen niet alleen passieve kandidaten tegenkomt, maar ook actieve. Deze middelen en kanalen zijn dan ook niet bedoeld voor de werving van passieve kandidaten alleen:

1. (direct) sourcing;
2. sociale media;

3. referral recruitment;
4. boemerangrecruitment;
5. werven van veelbelovende afgewezen kandidaten;
6. magneetrecruitment;
7. talentpool;
8. werven via evenementen;
9. prijzen en awards.

5.4.1 (Direct) sourcing

Wat is (direct) sourcing?
Sourcing is een specialisme binnen recruitment. Het gaat om het actief (online) zoeken, identificeren en direct benaderen en enthousiasmeren van potentiele werknemers op de arbeidsmarkt. Het gaat dus om twee zaken:

- *Kandidaten vinden*
  Aan de ene kant moet je als sourcer kandidaten kunnen vinden. Dat betekent dat je (online) tools en software moet kunnen inzetten om data over potentiële kandidaten te kunnen verzamelen en screenen. Je kunt data vinden via sociale media als LinkedIn, Facebook of Twitter. Of door Boolean Search via Google (zie kader). Ook People Aggregators, zoals Dice, zijn in opkomst. Zo'n aggregator brengt gegevens over kandidaten van verschillende (sociale media) kanalen samen.
  Bronnen en kanalen voor sourcing veranderen, net zoals online en mobile veranderen. Van belang is dat een sourcer constant analyseert wat effectief is: wat genereert de beste kandidaten? En daar zijn sourcing strategie op toepast.
- *Kandidaten benaderen en enthousiasmeren*
  Aan de andere kant moet je de geïdentificeerde kandidaten kunnen enthousiasmeren voor je verhaal. Men gebruikt daarvoor het Engelse woord **Engagement**, betrokkenheid. Je kunt je voorstellen dat een onpersoonlijke mail in een inbox niet door passieve kandidaten wordt gelezen. Hoe overtuig je iemand om verder te kijken naar de vacature? Of om contact op te nemen?

Een paar tips voor het benaderen van kandidaten:
- Kies voor een gerichte aanpak: zorg dat je goed voorbereid bent voordat je mensen belt of mailt. Op deze manier onderscheid je je van anderen. Qua tijdsinvestering is het wel slim een concepttekst te hebben die je makkelijk kunt aanpassen. Je kunt vanuit recruitment ook een persoonlijke mail maken die een lijnmanager kan versturen aan een kandidaat in zijn netwerk.
- Beter minder maar heel goed dan veel heel matig. Het is effectiever voor je conversie om een kleine groep mensen op een persoonlijke manier te benaderen, dan een grote groep op een onpersoonlijke manier. Zorg dat het bericht over de persoon gaat: schrijf over 'je' en 'jouw'. En niet over 'ik'.
- Mensen verleiden met een nieuwe carrièrestap werkt beter dan 'leuren met een vacature'. Zorg wel dat meteen duidelijk is waarvoor je contact opneemt.

- Tijdens vakanties, bij jaarwisselingen of verjaardagen denken mensen na over hun leven. Vaak hebben ze ook meer tijd om even stil te staan bij 'heb ik het eigenlijk wel naar mijn zin?'

Wanneer pas je sourcing toe?

Sourcing pas je niet toe op iedere vacature. Je zet het in wanneer dat echt noodzakelijk is of in de toekomst zou zijn: voor de vacatures die kritisch zijn voor je organisatie en waarop je onvoldoende kwalitatief goede kandidaten verwacht via adverteren of je netwerk (zie hoofdstuk 3). Om op die manier een groter bereik te hebben onder latente en passieve werkzoekenden.

Een voordeel van goede sourcing is dat je tegelijkertijd kennis opbouwt over specifieke doelgroepen op de arbeidsmarkt, over concurrenten en je werkgeversmerk.

Als organisatie kun je zelf gaan sourcen. Grote bedrijven hebben deze specialisten in dienst. Je kunt de sourcing ook uitbesteden. Externe bedrijven leveren dan profielen aan. Daarna benaderen bijvoorbeeld de interne recruiters en/of lijnmanagers deze potentiele kandidaten.

Het is van belang dat lijnmanagement en vacaturehouders betrokken zijn bij sourcing. Het kost meer tijd (en geld) dan het plaatsen van een vacaturetekst. Maar inspanning levert resultaat op. Via sourcing vergroot je het potentieel aan kwalitatief goede kandidaten.

BOOLEAN SEARCH: CV'S ZOEKEN OP HET WEB

Zoals gezegd zijn er in Nederland veel persoonlijke data en cv's te vinden op LinkedIn. Met een betaalde LinkedIn-account kun je veel profielen van mensen online vinden. Er zijn ook nog veel cv's te vinden die mensen plaatsen op andere locaties op het web, bijvoorbeeld op hun persoonlijke website, een website van een opleiding die ze volgen of een congres waarop ze spreken. Je kunt de cv's vinden door slim te zoeken met Google, via **Boolean search**.

Boolean operators kun je gebruiken bij je zoekopdrachten. Het zorgt ervoor dat de gezochte informatie preciezer kan worden beschreven en gevonden. Recruiters die zich met sourcen bezighouden zijn hier heel sterk in.

BOOLEAN	VOORBEELD	UITLEG
AND	Marketing AND sales	Doorsnede van de verzameling
OR	Marketing OR sales	Resultaten van beiden
" "	"Jan Willem de Vries"	Geeft de exacte resultaten
"AND"	"Marketing AND sales"	Doorsnede van de verzameling met deze volgorde
"OR"	"Marketing OR sales"	Vereniging van de resultaten met deze volgorde
–	-België	Sluit resultaten uit van zoekterm

5.4.2 Sociale media recruitment

SOCIALE MEDIA Sociale media zijn onlineplatformen waarmee gebruikers kunnen communiceren en informatie kunnen uitwisselen om dingen (van en voor elkaar) te krijgen.

Sociale media zijn een integraal onderdeel van ons leven. En daarmee ook van werk, hrm en recruitment. Zowel sociale media op de externe markt, zoals LinkedIn, Facebook, Instagram of Twitter, als sociale media binnen het bedrijf, zoals Yammer. Het is de nummer een tijdsbesteding online.

Sociale media kunnen het recruitmentproces ondersteunen. Niet alleen in de werving van nieuwe medewerkers, Maar ook bij bijvoorbeeld de onboarding van nieuwe medewerkers.

De rol die sociale media kan spelen:

1. Recruitment proactiever maken. Zeker voor bedrijfskritische vacatures (zie hoofdstuk 3) zul je niet kunnen volstaan met het plaatsen van een advertentie en wachten op kandidaten. Je zult proactief moeten rekruteren door bijvoorbeeld communities op te zetten en een pijplijn met talent te maken met behulp van sourcing van 'passieve' kandidaten. Door sociale media heb je inzicht in relaties en kun je eenvoudiger proactief kennismaken.
2. Het verbeteren van arbeidsmarktcommunicatie en wervingskracht. Denk bijvoorbeeld aan een laagdrempelige interactieve 'recruitmentsite' op Facebook. Of Instagram zoals in de openingscase #experiencephilips werd gebruikt. Of effectiever communiceren met je doelgroep via Twitter. Of het verlagen van de drempel voor kandidaten om oriënterend met je te komen praten.
3. Het activeren van eigen medewerkers voor recruitment. Om hun online netwerken te benaderen voor via via werving zodat iedereen een recruiter wordt (zie subparagraaf 5.4.3, referral recruitment, en case Deloitte).
4. Het managen van verwachtingen. Voor een succesvolle start is het noodzakelijk dat de kandidaat realistische verwachtingen heeft (zie hoofdstuk 7, over 'onboarding'). Door sociale media zijn organisaties transparanter en weten kandidaten beter waar ze aan toe zijn.
5. Verschaffen van inzicht in de werkgeverspositie. Denk aan inzicht in de reputatie of de populariteit van een werkgever. Maar ook aan online zichtbaarheid.

Enkele **kenmerken van sociale media**:

- Het gaat om interactie: je communiceert met mensen, het is tweezijdig.
- Het gaat om participatie: je bent actief in het netwerk. Jouw boodschap wordt gevormd door het netwerk. Jij publiceert je verhaal, deelt informatie, geeft commentaar. Jouw netwerk geeft commentaar aan jou.
- Het gaat om activatie: jouw netwerk verspreidt jouw boodschap. Die is heel geloofwaardig voor de ontvanger.
- Het gaat om real time: je hebt direct resultaat van je acties, in tegenstelling tot andere vormen van communicatie.

Er zijn veel verschillende sociale media en aanverwante vormen van communiceren. Denk aan zakelijke netwerken (als LinkedIn, Xing of Plaxo), vriendennetwerken (zoals Facebook), 'beeld'-netwerken (zoals Flickr, YouTube, Slideshare , Instagram, Snapchat) of specialistische netwerken (als HRbase). Maar ook het gebruik van Skype, Twitter, DM's. Voor recruiters zijn zakelijke netwerken als LinkedIn heel interessant omdat gebruikers veel werkgerelateerde informatie op hun profiel zetten.

Gebruik van sociale media

De kern van recruitment verschuift van het 'sluiten van transacties' naar het 'bouwen van relaties'. Zeker bij de functies die kritisch zijn voor organisaties en waarbij schaarste op de markt is. Daar gaan kandidaten minder uit eigen beweging zoeken naar en reageren op traditionele 'advertenties'. Als organisatie zul je een band moeten opbouwen met kandidaten om hen te motiveren bij je te komen werken. Je bouwt een pijplijn met kandidaten via sociale netwerken.

Ook de manier van beeldvorming over het bedrijf verandert. Gegevens worden publieker. Feiten en opinies worden gedeeld. Een voorbeeld daarvan is glassdoor. com. Op deze site worden reviews van bedrijven, salarissen en banen gedeeld door huidige werknemers, oud-werknemers en sollicitanten. Er is minder ruimte voor bedrijven om de beeldvorming te sturen via de traditionele media, waar de communicatie slechts één richting opgaat. Binnen de sociale media staat samen communiceren centraal. Het zijn reacties over en weer, en in zelfs meer dan twee richtingen. Bij sociale media is het de communicatie in een netwerk die de beeldvorming van het bedrijf bepaalt. Dat vraagt om interactie met je doelgroep binnen je recruitmentaanpak.

Naast het bouwen van relaties is recruitment er om de deal te sluiten. De focus ligt op de transactie: sociale media wordt met name gebruikt als een database waarin recruiters kunnen zoeken naar interessante profielen, en waar de interessante mensen meteen kunnen worden benaderd voor vacatures.

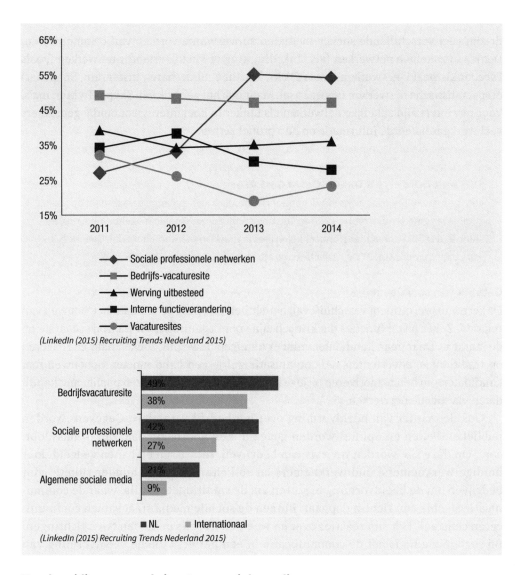

(LinkedIn (2015) Recruiting Trends Nederland 2015)

Voorbereidingen voor de inzet van sociale media

Actief worden als recruiter binnen de sociale media kun je in verschillende gradaties. De beslissing welke activiteiten je gaat ondernemen en hoe je dat gaat doen, vraagt om een goede voorbereiding. Ga voor jezelf na:

- Welk doel wil ik bereiken met het gebruik van sociale media? Wanneer ben ik tevreden? Wil ik mijzelf of mijn organisatie neerzetten? Wil ik een netwerk creëren met latente banenzoekers? Ga ik vacatures promoten in mijn netwerk? Moet ik directe kosten voor werving reduceren?
- Welke strategie ga ik volgen om dat doel te bereiken? Heb ik voldoende tijd, middelen en doorzettingsvermogen beschikbaar? Ook op termijn? Staat de organisatie achter de sociale mediadoelstellingen en -strategie? En wil zij zich daarvoor inzetten?
- Heb ik de basis voor recruitment op orde? Denk aan een doordacht authentiek verhaal op de arbeidsmarkt dat klopt met de realiteit, een goede internal brand

en betrokken medewerkers, een aantrekkelijke mobile site van je organisatie en heldere job brands.

Ga voor jou en de organisatie na welke stappen binnen sociale media haalbaar zijn en passen bij je doelstellingen. Is er weinig draagvlak voor het gebruik van sociale media voor recruitmentdoeleinden binnen de organisatie, zijn er weinig vacatures, zijn er veel actieve kandidaten op de markt? Een goede eerste stap is dan een vrij 'passief' gebruik van sociale media. Je volgt de berichten en vertelt een werkgeversverhaal op verschillende kanalen en bouwt een LinkedIn-netwerk op. Denk bij veel vacatures, weinig actieve kandidaten, een groot draagvlak binnen de organisatie aan een veel activere deelname. Je stimuleert medewerkers binnen je organisatie om sociale media actief te gebruiken voor recruitmentdoeleinden (zie ook referral recruitment), deelt info, reageert, geeft commentaar, enzovoort.

Een aantal mogelijkheden voor recruitment die sociale media bieden

Wederzijds kennismaken: netwerken en employer branding
Sociale media lenen zich niet voor een traditionele branding, dat wil zeggen: eenrichtingsverkeer waarbij je als organisatie alleen een pr-boodschap verzendt. Via sociale media bouw je contacten op en communiceer je interactief met je doelgroep. Denk aan het starten van relevante discussies of polls, participeren in groepen van (oud-)werknemers, tips en adviezen geven, of het delen van informatie. Kennis maken is kennis delen.

Vanuit recruitment kun je je eigen identiteit en die van je organisatie hiermee laten zien. En aan je medewerkers vragen hun organisatie als werknemer uit te dragen. Kies alleen voor activiteiten die bij jou en je organisatie passen en waarvoor draagvlak en tijd beschikbaar is.

Begin in ieder geval met het updaten van je eigen profiel. Zorg voor een goede foto, links naar relevante recruitmentsites (werkenbij … .nl), een enthousiasmerende wervende bio. Kandidaten zoeken je zeker op voordat ze bij je op gesprek komen.

Mogelijkheden delen: vacatures en informatie
Op LinkedIn kun je vacatures plaatsen die zichtbaar zijn bij profielen en groepen die geïnteresseerd zouden kunnen zijn in deze vacatures. Passieve kandidaten moeten direct worden benaderd. Het plaatsen van vacatures op je eigen profiel, op de profielen van collega's en in relevante groepen lijkt vooralsnog een betere optie.

Daarnaast kun je interessante content over werken bij je organisatie delen met anderen, zoals presentaties via Slideshare of filmpjes via YouTube. Het is van belang dat de boodschap helder is en de organisatie zich actief, consistent en transparant laat zien op sociale media.

Netwerven: zoeken en benaderen van kandidaten via sites als LinkedIn (zie ook sourcing)
Via sociale media kun je een talentenpijplijn opbouwen door het actief sourcen van talent. Je kunt dit doen op een 'warme manier', via een introductie via een bekende, maar ook op een 'koude manier'. Met een businessabonnement kun je alle profielen bekijken. Je

stuurt direct een persoonlijke mail naar een onbekende met een interessant profiel. De conversie van de warme manier is over het algemeen beter, want mensen komen eerder in actie bij een verzoek van een bekende. Een koude manier kan echter wel de eerste stap zijn naar een warm contact, waardoor er in de toekomst mogelijkheden openstaan.

Ook kun je contact houden met alumni en met kandidaten die het net niet zijn geworden in een sollicitatieprocedure (zie subparagrafen 5.4.3 en 5.4.4).

HET GEBRUIK VAN LINKEDIN VOOR WERVING: 'RELATIONSHIP MATTERS'

Nederland kent een van de hoogste participatiegraden onder de bevolking. De gemiddelde gebruiker is 45 jaar oud en heeft 15 jaar ervaring (LinkedIn, 2015). LinkedIn behoort tot de top 15 van meest gebruikte sites ter wereld (Alexa, 2015).

Een paar tips:

- Zorg voor een gevarieerd netwerk. Daarmee kom je bij meer type mensen terecht en die mensen kunnen je helpen om de juiste mensen te leren kennen of informatie te delen.
- Met een superconnector in je contacten heb je meteen toegang tot zijn contacten als jouw tweedegraadscontacten. Superconnectors zijn LION's of open networkers.
- Voor sourcen van kandidaten kun je LinkedIn bijvoorbeeld doorzoeken met een Boolean Search (zie subparagraaf 5.4.1) om je zoekresultaten te verfijnen of gebruik maken van geavanceerd zoeken. Voor betalende leden (corporate solutions account) zijn er extra zoekfilters.
- Op LinkedIn kun je betaald adverteren voor banen. LinkedIn heeft een aantal handige functionaliteiten, zoals automatische matching, waarbij je passende profielen krijgt toegestuurd. Of Talent Direct, dat werkt als referral (subparagraaf 5.4.2). Maar je kunt de baan ook op een andere manier onder de aandacht brengen. Denk aan plaatsen in groepen, in je netwerk, door connecties te leggen met potentiële kandidaten.
- Aansluiten bij een bestaande groep of zelf een groep aanmaken om gericht mensen te leren kennen. Voor de laatste optie zijn de doelstellingen van de groep heel belangrijk.

Link je eigen website aan LinkedIn met een LinkedIn Company Insider Plugin op je eigen website. Met deze tool kan een kandidaat in één keer zien welke medewerker van jouw organisatie met een LinkedIn-profiel in zijn netwerk zit. Zo wordt het voor kandidaten eenvoudiger om het bedrijf via via te leren kennen.

VOORBEELD: DELOITTE

Algemene introductie
Deloitte is een financiële dienstverlener binnen consultancy, accountancy, belastingadvies en financieel advies. Ze heeft aandacht voor innovatie, multidisciplinaire teams, en maatschappelijke verantwoordelijkheid. Een groot deel van de markt van financiële professionals is krap en Deloitte was geen employer of choice voor haar doelgroep. Deloitte wil het recruitmentproces continu verbeteren en zorgt dat ze haar doelgroep op de beste manier bereikt.

Reden om sociale media in te zetten

Deloitte heeft twee belangrijke doelen bij de inzet van sociale media voor recruitment.

1. *Zichtbaarheid en betrokkenheid vergroten*

   Het belangrijkste doel dat Deloitte voor ogen heeft met het gebruik van sociale media als wervingsbron is het op een open manier overbrengen van inzicht en gevoel over de organisatie aan haar doelgroepen. Zo worden Instagram en Facebook ingezet om een beeld te geven van de diversiteit van medewerkers van Deloitte. Niet de harde feiten, maar meer de 'menskant' van de organisatie. Het is meer dan 'een man in een pak'. Er worden berichten en beelden gedeeld over bijvoorbeeld (sport)evenementen waar Deloitte en haar medewerkers aan deelnemen; denk daarbij aan Instagram met #deloittemoments.

   Sociale media is een platvorm waarop Deloitte zich kan laten zien, waar de doelgroep onderling kan discussiëren en zich oriënteren. Met voor de doelgroep relevante content en het vergroten van betrokkenheid wil Deloitte bezoekers op haar sociale mediakanalen en website laten terugkeren en een band met hen opbouwen.

2. *Directe werving voor vacatures*

   Sociale media bieden recruiters een uitgelezen kans om in contact te komen met de doelgroep en die te interesseren voor vacatures bij Deloitte. Dat doet een recruiter niet alleen. Deloitte heeft de ambitie van alle medewerkers online ambassadeurs te maken. Want medewerkers hebben samen een groot netwerk en daarmee een groot bereik onder de doelgroep op de arbeidsmarkt.

Deloitte gebruikt daarvoor de online tool 'deloitte matcht'. Een website waar je als werknemer vacatures kunt vinden en die je makkelijk kunt delen via relevante media. Dit heeft als voordeel dat er één gezicht naar buiten is.

Om te stimuleren dat medewerkers betrokken zijn en de vacatures ook gaan delen is er een spelelement met een ranking eraan gekoppeld. Als medewerker krijg je punten voor het delen. en voor de kliks die het delen oplevert. Je kunt zien welke collega's, afdelingen of kantoren nog meer deelden. Voor de 'winnaars' zijn er collector's items, zoals een T-shirt speciaal door een kunstenaar ontworpen.

Een voorbeeld

Deloitte heeft voor de startersdoelgroep een fotomarketingtool ontwikkeld: 'Overstijg jezelf! Lanceer je carrière bij Deloitte.' Het was een fotohokje met een heel sterke blower waaruit lucht werd geblazen, waardoor het leek alsof je in een storm beland was. Deze foto's konden eenvoudig worden gedeeld via bijvoorbeeld Facebook.

5.4.3 Referral recruitment: werving via via

Guus heeft net een nieuwe elektrotechnicus geworven, Carla. Ze is nu twee maanden aan het werk bij het ingenieursbureau. Guus evalueert het selectietraject en de eerste maanden met haar. Ze is heel enthousiast. Terloops vraag hij Carla of ze nog meer goede mensen kent. Ja, die kent ze wel. Ze gaat ze meteen even bellen. Guus bedenkt dat hij werving via via nog veel te weinig gebruikt.

> **REFERRAL RECRUITMENT** Referral recruitment is het stimuleren van de eigen werknemers (of andere stakeholders) om sollicitanten aan te brengen.

De voordelen van het inzetten van de eigen medewerkers voor het aantrekken van nieuwe medewerkers

In de eerste plaats is het inzetten van de eigen medewerkers een goedkope manier van werven. Het tweede voordeel heeft te maken met de 'betere match' tussen werknemers en organisatie, waardoor de kans op succes groter is. Medewerkers vertellen het 'echte' verhaal over de organisatie aan vrienden en bekenden; kandidaten weten dus beter waar ze in stappen. Bovendien zullen medewerkers met name mensen aandragen van wie ze inschatten dat er een klik is met de waarden van de organisatie en de inhoud van de functie. Zo neemt de kans toe dat de nieuwe medewerker goed past, beter presteert en langer binnen de organisatie blijft.

Er zijn onlineapplicaties die **referral recruitment** ondersteunen. Op een eenvoudige manier kunnen vacatures via het netwerk van medewerkers online onder de aandacht worden gebracht in de sociale media. Er is veel beweging in de markt van referral systemen. Voorbeelden van deze onlineplatforms zijn Refer2, TalentTracker en Rolepoint. Ook via sociale media als LinkedIn is referral recruitment op te zetten.

SOCIALE MEDIA EN REFERRAL RECRUITMENT

Er zijn discussies over de impact van sociale media voor referral recruitment. Referral recruitment ontleent zijn meerwaarde aan de goede relatie: elkaar kennen en weten dat iemand past bij de cultuur en het functieprofiel. Critici geven aan dat je door het uitzetten van een vacature binnen sociale media, in een netwerk dat je niet zo goed kent, deze meerwaarde van de 'menselijk maat voor de kwaliteit van de match' verliest.

Aan de andere kant: je brengt een vacature door sociale media natuurlijk wel bij een bredere doelgroep direct onder de aandacht. Granovetter geeft in zijn onderzoek aan dat zwakkere verbindingen meer effectief kunnen zijn dan sterke verbindingen om met elkaar in dialoog te treden over vacatures.

VOORBEELD: ACCENTURE

Accenture begon zijn referralprogramma als een pilot in Nederland. Op basis van de resultaten is het wereldwijd uitgegroeid. Niet verwonderlijk, want het aantal mensen dat via een referral is binnengekomen steeg van 14% naar 32%. Accenture heeft een Recruiting Excellence Award gewonnen voor het programma.

Accenture had een ambitieus plan met indrukwekkende getallen:
- Accenture had duizend vacatures in Nederland; een derde moest worden ingevuld door referrals.
- 99% van de medewerkers moest de naam van de referralwebsite kennen.
- In drie maanden tijd moest 600.000 euro bespaard worden.

Het geheim van het succes is de duidelijkheid van het programma. Het is een helder programma voor alle functies en alle medewerkers, ook voor managers en recruiters. Medewerkers krijgen 1.000 euro voor een starter, 2.000 voor iemand met meer dan twee jaar ervaring, en 4.000 voor moeilijke doelgroepen (zoals SAP'ers). Die beloning wordt betaald zodra ze binnen zijn. Eerder in het traject krijg je al 250 euro als een 'teaser' wanneer een kandidaat wordt uitgenodigd voor een gesprek. Deze beloning is gebaseerd op onderzoek onder medewerkers. Cash bleek als beloning het beste uit de bus te komen. Accenture doneert daarnaast een bedrag van 500 euro aan een goed doel voor iedere succesvolle referral. Referees kunnen ook besluiten hun bonus aan dit goede doel te schenken.

Het is opvallend dat iedereen binnen het bedrijf het programma kent. Dat komt door een uitgekiende interne marketing, die vergelijkbaar is met wat Accenture op de externe markt doet om zijn doelgroep te bereiken. Wat opviel, was dat hrm het referralprogramma communiceerde via posters, terwijl hrm voor het aantrekken van kandidaten op de externe markt uitgekiende (online)strategieën had. Omdat je praat over dezelfde te benaderen doelgroep werd besloten de communicatie intern net zo aan te pakken als extern, dus met wervende introductie en tweemaal per jaar een campagne.

Het soepel verlopende administratieve proces is een derde element voor het succes. Medewerkers kunnen een kandidaat heel eenvoudig online aanmelden, hun reward zien en volgen wat de status is van hun kandidaat. Ze hebben een eigen gepersonaliseerde online tool. Wat ook goed bleek te werken voor de competitieve Accenture-medewerkers is de succesratio. Deze scorecard kunnen medewerkers op hun eigen site bekijken. Daarnaast is ervoor gezorgd dat het sollicitatieproces voor referralkandidaten snel en soepel verloopt.

Om iedereen kandidaten te kunnen laten aandragen, is het belangrijk dat medewerkers begrijpen wat de baan inhoudt. Niet alle banen zijn meteen even duidelijk; daarom worden de vacatures in klare taal uitgelegd via de website.

Wat is het geheim van een goed referralprogramma?

1. Het begint met een bepaald ambitieniveau; je wilt 'de helft van je vacatures vervullen door referrals' of je wilt 'het beste referralprogramma van de wereld'.
2. De directie ondersteunt het programma en communiceert hierover.
3. Je positioneert het programma in de organisatie op dezelfde manier als je een extern wervingsprogramma neer zou zetten; je communiceert tenslotte met dezelfde doelgroep. Iedereen kent het belang van het programma, begrijpt het en weet het te vinden.
4. Het is erg gemakkelijk om kandidaten aan te melden: gewoon de naam invullen en cv bijvoegen. Deze procedure geldt niet alleen voor openstaande vacatures, maar ook voor open sollicitaties.
5. Kandidaten die via via binnenkomen, krijgen een vip-behandeling. Ze krijgen een snelle reactie. Als er geen banen zijn, blijven ze in de talentpool en worden ze op de hoogte gehouden. Voor topkandidaten worden andere plekken gezocht.
6. Binnen de organisatie is onderzoek gedaan naar de effectiviteit van de beloning voor een referral en er is een duidelijke keuze gemaakt voor de vorm en hoogte van de beloning.
7. Referees worden op de hoogte gehouden van de voortgang van hun kandidaat.

8. Het hele proces is web-based. De administratie verloopt soepel. De beloning is eenvoudig en instant: meteen afrekenen bij het eerstvolgende salaris.

9. Er wordt gezorgd dat het werkt, er wordt gemeten en aangepast. Hoeveel mensen doen mee met de referral? Hoe tevreden zijn medewerkers en kandidaten over het programma? Hoeveel mensen worden er geworven, hoe functioneren zij en hoe lang blijven ze? Hoeveel besparing levert dit op? Over de successen wordt gecommuniceerd en de verbeterpunten worden voortvarend opgepakt.

VOORBEELD: HORECAONDERNEMING OOSTWEGEL

Oostwegel is een horecaonderneming met zo'n 450 medewerkers. Oostwegel heeft een **referralprogramma** opgezet: 'Medewerker zoekt medewerker.' Referrals worden beloond met een geldbedrag, want dat bleken medewerkers het liefst te willen. Medewerkers ontvangen 250 euro voor het aanbrengen van een fulltimer en 125 euro voor een parttimer. Een nieuwe medewerker moet wel 6 maanden in dienst blijven. 'Een aantal mensen is bijna parttime recruiter. Zij verdienen een leuke vakantie bij elkaar', aldus het bedrijf.

Nog wat extra's om referrals nog effectiever te maken

- *Durf het te vragen*. Vraag nieuwe medewerkers wanneer ze binnen zijn of ze nog andere mensen kennen. Maak het onderwerp 'een wervende cultuur' tot onderdeel van de kennismakingsgesprekken met hrm. Vraag stagiairs om andere stagiairs, en vraag oud-stagiairs of ze interesse hebben of misschien nog andere mensen kennen voor de vacatures.
- *Je beste mensen leveren de beste mensen aan*. Zij hebben de lat hoog liggen. Zorg dat zij in ieder geval mensen aanbevelen. Misschien een extra bonus?
- *Organiseer een 'De vijf beste'-sessie*. Ga met goede mensen samen zitten en vraag hen naar de namen van de vijf beste salesmanagers, secretaresses, programmeurs of leraren die ze kennen. Vraag hen of je deze mensen mag benaderen, waarbij de naam genoemd wordt van degene die de persoon heeft voorgesteld, of dat deze persoon die mensen zelf kan benaderen met de vraag of ze geïnteresseerd zouden zijn in werken bij je organisatie. Dit is een arbeidsintensieve manier, maar ook een effectieve: hoe directer je het vraagt, hoe groter de kans dat ze ja zullen zeggen en tot actie zullen overgaan.
- *De beloning moet passen bij de doelgroep*. De beloning hoeft niet altijd geld te zijn of veel te kosten. Zoek ook andere vormen van beloning. Denk aan zaken als 'maak een eerste keuze' (je mag bijvoorbeeld het eerst een vrije dag uitkiezen, een project, of iets anders), 'met je foto in een advertentie' (bijvoorbeeld de wervingsadvertentie), 'een uitje voor het hele team' (wanneer ze zelf voor een kandidaat hebben gezorgd), filmkaartjes voor het gezin, een loterij voor degenen die namen aanleverden (met een fantastische hoofdprijs), een halfjaarlijks diner voor alle mensen die namen aanleverden, een 'referral-T-shirt', of een plaquette met een slogan.
- *Zorg voor waardering voor een naam*. Waardering is heel krachtig. Waardering uitspreken kan op verschillende manieren: in interne communicatie bij het

bedrijf, met een telefoontje van de directeur, of door een lunch met een goeroe als bedankje voor professionals.

- *Continue aandacht voor referrals.* Maak medewerkers continu attent op referrals. Zet een banner in iedere handtekening van de medewerkers. Doe het via interne sociale media. Vraag degene die reizen naar congressen organiseert onderaan de reisdocumenten een zin te zetten met de strekking 'We zijn op zoek naar nieuwe medewerkers. Denk je daaraan als je goede mensen tegenkomt?' Met een link naar passende vacatures, enzovoort.
- *Maak gebruik van het brede netwerk van de organisatie.* Vaak wordt bij referrals alleen gedacht aan medewerkers, maar er zijn nog veel meer mensen die kunnen worden betrokken bij werving. Als je de goede toon kiest kan ook het netwerk buiten het bedrijf geactiveerd worden. Denk aan klanten. Benader ze niet direct, maar zet bijvoorbeeld in een nieuwsbrief: 'Wij zijn op zoek naar XXX. Kent u iemand voor deze baan? Wilt u deze baan onder de aandacht brengen? Of meer informatie? Neem contact op met XXX.' Zorg dat berichten eenvoudig op sociale media te plaatsen zijn. Je kunt ook denken aan toeleveranciers of aandeelhouders. Kweek goodwill en zorg dat ze de organisatie willen ondersteunen in de zoektocht naar nieuw personeel.
- *Maak een klachtenregeling.* Zorg dat mensen ergens terechtkunnen wanneer ze denken dat ze hun bonus ten onrechte niet hebben gekregen. Zo voorkom je klagende medewerkers die het programma imagoschade toebrengen.

VOORBEELD: WERVEN VIA HET NETWERK

Google heeft de handtekening van zijn medewerkers geheel opgesteld in lijn met de soepele *tone of voice* van het merk:

'Congratulations! You have made it down to my disclaimer. It's not a lot of text so please feel free to read it. "If you received this communication by mistake, please don't forward it to anyone else, erase all copies and attachments, and tell me about my goof up." On a lighter note, I have a lot of fun working for Google. Did you know that Google has recently been elected "Greatest Place to Work"? If you are interested please do have a look at our current job openings at www.google.com/jobs!'

5.4.4 Boemerangrecruitment

Opeens vindt de manager de opzegbrief van Ilse in zijn inbox. Dat valt hem rauw op zijn dak: het vertrek van een veelbelovende trainee die sinds drie jaar bij het bedrijf werkt. Hij heeft het niet zien aankomen. Een 'regretted loss' noemen ze dat in zijn organisatie. Hij gaat contact met haar houden. Hij belt recruiter Guus met de vraag of hij Ilse over een tijdje wil benaderen om terug te komen.

Iedere organisatie heeft werknemers die tot spijt van de organisatie vertrekken. Het is jammer dat deze mensen weggaan, zeker omdat deze **regretted losses** in veel gevallen voorkomen hadden kunnen worden. Om ervoor te zorgen dat talent niet definitief verloren is voor een organisatie, is het belangrijk met hen in gesprek te blijven. Wie weet kun je ze dan opnieuw rekruteren. Dat heeft veel voordelen. De inburgering binnen je bedrijf gaat veel gemakkelijker: zij kennen je organisatie immers al en jij kent hen. Je weet wat je van hen kunt verwachten.

Hoe bouw je een netwerk van oud-medewerkers (alumni) op?

Het opbouwen van het netwerk begint bij het vertrek van mensen. Je wilt ervoor zorgen dat ze met een goed gevoel bij je weggaan. Een goed exitinterview kan hierin veel betekenen. Tijdens het exitinterview vraag je mensen of ze lid willen worden van het alumninetwerk. Het lid worden van het netwerk moet zo eenvoudig mogelijk zijn. Een simpele onlineaanmelding is genoeg. Daarin kun je ook vragen of ze op de hoogte willen worden gehouden van carrièremogelijkheden.

VOORBEELD VAN EEN BERICHT VOOR EEN EXIT/ALUMNI

Beste ...,

Je staat op het punt te vertrekken bij onze organisatie. Dat vinden we erg jammer. We willen je graag hartelijk danken voor jouw bijdrage aan ons bedrijf.

We zouden je willen vragen je aan te sluiten bij ons alumninetwerk. Het geeft je de kans om contact te houden met alle professionals die ooit bij onze organisatie hebben gewerkt.

Je kunt je op onze website aanmelden voor het netwerk. Kijk op XXXXX.nl

We hopen je in de toekomst weer te treffen.

Met vriendelijke groeten, ...

Je kunt een eigen netwerk oprichten, maar ook de netwerken op bijvoorbeeld sociale netwerksites als LinkedIn gebruiken om contacten te onderhouden en uit te bouwen. Aansluiting door andere oud-medewerkers vergemakkelijkt bij 'open netwerken'.

Wat doe je met de alumni?

Wanneer je gemiddeld eens per drie maanden contact met ze hebt, is dat een aardige frequentie. Post informatie op het online netwerk, stuur een nieuwsbrief met informatie over ontwikkelingen binnen de organisatie en branche, organiseer een evenement of faciliteer een reünie. Het vergt gerichte aandacht en een lange adem om dit tot stand te brengen.

Bij sommige organisaties kunnen alumni ook deelnemen aan het referralprogramma. Zij ontvangen dan bijvoorbeeld, net als vaste werknemers, een bonus wanneer ze kandidaten aandragen.

ALUMNINETWERK: EEN PAAR VOORBEELDEN

Een grote consultancyorganisatie heeft een vestiging in Londen. Alle alumni van de organisatie die in Londen komen, mogen te allen tijde gebruikmaken van hun kantoorfaciliteiten. Zo zien ze hun oud-collega's weer en blijven ze op de hoogte van het bedrijf.

Een groot farmaceutisch bedrijf heeft jaarlijks een aantal vacatures voor artsenbezoekers. Het organiseert daarom ieder jaar een feest voor artsenbezoekers, waarvoor alle oud-medewerkers en de huidige medewerkers worden uitgenodigd.

Voor grote internationale organisaties is het slim om het alumninetwerk centraal te regelen, maar de contacten met alumni decentraal en door bekenden te laten onderhouden. Zij hebben immers de sterkste band met oud-collega's.

5.4.5 Veelbelovende afgewezen kandidaten werven

Bij sollicitatieprocedures zijn er altijd kandidaten die erg goed zijn, maar het net niet zijn geworden. Of die de baan niet hebben geaccepteerd. Dit kunnen interessante kandidaten voor toekomstige vacatures zijn, zeker wanneer er binnen een bedrijf veel gelijksoortige banen zijn (denk aan consultancy, advocaten, chauffeurs, schoonmakers, enzovoort). Door contact te onderhouden met de tweede keuze-kandidaten (in het Engels wat charmanter '**silver medalists**' genoemd) kun je het aantal dagen in je zoektocht voor een soortgelijke vacature beperken.

Allereerst is het belangrijk duidelijk te bepalen wie deze 'silver medalists' zijn. Het zijn kandidaten die zich hebben gekwalificeerd voor een vacature na een selectieproces met interviews en een eventueel assessment, maar die uiteindelijk geen aanbod hebben gehad omdat er een net iets betere kandidaat was.

Het is belangrijk hen op een goede manier af te wijzen. Je wilt dat zij hun interesse in de organisatie behouden, want als er toekomstige mogelijkheden zijn, wil je hen kunnen benaderen.

VOORBEELD VAN EEN ZIN IN EEN AFWIJSBRIEF

'We willen graag contact met je houden om je te informeren over toekomstige mogelijkheden en de ontwikkelingen in onze organisatie. We willen je graag uitnodigen om je aan te melden voor ons carrièrenetwerk via de site XXX.'

5.4.6 Magneetrecruitment

De doelstelling van **magneetrecruitment** is de top in te huren om de top aan te trekken, als ware het een magneet. Het is een manier om het imago van je organisatie te versterken.

Als ziekenhuis trek je een excellente specialist aan met wie je jongere specialisten aantrekt om met hem te gaan werken. Wanneer je als voetbalclub een topspeler of -trainer aantrekt, kun je je daarmee bij het rekruteren van jonge spelers voor je jeugdelftal profileren.

Uit onderzoek van Nyenrode Business University blijkt dat medewerkers zich steeds meer aan een leidinggevende en hun collega's committeren, en veel minder aan een organisatie. Wanneer je een topmanager aantrekt van een concurrent, zie je dat ander talent van deze concurrent ook geïnteresseerd is in een overstap.

Hoe pas je dit toe?

Je maakt voor jezelf een inventarisatie van wie je voor je organisatie zou willen aantrekken. Welke professionals zijn het meest zichtbaar of meest gewaardeerd in je vakgebied? Breng dit in kaart en ga na wat de droombaan voor deze topkandidaten zou zijn en of je ze deze mogelijkheid kunt bieden. Wanneer zij eraan toe zijn een stap te maken, zou je ze deze kans moeten kunnen bieden. Zorg dat je communiceert dat je deze nieuwe medewerker hebt gerekruteerd, bijvoorbeeld met behulp van persberichten voor kranten en vakbladen, een aankondiging in sociale media en online communities en goede interne communicatie.

5.4.7 Opbouwen van een talentpool

Guus rekruteert inmiddels drie jaar elektrotechnici, een erg moeilijke doelgroep. Voor iedere vacature zette hij een advertentie en schakelde hij de hulp van een headhunter in, maakte een selectie en koos een kandidaat. Het liep moeizaam: de procedure duurde lang, hij deed veel werk dubbel en had het gevoel dat hij niet de beste kandidaten uit de markt kreeg. Guus besloot een talentpool op te zetten.

TALENTPOOL

Een talentpool is een actief netwerk van potentiële werknemers met interesse in de organisatie, met het doel hen te kunnen benaderen voor huidige en toekomstige vacatures.

Veel recruiters zijn reactief in hun werving. Zij gaan aan de slag om geschikte kandidaten te vinden wanneer ze een concrete vacature krijgen. Wanneer er voldoende geschikte kandidaten op de arbeidsmarkt zijn, levert dat vaak geen problemen op: je adverteert en ziet de kandidaten vanzelf in je inbox terechtkomen (vandaar ook de term 'inboxrecruitment'). Wanneer er echter onvoldoende kandidaten op de markt actief zijn en de vacature kritisch is voor de organisatie (zie hoofdstuk 2), kan iedere potentiële kandidaat die je al kent erg waardevol voor je organisatie zijn. Hem wil je kunnen aanspreken wanneer je een vacature hebt die bij hem zou kunnen passen. Je zult dan meer proactief moeten gaan werken. Je bouwt een pijplijn op met mogelijke kandidaten die je voor je toekomstige werving kunt benaderen.

Wie komen er in de pool terecht?

In de **talentpool** komen potentiële werknemers terecht die interesse hebben in de organisatie en vacatures bij de organisatie. Dat ze in de pool zitten, houdt in dat deze kandidaten bij toekomstige vacatures mogelijk in aanmerking zouden moeten komen. Wanneer je bijvoorbeeld regelmatig zeer ervaren SAP-consultants zoekt en je pool is gevuld met C++-specialisten, dan is dat weinig zinvol. Wanneer de pool is gevuld met junior SAP-consultants is dat veel interessanter: zij kunnen op termijn geschikte kandidaten worden. Kandidaten kunnen op verschillende manieren in je pool terechtkomen: het zijn oud-werknemers of 'silver medalists', of zij komen binnen via het referralnetwerk.

Een talentpool vraagt nogal wat. Voordat je aan een talentpool begint zul je over het volgende moeten nadenken:

- *Je moet de mensen enigszins kennen en volgen.* Om je communicatie goed af te stemmen op de kandidaten wil je weten waarin ze geïnteresseerd zijn en die kennis moet je up-to-date houden. Een talentpool via sociale media als LinkedIn werkt goed omdat de talenten in de pool hun eigen gegevens verversen.

- *Je moet het (juridisch) goed geregeld hebben.* Wanneer je organisatie een eigen database heeft, moeten kandidaten toestemming verlenen om daarin opgenomen te worden (volgens de Wet bescherming persoonsgegevens). Daarmee zul je zorgvuldig moeten omgaan.
- *Je moet tijd steken in het onderhouden van relaties met de pool.* Je wilt topkandidaten volgen en zo persoonlijk mogelijk contact met hen onderhouden. Dat hoeft niet altijd een persoonlijk bericht of telefoontje te zijn. Je kunt ook denken aan (gepersonaliseerde) nieuwsbrieven, mail, sociale mediacontacten of tweets met informatie die bij de doelgroep past. De minimale frequentie om het contact 'warm te houden' is één keer per kwartaal. De maximale frequentie lijkt onbeperkt met bijvoorbeeld Twitter, ook omdat je volger/doelgroep er zelf voor kiest je te volgen.
- *Je hebt goede afspraken en ict-support nodig.* Om te voorkomen dat er een overkill aan contact is, zijn goede afspraken met alle mensen die bij de talentpool betrokken zijn noodzakelijk. Dat vraagt om een goede vastlegging van leads in een database, en een goede opvolging. Veel recruitment-ict-systemen bieden een dergelijke mogelijkheid; dan is het alleen nog een kwestie van discipline binnen de organisatie, en van creativiteit in het zoeken van contact.
- *Je hebt je communicatie op orde.* Wanneer je passieve kandidaten benadert, zullen zij gaan zoeken naar achtergrondinformatie over de organisatie, de vacature, de boodschapper. Het is zaak de informatie goed op orde te hebben: zorg dus voor een aantrekkelijke website en een authentieke en geloofwaardige boodschap (zie paragraaf 5.3).

Contacten leggen met (passieve) kandidaten voor een talentpool
De Amerikaanse Recruiting Roundtable deed onderzoek naar het opzetten van talentpools met passieve kandidaten. Wat maakt het voor deze kandidaten interessant om in een pool te zitten? De Recruiting Roundtable onderzocht de volgende vier zaken:

1 De organisatie
Passieve kandidaten zijn het meest geïnteresseerd wanneer de uitnodiging van een voor hen aantrekkelijke organisatie afkomstig is. Een organisatie is aantrekkelijk:
- *Door de branche.* Veel kandidaten die in een bepaalde branche werkzaam zijn, willen graag in die branche blijven. Soms zitten zij wat betreft de inhoud van hun werk vast aan een bepaalde sector, zoals researchmedewerkers.
- *Door de bekendheid van de organisatie.* Bekende bedrijven hebben een streepje voor. Dit geldt niet per se alleen voor nationale of globale bekendheid, maar ook binnen een bepaalde regio of doelgroep.
- *Door de ligging van het bedrijf.* Passieve kandidaten denken niet snel aan verhuizen of veel verder gaan reizen voor hun werk. Zoeken in je regio kan daarom effectiever zijn. Daar zitten nog wel wat verschillen tussen: jongeren verhuizen eerder dan ouderen, gezinnen met jonge kinderen verhuizen eerder dan gezinnen met pubers. Kandidaten met (zeer) specifieke branchekennis zijn

eerder bereid te verhuizen omdat ze in hun eigen regio minder gemakkelijk een baan kunnen vinden. Ook internationaal gezien zijn er verschillen. In China verhuist men bijvoorbeeld sneller dan in Duitsland of het Verenigd Koninkrijk.

2 De boodschap

Passieve kandidaten zijn meer geïnteresseerd in de factoren die met de baan te maken hebben dan in algemene organisatiefactoren. Denk bijvoorbeeld aan de inhoud van de baan, het salaris en het carrièreperspectief.

3 De timing

Het is slim een passend moment te zoeken om mensen te benaderen. Ze zijn eerder geneigd na te denken over een andere baan wanneer ze ergens werken waar iets negatiefs gebeurt, bijvoorbeeld ontslagen, outsourcing of het vertrek van senior management. Er zijn ook momenten waarop mensen hun leven overdenken en openstaan voor andere (loopbaan)keuzes, zoals verjaardagen, rond de jaarwisseling, na de zomervakantie. Dit zijn goede momenten om hun een passend bericht te sturen met daarin ook de ontwikkelingen en plannen van het bedrijf en een link naar vacatures.

4 De boodschapper

Het is niet zo belangrijk wie er contact zoekt; dat kan een headhunter, recruiter of lijnmanager zijn. Het is wel belangrijk dat die persoon goed geïnformeerd is over de organisatie en de baan. Contacten onderhouden vraagt om een goede voorbereiding.

Lijnmanagers betrekken bij de contacten met (passieve) kandidaten

Lijnmanagers kennen de markt, spreken de taal van de markt, en weten wie de spelers zijn op de markt. Ze komen op plekken waar potentiële kandidaten zijn. Vaak zijn ze weinig betrokken bij het onderhouden en uitbouwen van het netwerk ten behoeve van werving. Ze zien de noodzaak er niet van in, of ze weten niet wat ze moeten doen en hoe ze de organisatie en de baan moeten 'verkopen'.

Een lijnmanager kan veel voor je betekenen in de contacten met je talentpool. Denk aan het uitwisselen van kennis over de markt en de spelers op de markt, aan het promoten van de organisatie en de baan op netwerkevenementen, of aan heel gericht e-mails sturen, sociale media inzetten of bellen namens de organisatie.

ONHANDIG GEDRAG

Lijnmanagers zijn vaak bevlogen over hun werk en organisatie. Ze kunnen er uren over praten, en dat doen ze dan ook… Voor werving is het juist handig om ook kandidaten te laten praten. Wat zou jij willen? Waar zou jij naar op zoek zijn?

Lijnmanagers vragen kandidaten: 'Waarom zou jij bij ons willen werken?' Voor passieve kandidaten kan dat een afknapper zijn: 'Hoezo, ik ben toch helemaal niet op zoek?' Met kandidaten en klanten werkt het heel vergelijkbaar. Als witgoedverkoper zou je een klant ook niet vragen: 'Waarom wil jij hier een wasmachine kopen?'

TABEL 5.5	Checklist werving passieve kandidaten.
Afbakening van de groep	Wie kent ons? Focus op kandidaten die de organisatie zouden kunnen kennen. Voor een landelijk bekende organisatie is dit niet echt een thema. Leg anders de focus op een regio of bepaald segment.
	Hoe gemakkelijk is de benodigde expertise in een andere branche toe te passen? Als dat eenvoudiger gaat (bijvoorbeeld voor financiële functies), is de pool ook voor kandidaten uit een andere branche interessant.
Kandidaten	Hoe is de verhuisbereidheid van een kandidaat? Wanneer een kandidaat vaardigheden heeft die in een andere branche toepasbaar zijn, zal hij minder snel bereid zijn te verhuizen. Hij kan dan eenvoudiger een baan in de buurt vinden.
	Hoe ziet de familiesituatie van de kandidaat eruit? Met kleine kinderen verhuist hij bijvoorbeeld gemakkelijker dan met grotere kinderen.
	Welke gebeurtenissen vonden plaats bij de organisatie van een kandidaat? Als bijvoorbeeld zijn baan op het spel staat, is hij eerder geïnteresseerd.
	Is in kaart gebracht welke passieve doelgroepen het geschiktst zijn voor benadering voor mogelijke vacatures (branche, organisatie, leeftijden, locatie, timing enzovoort)?
Boodschap	Is de boodschap van het bedrijf afgestemd op de interesse van passieve kandidaten? Is de boodschap overtuigend en zet deze aan tot actie?
	Zorgt de organisatie voor voldoende kennis over banen en organisatie bij degenen die passieve kandidaten benaderen voor banen (recruiters, lijnmanagers enzovoort)?
	Is er een feedbacksysteem waarmee kan worden gevolgd hoe de boodschap wordt ontvangen door passieve kandidaten?
Proces/ict	Is er een goed systeem om passieve kandidaten te volgen, en waarmee interne medewerkers op de hoogte kunnen blijven van de status van 'hun' kandidaten?
	Is er een goed proces om te bepalen welke kandidaten door wie en wanneer worden benaderd?
	Weet de organisatie hoe passieve kandidaten op de hoogte willen blijven (timing, communicatiekanalen, enzovoort)?
	Worden lijnmanagers betrokken bij de recruitment van passieve kandidaten? En wordt er gezorgd dat zij kun werk goed kunnen doen?
Referrals	Kennen medewerkers de (toekomstige) personele behoeften/vacatures binnen de organisatie?
	Kunnen medewerkers in eigen woorden aan anderen vertellen wat die behoeften zijn?
	Worden medewerkers gestimuleerd om mogelijke kandidaten aan te brengen?
Boemerang	Is er een goed exitinterview waarin wordt gefocust op in contact blijven met de persoon?
	Volgt de organisatie oud-werknemers? En zijn er manieren en middelen om contact te houden met oud-werknemers?
	Worden oud-werknemers betrokken bij de invulling van vacatures?
Net-niet-kandidaten	Worden kandidaten die het net niet zijn geworden in procedures geïdentificeerd wanneer ze potentieel zouden hebben voor toekomstige vacatures?
	Wordt er in het afwijzen van deze kandidaten rekening mee gehouden dat ze waardevol zijn voor de toekomst?
	Wordt er contact onderhouden met deze kandidaten voor mogelijke rollen in de toekomst?

5.4.8 Werven via evenementen

De ingenieurs uit de organisatie van Guus bezoeken veel internationale congressen op hun vakgebied. Daar ontmoeten ze veel mogelijke kandidaten voor vacatures van hun organisatie, maar eigenlijk doen ze daar weinig mee. Onlangs organiseerde het bedrijf een bijeenkomst voor vakgenoten onder leiding van een inspirerende hoogleraar. Onder de bezoekers zouden vast ook mensen zijn die toekomstige collega's kunnen worden.

Het organiseren van en/of deelnemen aan evenementen geeft je de kans om nieuwe kandidaten te ontmoeten voor je vacatures en om je werkgeversmerk neer te zetten. Niet alle evenementen zijn echter even effectief voor recruitmentdoelstellingen. Het is daarom goed een onderscheid te maken tussen twee soorten evenementen, namelijk recruitmentevenementen en business- en salesevenementen.

Recruitmentevenementen

Recruitmentevenementen worden georganiseerd om kennis te maken met potentiële kandidaten en om deze kandidaten de mogelijkheid te bieden jouw organisatie te leren kennen. Deze evenementen worden veelal bezocht door mensen die actief op zoek zijn naar een nieuwe baan. Voor het zoeken naar passieve kandidaten zijn deze evenementen minder geschikt.

Uit onderzoek van de Intelligence Group blijkt dat het een medium is dat door minder dan 10% van de actieve banenzoekers wordt gebruikt om een baan te vinden. De belangrijkste doelgroep voor recruitmentevenementen is de studentenarbeidsmarkt.

Extern georganiseerde recruitmentevenementen

Evenementen moeten passen bij wat je als bedrijf wilt uitstralen, bij je employer brand en bij de doelgroepen die je zoekt. De uitstraling van het evenement en de doelgroep waarop het zich richt, horen bij elkaar aan te sluiten.

Enkele bekende evenementen zijn:
- De nationale Carrièrebeurs en Nederlandse carrièredagen (jobnet). Vooral gericht op starters en (jonge) professionals. Zie ook http://www.carriere-beurs.nl.
- Regionale banenbeurzen met een brede doelgroep, van mbo tot wo. http://www.banenbeurs.eu.

Eigen recruitmentevenementen

Het organiseren van inhouse-recruitmentevenementen wordt door organisaties vooral voor de werving van jong talent onder studenten ingezet: een afgebakende doelgroep die actief op zoek is. In hoofdstuk 4 staat in de openingscase de tech-dag beschreven die defensie organiseert voor startende mbo- en hbo-technici.

Voor een doelgroep die al werkzaam is, zijn inhouse-recruitmentevenementen wat minder geschikt. Mensen die ergens werken willen over het algemeen niet in de 'openbaarheid' laten zien dat zij zich oriënteren op andere werkgevers en banen.

Voorbeelden van inhouse-evenementen zijn:

- Businesscourses, masterclasses, strategy groups (algemene wervingsevenementen gericht op een brede doelgroep).
- Inhouse-dagen of -lunches: een korte kennismaking met een vaak meer specifieke doelgroep. Denk aan een 'legal lunch lounge' voor een advocatenkantoor.
- Individuele evenementen: denk aan 'een dag uit het leven van', door Heineken georganiseerd voor het aantrekken van vrouwelijk toptalent. De vrouwen konden een dag meelopen met vrouwelijke managers.

Voor meer inspiratie, zie: www.business-courses.nl/overons-overzicht/10.

De voordelen van het organiseren van eigen evenementen zijn:

- Je hebt de regie in eigen hand. Je kunt een beleving creëren die past bij je doelgroep en met de mensen en middelen die je graag neerzet, met een doelgerichte selectie van kandidaten.
- De studentenwereld is klein. Wanneer de businesscourse goed is, is er veel mond-tot-mondreclame.
- Het is een goede manier om (vroegtijdig) goede kandidaten te scouten en op te nemen in een talentpool.

De nadelen van het organiseren van eigen evenementen zijn:

- Het is duur en vraagt veel tijd om een goed evenement te ontwikkelen, en het vraagt om een uitgekiende marketing om de juiste doelgroep aan te trekken.
- Wanneer de markt krap is, worden evenementen voor steeds jongere doelgroepen georganiseerd. Organisaties proberen kandidaten in een zo vroeg mogelijk stadium te interesseren voor hun branche of organisatie, om voldoende aanwas te krijgen. De vraag is of dit nog effectief is.

VOORBEELD: WERKEN IN DE BINNENVAART

'Kom naar de dag van de binnenvaart!' Een tv-commercial tussen de kinderprogramma's voor een doelgroep van acht tot twaalf jaar. De branche verwacht een groot tekort aan personeel en wil graag invloed uitoefenen op de schoolkeuze van basisschoolleerlingen. De kans dat deze doelgroep door deze commercials en open dagen uiteindelijk voor de binnenvaart kiest, is erg klein. Je kunt dan ook vraagtekens zetten bij deze aanpak wanneer je die inzet voor werving.

Business- en salesevenementen

Medewerkers nemen deel aan verschillende business- en salesevenementen of organiseren zelf dit soort evenementen. Denk aan vakbeurzen, symposia, trainingen en opleidingen, of niet-professionele evenementen als sportsponsoring. Deze evenementen hebben een ander doel dan werving van personeel, maar zouden best ingezet kunnen worden voor employer branding en/of het aantrekken van nieuw personeel.

Check op welke evenementen jouw mogelijke wervingsdoelgroep aanwezig zou kunnen zijn, en kijk hoe je employer branding of werving van deze specifieke doelgroep mee zou kunnen nemen in de evenementen.

Enkele voorbeelden:

- Kijk of je gastheer kunt zijn voor (delen van) opleidingen die medewerkers volgen. Denk bijvoorbeeld aan een opleiding voor certificering voor een technisch beroep. Wanneer je de klas van een medewerker uitnodigt voor een rondleiding, presentatie of les op locatie, geeft je dat ook de kans het bedrijf aan een heel specifieke werknemersgroep te laten zien.
- Kijk hoe medewerkers die presentaties en lezingen geven op symposia of trainingen werkgeversinformatie kunnen verwerken in hun presentatie. Maak standaard slides of filmpjes die zij in hun presentatie kunnen opnemen, of zorg dat ze gegevens over het bedrijf makkelijk beschikbaar hebben.
- Maak medewerkers die symposia bezoeken ervan bewust dat alle andere bezoekers mogelijke kandidaten kunnen zijn. Zorg dat zij geïnformeerd zijn over openstaande vacatures en mogelijkheden binnen het bedrijf. Een R&D-organisatie zorgde ervoor dat medewerkers die congressen bezochten interessante vacatures in hun mailbox kregen, zodat ze die meteen konden doorsturen aan de mensen die ze ontmoetten.
- Organiseer een businessevenement dat interessant is voor de potentiële wervingsdoelgroep. Een *fast moving consumer goods*-organisatie zocht zeer regelmatig nieuwe salesmanagers. Zij organiseerde een minicongres onder leiding van een hoogleraar over optimalisatie van de *supply chain* in de fast moving consumer goods en nodigde daarvoor toeleveranciers, afnemers en sales managers uit aanverwante bedrijfstakken uit. Dit diende niet alleen om mee te denken over ketenoptimalisatie, maar ook om het bedrijf als mogelijke werkgever neer te zetten bij deze doelgroep en een netwerk van potentiële kandidaten op te bouwen.
- Maak van sponsorprojecten wervingstrajecten. Een organisatie als uitzendbureau Randstad sponsort bijvoorbeeld topsporters en de Olympische Spelen, maar tegelijk werft het hoogopgeleid talent onder de topsporters als werkgevers met een topsportvriendelijk klimaat binnen de organisatie.

5.4.9 Prijzen en awards

'Wij zijn de beste werkgever van Nederland!' Wat zegt dat? Hoe belangrijk zijn die posities in je arbeidsmarktcommunicatie? Negentig procent van de banenzoekers gebruikt de lijsten niet.

Voor werkgevers zijn er tientallen 'beste werkgevers'-lijsten. Voor veel grote organisaties zijn de lijstjes heilig. Voor recruitment is het een doelstelling om in de top van deze lijsten terecht komen, als 'bewijs' van een goed imago. Maar hoe effectief zijn deze inspanningen om hoog in de lijst terecht te komen voor het aantrekken van nieuwe kandidaten?

Slechts een op de tien werkzoekenden gebruikt de werkgeverslijstjes wanneer ze een andere baan zoeken, blijkt uit onderzoek van Intelligence Group. Wanneer je niet in de lijsten staat als organisatie, heeft dat op 90% van de kandidaten geen invloed. Een op de acht vindt de lijsten geloofwaardig wanneer ze in arbeidscommunicatie worden genoemd; een laag aantal. Ongeveer twee op de vijf vinden de rankings ongeloofwaardig.

Het al dan niet voorkomen in de lijsten lijkt voor de beleving van werkzoekenden niet veel uit te maken. Het is wellicht vooral interessant voor de ken- en stuurgetallen waarop de recruitmentafdeling wordt afgerekend (zie hoofdstuk 8).

Wat verklaart posities op de lijst?

De positie op de lijst is afhankelijk van de inhoud van de vragenlijst, degene aan wie de vragenlijst is voorgelegd, de financiële positie van het bedrijf, reorganisaties binnen het bedrijf of de sector, het toekomstperspectief van de organisatie en branche. Door de vele factoren die van invloed zijn op de manier waarop de lijsten worden samengesteld, zijn de uitkomsten niet met elkaar te vergelijken. Zo wordt de lijst van Effectory samengesteld uit door huidige werknemers ingevulde enquêtes, en de lijst van de Intelligence Group uit reacties van de beroepsbevolking.

| TABEL 5.6 | Beste werkgeverslijsten. | | |

GREAT PLACE TO WORK / ELSEVIER	SATISACTION / NRC CARRIÈRE	EFFECTORY / INTERMEDIAIR
Beste werkgever 2015	Beste werkgever 2014	Beste werkgever 2014
Novo Nordisck bv	Accenture	Buurtzorg
SAS Nederland	Ormit	JP van den Bent stichting
Kindergarten	IG&H Consulting & Interim	Van der Lande
Call2	Enexis bv	Landal Greenparks
Kimberley Clark NL	TOP desk	Schiphol
AbbVie	Achmea	KLM
Coöperatie Dela	Delta Loyd	Hutten
Unique	Shell	Ons tweede huis
Medtronic	Winvision	Brunel
Netapp	Strict	ASVZ
Adecco	Bartosz ICT	Meander groep
EMC	Macaw	Volker rail
H&M	Sioux	Baalderborg Groep
Fedex Express	Mirabeau	Van Haren
Ajilon	Caesar Experts	Scania

5.5 Werven van specifieke doelgroepen

5.5.1 Werven van starters

Omdat Guus de ingenieurs niet gemakkelijk kan vinden, heeft hij besloten starters aan te trekken. Die gaat de organisatie zelf opleiden tot projectmanagers. Guus maakt samen met een aantal collega's een plan om studenten op de hogescholen en universiteiten te interesseren voor zijn organisatie.

Wervingskanalen voor starters

Zes van de tien hbo- en wo-studenten bereiden zich actief voor op de arbeidsmarkt. Ze praten met medestudenten over mogelijkheden, kijken op sociale media en op vacaturesites naar banen en maken een LinkedIn-profiel aan.

Waar kun je rekening mee houden?

- Studenten zijn op zoek naar informatie hoe en waar ze het beste kunnen zoeken. De online informatie en het aanbod zijn voor veel studenten ondoorgrondelijk. Er zijn veel organisaties en bedrijven actief op deze markt.
- Daarnaast willen studenten graag weten hoe ze een interview moeten voeren. Studenten zijn vaak onzeker over solliciteren en de manier waarop bedrijven selecteren, en over hoe zij zichzelf kunnen profileren. Het is slim informatie over solliciteren en selecteren op de website te vermelden. Welke criteria hanteert de organisatie, hoe verloopt de sollicitatie procedure? Enzovoort.
- Studenten zijn als doelgroep meer betrokken bij het gebruik van sociale media dan andere doelgroepen. Dat geldt vooral voor Nederlandse studenten; in andere landen ligt het gebruik van bijvoorbeeld LinkedIn veel lager. En studenten zijn 50% actiever met solliciteren via mobiel dan gemiddeld (onderzoek LinkedIn, 2014).
- Topstudenten willen graag gevonden worden. Ze profileren zich onder andere via hun universiteit en in het alumninetwerk van de universiteit, in vakgroepen, alumninetwerken van studentenverenigingen. Ze volgen *thought leaders*, en zijn actief binnen discussies.

Campusrecruiters

Veel grote organisaties werken met **campusrecruiters**. Deze recruiters richten zich speciaal op het werven van stagiaires en starters op master- en bachelorniveau. Studenten zijn erg gevoelig voor de indruk die campusrecruiters op hen maken. Is de eerste indruk verkeerd, dan geeft 40% aan geen interesse meer in de organisatie te hebben, zo blijkt uit onderzoek van Integrand. Een glad pr-verhaal wordt door studenten gewantrouwd. Een authentiek verhaal dat persoonlijk wordt gegeven, wordt betrouwbaarder gevonden.

Organisaties op het gebied van studentrecruitment

Zoals gezegd, er zijn zeer veel organisaties (online) actief op de arbeidsmarkt van starters. Een uitputtende lijst is onmogelijk te geven. De volgende instituten bestaan al lang en hebben inmiddels hun diensten bewezen.

- Integrand: een academisch stagebemiddelingsbureau gerund door studenten.
- Aeisec: een wereldwijd studentennetwerk, met carrièrebeurzen en internationale stages.

- Faculteitsverenigingen: studentenverenigingen, verbonden aan de faculteiten en hogescholen, organiseren evenementen voor studenten, zoals carrièredagen en bedrijfsbezoeken. Faculteitsverenigingen variëren van klein tot zeer groot; zo organiseert de Economische Faculteitsvereniging in Rotterdam jaarlijks de Erasmus Recruitment Days, het grootste on-campus recruitment evenement van Europa.
- Werving- en selectiebureaus: de bekendste zijn YER en Ebbinge & Company. Zij werken met talentscouts, door hen geselecteerde topstudenten die andere studenten aandragen. Beide organisaties verrichten ook algemene en bedrijfs- specifieke studentenarbeidsmarktonderzoeken.

5.5.2 Werven van oudere werknemers

Uit onderzoek van het uwv blijkt dat in 2010 slechts 2% van de vacatures door 55-plus- sers werd vervuld, terwijl 22% van de werkzoekenden uit deze leeftijdscategorie kwam. Bedrijven focussen in hun werving vaak op jongeren, terwijl het werven van oudere werknemers een uitstekend alternatief kan zijn. De overheid stimuleert het aannemen van ouderen door fiscale voordelen voor bedrijven die hen in dienst nemen. Denk daarbij aan een mobiliteitsbonus of compensatieregeling als ouderen uitvallen. Soms lijken echter (voor)oordelen over ouderen hardnekkig.

Jongeren en ouderen denken vaak anders over elkaar. Deze onzichtbare (voor)oordelen kunnen bij de werving en selectie over en weer een belangrijke rol spelen. Het kan objec- tiviteit in de weg staan. Reden om er kort bij stil te staan. Uit onderzoek van het cbs (2014, 'Oordelen over jongere en oudere werknemers') blijkt dat oudere werknemers over het algemeen worden gezien als stressbestendiger, loyaler en duurder. Jongere werknemers kunnen beter overweg met technologie en zijn flexibeler dan ouderen. De meningen hangen sterk samen met de leeftijd van de beoordelaar. Mensen zijn positiever over hun eigen leeftijdsgroep. Ook speelt het opleidingsniveau een rol bij de perceptie van werkne- mers. Over het algemeen hebben hoger opgeleiden een positiever beeld van jongere werk- nemers en een negatiever beeld van oudere werknemers. Sommige zaken zijn wel gelijk: bijvoorbeeld nauwkeurig werken en de bereidheid tot het volgen van opleidingen.

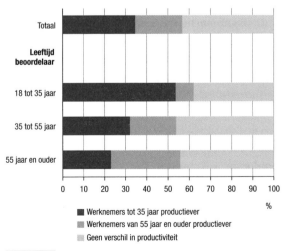

FIGUUR 5.6 *Ouderen zijn minder productief volgens jongeren (CBS, 2014).*

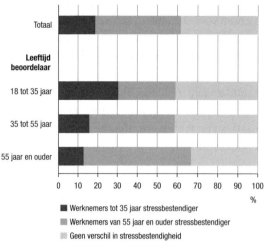

Leeftijd beoordelaar

- 18 tot 35 jaar
- 35 tot 55 jaar
- 55 jaar en ouder

0 10 20 30 40 50 60 70 80 90 100
%

■ Werknemers tot 35 jaar stressbestendiger
■ Werknemers van 55 jaar en ouder stressbestendiger
■ Geen verschil in stressbestendigheid

FIGUUR 5.7 *Ouderen zijn meer stressbestendig volgens 40% van mensen (CBS, 2014).*

Het Researchcentrum voor Onderwijs en Arbeidsmarkt (ROA) heeft onderzoek gedaan naar oudere werknemers (2015). Bij veel werkgevers overheerst de gedachte dat leeftijd een negatieve invloed heeft op werkprestaties. Zij investeren liever niet meer in ouderen, ook omdat de 'terugverdientijd' als te kort wordt gezien. Maar daarbij wordt vergeten dat jongere werknemers sneller vertrekken. De kans dat iemand van 50 nog 15 jaar bij dezelfde werkgever blijft, is groter dan de kans dat iemand van 30 nog 15 jaar bij dezelfde werkgever blijft.

Uit onderzoek van CBS en TNO (2013) blijkt dat oudere werknemers vaker enthousiast zijn over hun baan dan hun jongere werknemers. Driekwart van de 50-plussers is enthousiast, tegenover twee derde van de andere werknemers.

De Amerikaanse Recruiting Roundtable deed onderzoek naar de waarden die mensen belangrijk vinden bij het zoeken naar een nieuwe werkgever. Van de 23- tot 29-jarigen gaf bijna de helft aan dat *future career opportunities* in de top 5 van belangrijkste waarden staat. Bij de 50- tot 59-jarigen gaf één op de vijf aan dat dit in hun top 5 staat. Stabiliteit van de organisatie en pensioenen scoren daarentegen weer hoger bij ouderen. Wanneer je organisatie weinig doorgroeimogelijkheden heeft maar wel veel zekerheden kan bieden, zou de interesse van ouderen wellicht beter aansluiten bij de kernwaarden van de organisatie dan de interesse van jongeren.

5.5.3 Internationaal recruitment

Wanneer nationaal de mensen niet op de door jou gewenste voorwaarden te vinden zijn, kun je als alternatief internationaal gaan rekruteren. Dat kan bijvoorbeeld zijn omdat je zeer specifieke kennis of vaardigheden nodig hebt, zoals salesvaardigheden voor de Italiaanse markt, maar ook omdat de mensen er in Nederland simpelweg niet zijn. Denk aan technisch personeel dat om die reden geworven wordt in Oost-Europa of Azië. Voordat je internationaal gaat werven en selecteren, zul je wel je huiswerk moeten doen.

Waar ga je werven?

Je zult kritisch moeten kijken in welk land je gaat werven. Er is een aantal factoren om rekening mee te houden:

- Zijn er grote verschillen in taal en cultuur? Die kunnen een succesvolle werving en onboarding in de weg staan. Denk bijvoorbeeld aan verpleegkundigen uit de Filippijnen die in Nederlandse ziekenhuizen gaan werken: het zal extra aandacht vragen om hen op een goede manier hun werk te laten doen (zie hoofdstuk 7 over onboarding).
- Is er (op termijn) voldoende aanbod van jouw doelgroep? Wanneer je een wervingstraject opzet om ict-specialisten in Duitsland te rekruteren, is het verstandig om te kijken hoe het aanbod van technici zich daar ontwikkelt. Wanneer er ook daar grote tekorten zijn, zul je een bijzonder aantrekkelijk perspectief moeten kunnen bieden om hen naar Nederland te halen, anders kun je je beter richten op een ander land.
- Zijn er juridische belemmeringen? Nederland heeft bijvoorbeeld strenge regelgeving op het gebied van immigratie van buiten de Europese Unie.

EEN VOORBEELD: ICT-SPECIALISTEN

Je bent op zoek naar specifieke ict-specialisten. In Nederland zijn deze professionals niet te vinden. Uit data van Eurostat (2014) blijkt dat er in West- en Noord-Europa grote tekorten zijn, tot zo'n 70.000 werknemers. Het is verstandig om je op Zuid- en Oost-Europa te richten. Binnen deze landen kun je voor jouw doelgroepsegment specifieke arbeidsmarktdata kopen. Bijvoorbeeld: waar wordt jouw doelgroep opgeleid?

Zie ook de figuur over het aantal ict-professionals in paragraaf 2.3.1.

Wie ga je werven?

Wanneer duidelijk is op welke doelgroep je je gaat richten, breng je die groep in kaart. Wil men in het buitenland werken? Waar willen mensen naartoe? Onder welke condities? Wat vinden ze belangrijk wanneer ze naar het buitenland gaan?

Gaan ze voor het avontuur, een beter salaris, meer opleidingsmogelijkheden, een betere baan? Willen ze nieuwe mensen en culturen leren kennen? Is de betrouwbaarheid, financiële stabiliteit of grootte van de werkgever van belang? De kwaliteit van de leidinggevende, de inhoud van de baan?

EEN VOORBEELD: ICT-SPECIALISTEN

Je brengt je doelgroep in kaart. Wanneer je naar onderstaande grafiek kijkt, lijkt het eenvoudiger om Spaanse kandidaten te vinden die naar Nederland willen verhuizen dan bijvoorbeeld Franse of Oostenrijkse kandidaten.

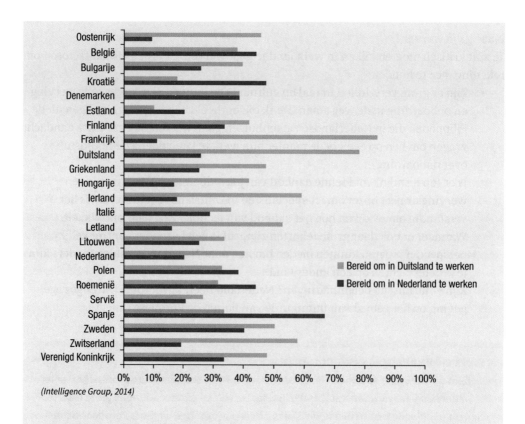

Oostenrijk	
België	
Bulgarije	
Kroatië	
Denemarken	
Estland	
Finland	
Frankrijk	
Duitsland	
Griekenland	
Hongarije	
Ierland	
Italië	
Letland	
Litouwen	
Nederland	
Polen	■ Bereid om in Duitsland te werken
Roemenië	■ Bereid om in Nederland te werken
Servië	
Spanje	
Zweden	
Zwitserland	
Verenigd Koninkrijk	

0%   10%   20%   30%   40%   50%   60%   70%   80%   90%   100%

(Intelligence Group, 2014)

Universum deed internationaal onderzoek naar technische starters op de arbeidsmarkt (2015, *Talent attraction in the tech industry*). Zie hiervoor de figuur in paragraaf 3.4.5.

Het keek naar de carrièredoelstellingen en waarden die jonge starters belangrijk vinden. Daaruit bleek dat 55% een creatieve en dynamische werkomgeving zoekt, 49% een vriendelijke werkomgeving wil en 42% leiders zoekt die je kunnen ondersteunen in je ontwikkeling. Dit kun je meenemen in de ontwikkeling van je EVP. En daarop kun je je communicatie afstemmen.

Hoe ga je kandidaten bereiken?

De inhoud van je boodschap is natuurlijk belangrijk, maar ook welke kanalen je kiest. Wanneer je kandidaten zoekt die gericht zijn op internationale banen, kun je internationale media gebruiken; denk bijvoorbeeld aan expats die zijn uitgezonden door grote multinationals. Wanneer je kandidaten zoekt die nog niet rondkijken naar internationale banen, zul je lokale middelen en kanalen moeten kiezen.

In de manier waarop gezocht wordt, zitten per land veel verschillen. Italianen zullen in hun zoektocht eerder een headhunter of hun persoonlijke netwerk inschakelen, Duitsers kijken veel op jobboards, en starters in India laten zich leiden door het advies van hun ouders. Het vraagt om lokale expertise om de juiste middelen en kanalen uit te kiezen.

VOORBEELD: REGIO EINDHOVEN, CITYMARKETING

In de regio Eindhoven zijn er veel bedrijven en onderwijsinstellingen op het gebied van technologie, kennis en design. In deze regio is men voortdurend op zoek naar internationale (gespecialiseerde) technici, als student, promovendus of werknemer.

Het blijkt moeilijk om de doelgroepen aan te trekken, want die vinden Eindhoven niet zo aantrekkelijk. Het imago van de stad blijft achter. Er zal een aantal aspecten moeten verbeteren om aantrekkelijk te zijn voor de doelgroepen; denk bijvoorbeeld aan een gezellige binnenstad. De promotie van Eindhoven was voorheen heel versnipperd. Dat wordt nu beter gecoördineerd aangepakt in een citymarketingplan. De regio Eindhoven heeft de ambitie om in 2020 als creatieve innovatieregio een leidende positie in Europa en een top 10 positie wereldwijd te veroveren.

Vergelijkbare initiatieven zijn er ook voor andere regio's, zoals Twente.

(www.brainport.nl, www.twente.com)

Voorwaarden

Voor internationale werving moet je de basisvoorwaarden op orde hebben:

- Een Engelstalige website en communicatiemiddelen, eventueel aangevuld met materiaal in de lokale taal.
- *Think Global, Act Local*. Een bekend werkgeversmerk in Nederland is niet altijd een bekend merk in het buitenland. Zo werft FrieslandCampina in Nigeria onder het lokale merk 'Peak' van het bedrijf.
- Een goed recruitmentproces waarbij praktische zaken worden geregeld (zoals visa, werkvergunningen, huisvesting, inburgering, belastingen), het liefst met één aanspreekpunt voor de nieuwe internationale medewerker.

5.6 Checklist voor de werving voor vacatures

Met de lijnmanager en/of de hr-manager check je wat er nodig is om kandidaten te werven voor een specifieke vacature. Je stelt gezamenlijk vast welke middelen en kanalen je specifiek inzet, wie welke acties wanneer gaat ondernemen en wat de kosten daarvan zijn. Ook stel je vast wat de te verwachten resultaten zijn en wanneer je de acties evalueert. Op deze manier leg je de verwachtingen van lijnmanagement, hrm en recruitment goed vast.

Uitgangspunt voor de checklist (zie tabel 5.7) is een goede basis: een heldere EVP en wervend algemeen communicatiemateriaal.

TABEL 5.7 *Checklist voor de werving voor vacatures.*

	WELKE EN WANNEER?	KOSTEN	ACTIE-HOUDER
Middelen en materialen			
Job branding	Wervende vacaturetekst		
Communicatiemateriaal	Voor specifieke (groep van) vacatures te ontwikkelen materiaal		
Kanalen			
Publicatie online	Algemene vacaturesite/e-mailservice vacaturesite		
	Nichevacaturesite		
	Google Search Engine Advertising		
	Publicatie op eigen website, online nieuwsbrief, RSS-feed enzovoort		
Publicatie papier	Dagbladen		
	Vakbladen		
	Huis-aan-huisbladen		
Referrals	Via netwerk huidige werknemers		
	Via netwerk stakeholders		
Boemerangrecruitment	Inzet netwerk oud-werknemers		
Talentpool	Onder andere eerder afgewezen goede kandidaten		
Sociale media	Via Facebook, LinkedIn, Twitter		
	Via blog, vlog		
Intermediairs	Headhunters, wervings- en selectiebureaus		
	Uitzendbureau		
	Detachering/zzp-bemiddeling		
Evenementen	Businessevents		
	Carrièrebeurs		
	Eigen event/open dag		
Campusrecruitment	Via onder andere stage of meeloopdag		
Internationaal	Diversen (samenwerking andere bedrijven, marketing van de regio enzovoort)		
Overig	Doelgroepspecifieke kanalen		
Evaluatie	Rendement van acties en voortgang		

5.7 Samenvatting

Complexiteit en urgentie: actieve en passieve kandidaten

De arbeidsmarkt en de urgentie om vacatures in te vullen zijn bepalend voor je recruitmentplan. Hoe ingewikkeld is het om iemand te vinden? En hoe urgent is het om iemand te vinden? Wanneer het ingewikkeld is en je veel haast hebt om de vacature in te vullen, zul je alles uit de kast halen om kandidaten te vinden. Je benadert dan niet alleen kandidaten die actief op zoek zijn naar een baan, maar ook de passieve en latente kandidaten.

Recruitmentcommunicatieplan

In je recruitmentplan staan de doelstellingen voor recruitment, je communicatieplan met daarin de branding (hoofdstuk 4) en de inzet van middelen en kanalen waarmee je mensen gaat rekruteren. Je maakt een wervingsaanpak voor actieve kandidaten en voor passieve kandidaten.

Actieve kandidaten werven

Om actieve kandidaten te werven zullen zij:
- jouw baan en/of organisatie moeten vinden;
- jouw baan en/of organisatie aantrekkelijk en geloofwaardig moeten vinden;
- besluiten te solliciteren.

Je zult de voorwaarden om dit te bereiken op orde moeten hebben: denk aan het inzetten van de juiste kanalen, vindbaar zijn via Google, beschikken over een authentiek verhaal en een informatieve en aantrekkelijke website, en de juiste zaken voor een hoge conversie oppakken.

Passieve kandidaten werven

Kanalen die je kiest om passieve en latente kandidaten te werven zijn niet uitsluitend bedoeld voor hen. Je werft er ook actieve kandidaten mee.
- Inzet van sociale media. Om sociale media effectief in te zetten, zul je helder voor ogen moeten hebben wat je doelstellingen zijn en welke strategie je volgt. Wil je een netwerk opbouwen met potentiële kandidaten, vacatures onder de aandacht brengen, werven, kennis uitwisselen? Voorwaarde om succesvol te zijn: je basiscommunicatie (waaronder je website en job brands) op orde hebben, en een realistisch beeld hebben van de tijd en energie die jij en je collega's in sociale media kunnen steken.
- Inzet van referral recruitment. Het werven van kandidaten via medewerkers of andere stakeholders van je organisatie is een krachtig middel, zeker voor de retentie van nieuwe medewerkers. Een goed referralprogramma vraagt om permanente aandacht bij werknemers, een breed draagvlak binnen de organisatie en bij de directie, een goede ondersteuning door ict en tijdige evaluatie en aanpassingen.
- Andere middelen. Boemerangrecruitment (gericht op oud-werknemers), 'silver medalists' (net-niet-kandidaten), magneetrecruitment (talent aantrekken door rolmodellen in te huren), cv's zoeken op het web, en prijzen en awards.

Talentpools bouwen

Recruitment wordt proactiever door het opbouwen van een actief netwerk met potentiële kandidaten om hen te benaderen voor huidige en toekomstige vacatures. Bij het opbouwen en onderhouden van de talentpool is het belangrijk om rekening te houden met de aansluiting met de kandidaten, vooral met betrekking tot hun interesse voor de organisatie, de boodschap, de timing en de boodschapper. Lijnmanagers en collega's inzetten om de talentpool te onderhouden is een voorwaarde voor succes, evenals goede technische support (bijvoorbeeld online sociale media).

Werving via evenementen

Je kunt actieve en passieve kandidaten werven via recruitmentevenementen en algemene evenementen.

Werving van specifieke doelgroepen

Iedere doelgroep vraagt zijn eigen aanpak en strategie. In dit hoofdstuk zijn drie doelgroepen eruit gelicht, namelijk studenten/starters, ouderen en potentiële kandidaten over de grens (internationaal recruitment).

5.8 Opdrachten

 Kennisvragen

1. Recruiters hebben over het algemeen veel vacatures op hun bord. Dat betekent dat je prioriteiten moet stellen. Sommige vacatures hebben meer prioriteit dan andere. Welke argumenten zou jij gebruiken om een manager uit te leggen dat zijn vacature minder prioriteit voor je heeft?

2. Er zijn drie factoren van belang bij de werving van actieve kandidaten: ze moeten jouw baan kunnen vinden, ze moeten de baan aantrekkelijk vinden, en ze moeten besluiten te solliciteren. Beschrijf bij elke factor acties die jij als recruiter kunt ondernemen om dat voor elkaar te krijgen.

3. Kijk eens naar de volgende uitspraak: 'Ik vertrouw mijn onlinevrienden meer dan de traditionele media.' Wat betekent dit voor recruitment?

4. Sociale media zijn voortdurend in ontwikkeling. Hoe zie jij de toekomst van sociale media binnen recruitment?

5. Referralprogramma's zijn krachtige instrumenten, maar mislukken nogal eens. Waarom? Aan welke voorwaarden moet een goed referralprogramma voldoen?

6. Wanneer je een talentpool wilt opzetten, kun je een headhunter of een andere partij vragen kandidaten voor je te benaderen. Zou je dat aan een andere partij overlaten, of zou je het zelf willen doen? Waarom? Onder welke voorwaarden zou je het uitbesteden?

7. De Amerikaan David Sullivan heeft het over poaching, het 'stropen' naar goede kandidaten. Volgens Sullivan zijn Nederlandse recruiters te aardig in de 'war for

talent'. Je moet vechten om goede mensen binnen te krijgen. Ben jij het met hem
eens? Waarom wel of waarom niet?

8. Wat speelt een rol bij de beslissing om internationaal te gaan werven?

 # Cases

CASE 1   REKRUTEREN VAN JURIDISCHE STUDENTEN

Je werkt als recruiter voor een groot advocatenkantoor in Amsterdam. Samen met de communi-
catiemanager heb je veel tijd gestoken in een wervend verhaal over je organisatie, aansprekende
vacatures geschreven, een pakkende website gemaakt en het profiel op LinkedIn aangepast. Dat
was ook wel nodig, want de arbeidsmarkt van juristen wordt steeds krapper.

Er worden ieder jaar tien rechtenstudenten geworven om te starten als advocaat. Tot nu toe
lukte dat aardig met advertenties, maar ze zijn steeds moeilijker te vinden. Je besluit een nieuwe
wervingsaanpak te maken. Wat zou je doen om deze groep te werven?

CASE 2   WERVEN VAN DIVERSE DOELGROEPEN

Mark heeft een grote tuinderij en zoekt voor de periode mei-oktober vijftig seizoenswerkers. Dat
doet hij eigenlijk altijd via het uitzendbureau. Dat levert scholieren op, oudere huisvrouwen die
een bijbaantje voor een paar uur per week zoeken, krachten uit Polen. Het uitzendbureau is echter
best duur, en daarom wil hij zelf gaan zoeken. Omdat hij weet dat het lastig zal zijn die mensen te
vinden, heeft hij jou gevraagd hoe hij die mensen het best kan werven. Wat zou jouw advies zijn?

Hoofdstuk 6
Selectiestrategie

De geschiktste kandidaat voor de organisatie en functie

 Leerdoelen

Nadat je dit hoofdstuk hebt gelezen, moet je het volgende kunnen:
- verschillende selectiemiddelen beschrijven en hun validiteit en inzetbaarheid kennen: denk aan interviews, assessments en referenties;
- weten hoe je een passend selectieproces maakt;
- de STARR-methode en het competentiegericht interview kennen;
- weten wat van belang is voor een goed aanbod aan kandidaten.

 Openingscase

Selectie van rechters bij de rechterlijke macht

De rechterlijke macht

In Nederland werken ongeveer 2.400 rechters. Rechters hebben een grote verantwoordelijkheid en moeten soms verstrekkende beslissingen nemen. Daarbij kijken de media vaak mee. Er worden daarom zeer hoge eisen gesteld aan mensen die rechter willen worden. De selectieprocedure is intensief en grondig.

Wie rechter wil worden, moet de studie Nederlands recht afgerond hebben. Na minimaal twee jaar als jurist (bijvoorbeeld als advocaat) in de praktijk te hebben gewerkt, kun je solliciteren om rechter in opleiding (RIO) te worden. Dit is een interne opleiding die vier jaar duurt. De opleiding bestaat uit cursussen, en een praktijkopleiding. Zo maak je zelf vonnissen en neem je zelf deel aan zittingen als rechterplaatsvervanger. Op cursussen verdiep je je juridische kennis, maar leer je ook vaardigheden als omgaan met burgers op zittingen, ondervragen van getuigen en schrijven van vonnissen. Meer ervaren juristen kunnen een opleiding volgen die maximaal drie jaar duurt.

Eisen aan selectie

Voor de selectie van kandidaten voor de opleiding wordt gebruikgemaakt van een getrapt selectieproces. Dit selectieproces is in samenwerking met de Erasmus Universiteit en een assessmentbureau ontwikkeld. De profielbeschrijving van de functie van rechter is de basis voor het proces. Daarin staan de eisen voor de functie. Op het internet is dit functieprofiel in te zien.

De in te zetten selectie-instrumenten en -methoden moeten betrouwbaar en valide zijn. Daarnast zijn andere factoren van belang, zoals snelheid. In het verleden nam het selectieproces zoveel tijd in beslag dat veelbelovende kandidaten onderweg afhaakten en voor een andere baan kozen. Naast snelheid zijn efficiency en kosten belangrijke factoren. Een doordachte en efficiënte opbouw van het selectieproces bespaart veel geld. Een belangrijke voorwaarde voor succesvol functioneren als rechter is bijvoorbeeld een goed ontwikkeld analytisch vermogen. Door analytisch vermogen helemaal voorin het proces in kaart te brengen, vallen mensen met minder kans van slagen al in een vroeg stadium af.

Het selectieproces

Het proces ziet er als volgt uit:

1. *Melding vacature*: Een rechtbank of gerechtshof meldt een vacature bij de LSR (Landelijke Selectiecommissie Rechters). De LSR is een commissie waarin zowel juristen die werkzaam zijn binnen de rechtspraak, als 'gewone' burgers zitten.
2. *Briefselectie*: De LSR werft en doet de eerste briefselectie. Bij de briefselectie wordt geselecteerd op harde criteria, zoals de opleidingseis (afronding studie Nederlands recht) en werkervaring.
3. *Pre-assessment*: na de briefselectie volgt een pre-assessment met daarin een analytische test, gericht op abstractievermogen en verbaal analytisch redeneervermogen. Om door deze selectiefase heen te komen dient de kandidaat een score te behalen die boven een vaste grens ligt.
4. *Eerste gesprekken*: Wanneer de kandidaat aan die norm heeft voldaan, volgt een kort gesprek met drie mensen: iemand van de LSR, iemand van de rechtbank waar de vacature is en een zogenaamde procesbewaker. Deze laatste let onder andere op de uniformiteit in de gesprekken met de verschillende kandidaten. Er wordt gewerkt met een vast lijstje met onderwerpen en een vast beoordelingsformulier als leidraad.
5. *Uitgebreid assessment* (ongeveer één dag): bij positieve gesprekken volgt een uitgebreid assessment bij het assessmentbureau. Dit assessment is zo samengesteld dat er vanuit verschillende perspectieven informatie wordt verzameld:
   – Er worden vragenlijsten aangeboden die inzicht geven in persoonlijkheidskenmerken en mogelijke risico's op ontsporingen.
   – Motivatie en beïnvloedingsstijlen worden in kaart gebracht.
   – Het programma omvat testen op taalgevoel en logisch redeneren.
   – De deelnemer doorloopt een digitale game: een simulatie gericht op het kunnen omgaan met een overload aan informatie en het effectief blijven oordelen onder druk.
   – Er is een dilemmatest in het programma opgenomen, waarin de deelnemer een aantal morele dilemma's krijgt voorgelegd.
   – Een belangrijk onderdeel is ten slotte een diepgaand gesprek met een psycholoog, waarin onder andere integriteit aan de orde komt. De assessmentadviseur integreert alle gegevens in een eindverslag en een advies aan de LSR.

6. *Drie vervolggesprekken*: Deze gesprekken worden gevoerd met duo's, dus in totaal met zes mensen van de LSR. Van die zes zijn er drie afkomstig uit de rechtspraak en drie van buiten de rechtspraak. Voor ieder van die gesprekken is er weer een van tevoren vastgestelde agenda en een vast beoordelingsformulier. Na afloop worden die beoordelingsformulieren binnen de LSR besproken en wordt – mede op basis van de uitkomsten van het assessment – beslist welke kandidaten geschikt zijn.
7. *Voordracht aan de rechtbank*: De kandidaten worden voorgesteld aan de rechtbank waar de vacature is. Daar volgt nog een selectie door de rechtbank zelf.

Kortom, een zeer uitgebreide procedure die uiteindelijk uitmondt in benoeming door de kroon.

Meegroeien met veranderingen

De opleiding voor rechters wordt regelmatig grondig onder de loep genomen en aangepast. Men kijkt naar het rendement van de opleiding en de afvallers tijdens het programma en anticipeert op maatschappelijke veranderingen die hun effect hebben op het vak.

Op basis daarvan is er recent een nieuwe RIO-opleiding ontwikkeld. Voorheen had de opleiding een standaard opbouw. In de nieuwe opzet zijn de inhoud en duur van de opleiding gebaseerd op de al opgedane werkervaring, de eigen leerbehoefte en de behoefte van de rechtbank. Na de selectie wordt tijdens een intakegesprek een op maatwerk gemaakt opleidingsplan geformuleerd. De opleiding past bij de leerbehoeften die tijdens het wervings- en selectieproces naar voren zijn gekomen.

Case ontwikkeld in samenwerking met LTP, psychologisch adviesbureau

Een les voor recruitment

- Het selectieproces moet efficiënt zijn opgebouwd. Dat betekent dat je vroeg in het proces zicht moet hebben op de harde en meest kritische selectiecriteria bij kandidaten, zoals analytische vaardigheden.
- Het selectieproces dient afgestemd te zijn op de soort functie waarvoor je selecteert. Hoe groter het afbreukrisico van de functie, hoe grondiger de selectie dient te zijn. In het geval van de rechterlijke macht worden er hoge eisen gesteld aan kandidaten: ze nemen immers verstrekkende beslissingen die kunnen leiden tot grote publieke discussies. Bovendien wordt een rechter benoemd 'voor het leven'; ontslag is slechts in uitzonderlijke gevallen mogelijk. Je kunt dus niet over één nacht ijs gaan.

6.1 Inleiding

Joep is salesmanager van de afdeling verkoop bij een bedrijf in internationale tankopslag voor olie. Als recruiter voor deze organisatie maak je samen met Joep een plan voor de bemensing van de afdeling voor het komende jaar. Hij verwacht dat de afdeling zal groeien met twee tot drie personen, omdat de markt in China aantrekt. Ook zal Arie vertrekken omdat hij bijna 65 jaar is. Die zal moeten worden vervangen. Je kijkt wat er nodig is, maakt een wervingsplan en krijgt de cv's van een aantal kandidaten. En dan? Dan maak je daaruit een selectie van de beste kandidaat. In dit hoofdstuk gaan we in op manier waarop je de selectie inricht en op de middelen die je inzet voor selectie.

In hoofdstuk 1 zagen we dat de organisatiestrategie leidend is voor de recruitmentstrategie. Wanneer je weet wat de **visie van de organisatie** is en welke doelstellingen de organisatie wil bereiken, kun je vaststellen hoe het personeelsbestand in de toekomst eruit moet gaan zien en welke kwaliteiten noodzakelijk zijn om deze resultaten waar te maken.

Neem bijvoorbeeld KPN. In het verleden was KPN een staatsbedrijf met het monopolie op telefonie. Het bedrijf werd geprivatiseerd, kreeg concurrentie en moest commerciëler worden. Met de bezetting die KPN destijds had, leek dat geen realistisch streven. Het bedrijf miste de commerciële slagkracht. Om de concurrentiestrijd te overleven, moest een ander type managers en professionals geselecteerd worden.

Naast de interne visie en doelstellingen zijn externe factoren van invloed op de benodigde kwaliteiten. De omgeving van de organisatie kan veranderen, waardoor de selectie-eisen veranderen. Dit kan bijvoorbeeld gebeuren door een recessie in de economie of door de introductie van nieuwe technologie. Zo veranderde de komst van internetbankieren de kwalificaties voor de functie van servicedeskmedewerker bij de banken. Mensen kunnen veel van hun bankzaken online regelen. Ze nemen alleen contact op met de bank als ze er zelf niet uitkomen. De problemen die een servicedesk-medewerker krijgt voorgelegd zijn dus complexer. Medewerkers moeten ingewikkelder zaken kunnen oplossen. Dat vraagt om een ander type kandidaat.

Om selectie een rol te laten spelen in de strategie van de organisatie zal recruitment het selectiebeleid strategisch moeten neerzetten. Want stel bijvoorbeeld dat de organisatie haar cultuur wil veranderen en dat mede wil bereiken door de instroom van nieuw personeel met andere kwaliteiten. Dat is heel moeilijk te realiseren wanneer managers niet begrijpen op welke eisen ze moeten selecteren of hoe ze tot een goede afweging moeten komen. De kans bestaat dat ze bijna-klonen van zichzelf aannemen.

Een strategisch selectiebeleid vraagt om overeenstemming met alle partijen die bij het selectieproces betrokken zijn. De belangrijkste onderwerpen hierbij zijn:
- een heldere en gemeenschappelijke visie op het profiel en de selectiecriteria van de kandidaat die passen bij de organisatiestrategie;
- een doordacht selectieproces met de juiste selectiemethoden, waaraan door iedereen wordt vastgehouden;
- duidelijke besluitvorming met heldere normen en waardering voor alle betrokkenen.

Selecteurs gaan dan selecteren via van tevoren gemaakte afspraken. Dat leidt tot kwalitatief betere kandidaten die goed passen bij de organisatiestrategie.

VOORBEELD: EEN VACATURE VOOR EEN VERKOOPLEIDER

Binnen een organisatie is er een vacature voor een verkoopleider. De directie wil graag uitbreiden in de Oost-Europese markt. Deze nieuwe man of vrouw zou dat in zijn of haar takenpakket moeten krijgen.

Situatie 1: De directie heeft over de uitbreidingsplannen niet goed gecommuniceerd binnen de organisatie. De salesmanager weet er niets van. Hij vraagt eens rond in zijn netwerk en krijgt via via het cv van een kandidaat voor de vacature. Hij praat een halfuur met hem en dan heeft hij het gevoel dat het goed zit. Hij doet de persoon een aanbod en vraagt hrm het verder te regelen. Achteraf blijkt de persoon niets van de markt van Oost-Europa te weten, en hij blijkt commercieel niet zo getalenteerd te zijn. De uitbreiding in Oost-Europa wordt nog even uitgesteld …

Situatie 2: Binnen de organisatie is de uitbreidingsstrategie in Oost-Europa bij iedereen bekend. Samen met de recruiter stelt de salesmanager een scherp profiel op van de kandidaat die hij zoekt. Ook stellen ze een selectietraject samen: interviews in combinatie met een assessment. Afgesproken wordt dat kennis van de Oost-Europese markt cruciaal is. Kandidaten die die kennis missen worden afgewezen. Na de eerste gesprekken gaan uiteindelijk drie kandidaten door naar het assessment. De lijnmanager heeft duidelijk een andere voorkeur dan hrm en recruitment. Er volgt een stevige discussie over de waardering van kandidaten. Bij de uiteindelijke beslissing heeft iedereen het idee dat de beste kandidaat voor het bestormen van de Oost-Europese markt uit het proces gekomen is.

Om de geschiktste kandidaat te kunnen selecteren, zul je eerst kandidaten aan moeten trekken. Je maakt een analyse van de functie. Welk talent hebben we nodig? Wanneer is iemand succesvol? Wat gaat hij doen? Dit vind je terug in hoofdstuk 3.

De functieanalyse is de basis voor twee zaken:

- een job brand voor werving;
- kwalificaties en criteria voor je selectie.

Vanuit het perspectief van de selectie kijk je of kandidaten aan de kwalificaties voldoen. Dat doe je op basis van het concrete gedrag van kandidaten. Je wilt graag weten of iemand iets kan en dat hij dat gedrag al eerder heeft laten zien of dat hij het zou kunnen ontwikkelen. Je zoekt naar voorbeelden hoe de kandidaat zich gedraagt in situaties op zijn huidige werk, op school of in zijn vrije tijd, en ook tijdens het selectieproces.

Om dit gedrag te kunnen ontdekken, zul je een aantal instrumenten moeten inzetten die je inzicht geven in een kandidaat. Deze instrumenten, de predicatoren, voorspellen het toekomstige gedrag van een sollicitant. Tijdens interviews, assessments of testen ga je na hoe kandidaten omgaan met bepaalde situaties. Hoe gedraagt hij zich onder druk? Hoe werkt hij samen? Wat is zijn stijl van leidinggeven? Wat doet hij als het even tegenzit? Het gedrag dat je tijdens het selectieproces in kaart brengt, ga je waarderen: je hangt er een score aan. Wat vind je van dat gedrag en is het het gedrag dat je zoekt? Of zou het net anders moeten zijn? Voldoet het gedrag aan jouw norm?

Een selectietraject is aan het veranderen. Het is meer en meer een traject waarbij wederzijds wordt kennis gemaakt en interesse over en weer wordt getoetst. Als werkgever is dat een goede insteek. Je selecteert en enthousiasmeert.

De instrumenten die worden ingezet krijgen een ander karakter. Zij helpen de kandidaat ook bij het maken van een keuze. Ze zorgen niet alleen voor inzicht voor de organisatie, maar ook voor de kandidaat. Assessments laten de identiteit van de organisatie zien, en laten zien wat de identiteit van de organisatie betekent voor het individu. Op die manier kan ook een kandidaat een goede keuze maken voor een nieuwe baan.

NVP-SOLLICITATIECODE: GEDRAGSCODE VOOR WERVING EN SELECTIE

De **NVP-Sollicitatiecode** (zie www.nvp-plaza.nl) is opgesteld door de Nederlandse Vereniging voor Personeelsmanagement & Organisatieontwikkeling (NVP) in overleg met de Stichting van de Arbeid. De code bevat basisregels die organisaties en sollicitanten volgens de NVP in acht horen te nemen bij de werving en selectie om vacatures te vullen. Het doel van de code is een norm te bieden voor een transparante en eerlijke wervings- en selectieprocedure. Zo staan er zaken in vermeld over het gebruik van pasfoto's in de werving, het natrekken van referenties en het voeren van een voorkeursbeleid.

MATCHING

Het draait niet alleen om de beste kandidaat, maar om de kandidaat die het beste past bij de organisatie. Het gaat om de match tussen kandidaat en organisatie of team. Het betekent een wederzijdse keuze voor elkaar, waarbij kandidaat en organisatie of team elkaar versterken en aanvullen. De organisatie wil de kandidaat leren kennen, maar andersom geldt hetzelfde. Zeker wanneer iemand niet zelf heeft gesolliciteerd maar is gevraagd, zal het gesprek anders verlopen. De kandidaat verwacht een gesprek en selectie die ook voor hem informatief is. Het gaat dan niet zozeer om de selectie als om de match.

6.2 Het selectieproces

Op de afdeling sales neemt Robert ontslag. Hij is een zeer ervaren salesmedewerker. De manager van de afdeling komt bij je en zegt: 'Zoek nog maar zo'n type als Robert. Of doe er eigenlijk maar twee. Want we gaan uitbreiden.' Met de boodschap 'zo'n type als Robert' kun je heel veel kanten op. Wat bedoelt deze manager daarmee? Welke eigenschappen heeft de nieuwe persoon nodig om net zo goed te zijn als Robert? Wat moet die persoon goed kunnen en weten? En wie gaat bepalen of die nieuwe persoon net zo goed is als Robert?

Tijdens het selectieproces wil je graag een goed beeld krijgen van een kandidaat. Je doorloopt een aantal stappen om dat beeld zo volledig mogelijk te maken:

1. Voorafgaand aan de selectie maak je een functieanalyse. Je brengt in kaart wat je verwacht van een kandidaat en wat je een kandidaat te bieden hebt. Informatie hierover vind je in hoofdstuk 3. Deze informatie gebruik je ook voor het maken van een jobbrand waarmee je een kandidaat werft (hoofdstuk 4).
2. In het algemeen verloopt het selectieproces in de volgende stappen:
   1. *Beoordelen van cv's van kandidaten.*
      Je maakt een selectie op basis van geschreven informatie.
   2. *Voeren van (telefonische / online / video) interviews.*
      Je voert, samen met anderen die bij het selectieproces betrokken zijn, gesprekken met kandidaten om een beeld te krijgen van hun ervaring en vaardigheden.
   3. *Inzetten van overige selectiemiddelen.*
      Je zet passende middelen in om (over en weer) een beeld te krijgen van

kandidaten, waarmee je kunt beoordelen of er een match is tussen organisatie en kandidaat.

4. *Maken van een afweging.*
   Je maakt een zorgvuldige afweging op basis van de verkregen informatie om de juiste kandidaat voor de vacature te selecteren. Deze afweging wordt overigens ook door een kandidaat gemaakt.
5. *Doen van een aanbod en regelen van de post offer.*
   Je maakt een passend aanbod voor de geselecteerde kandidaat en zorgt voor een passend vervolg daarop.

Andere selectievormen

Er zijn ook organisaties die afwijken van deze standaard. Die laten kandidaten dan bijvoorbeeld eerst thuis een onlinetest maken. Als die test positief is, krijgen ze een interview bij de organisatie. Op die manier kan de uitslag van de test worden meegenomen in het eerste gesprek. De kwaliteit van het interview stijgt daarmee. Daarnaast kunnen testen zorgen voor een zelfselectie van kandidaten. Ze krijgen inzicht of ze bij de organisatie en de vacature passen. Of het weerhoudt ongemotiveerde kandidaten ervan om te solliciteren: die willen de tijd misschien niet investeren.

In de volgende paragrafen gaan we in op iedere stap van het selectieproces.

EEN VOORBEELD: PRESELECTIETOOL BIJ CAPGEMINI

Capgemini is marktleider op het gebied van consulting, technology en outsourcing. Met ruim 110.000 medewerkers, van wie zo'n 6.000 in Nederland, is Capgemini actief in meer dan 40 landen. De twee belangrijkste vakgebieden zijn ict consultancy (het ontwikkelen en implementeren van ict-oplossingen voor bedrijven in verschillende branches) en consulting (het begeleiden van klanten bij grote veranderingen in hun organisatie).

De selectie van ict-professionals
In de zich snel intwikkelende wereld van ict is het belangrijk dat medewerkers meegroeien met de veranderingen in de markt. Medewerkers moeten snel en goed complexe informatie kunnen analyseren en verwerken. Dat vraagt om een scherp analytisch vermogen. Capgemini heeft een zorgvuldige selectieprocedure waarin ze onder andere deze competentie bij alle kandidaten testen. Het bedrijf betrekt daarbij een adviesbureau dat gespecialiseerd is in assessments.

Elke sollicitant wordt tijdens een assessment door Capgemini (of het assessmentbureau) getest op potentieel voor een loopbaan bij Capgemini. Capaciteitentests zijn een belangrijk onderdeel van de procedure. Met deze testen kijkt Capgemini of de kandidaat beschikt over voldoende analytisch vermogen.

Het proces van solliciteren en het maken van een assessment kost de sollicitant en de organisatie de nodige tijd en inspanning. De organisatie heeft de cv's geselecteerd, er zijn gesprekken geweest en er is een assessment afgenomen. Wanneer uit de testen blijkt dat een kandidaat analytisch niet genoeg potentieel heeft, is het risico te groot dat een kandidaat de snelle ontwikkelingen van de ict niet kan bijhouden. Het levert de organisatie geen geschikte kandidaat op. Dat is jammer van alle energie die door de kandidaat en de organisatie in de selectieprocedure is gestopt.

Capgemini wil graag dat er minder kandidaten afgewezen worden tijdens het assessment. Een hoger slagingspercentage vergroot de snelheid en kwaliteit van het hele recruitmentproces. Het bedrijf zoekt naar alternatieven hoe het dat kan doen.

Pre-assessment
Alle kandidaten laten starten met een test voordat ze mogen solliciteren is niet echt sympathiek, en het kan een barrière opwerpen om te solliciteren. Kandidaten kunnen besluiten ergens anders te gaan solliciteren, waar ze de testen niet meteen hoeven te maken. Bovendien kost het meer geld, omdat alle kandidaten getest worden.

Capgemini besluit een pre-assessment te introduceren. Ict-professionals met belangstelling voor een loopbaan bij Capgemini kunnen voortaan anoniem met een capaciteitentest nagaan of hun analytische vermogens 'up-to-standard' zijn. Dit pre-assessment (http://pretest.hrorganizer.com/assessmentbijcapgemini) bestaat uit verkorte versies van de vier testen die een vast onderdeel vormen van de daadwerkelijke selectieprocedure. Het pre-assessment is elke keer anders. Sollicitanten kunnen zoveel oefenen als ze willen. De testen zijn vrijblijvend en anoniem en de gegevens komen niet bij Capgemini terecht.

Capgemini verwacht dat een deel van de belangstellenden op basis van de testresultaten concludeert dat voortzetting van de procedure niet zinvol is. Het is als het ware een instrument voor zelfselectie door kandidaten.

6.3 Het beoordelen van cv's

Op basis van de functieanalyse heb je in kaart gebracht wanneer iemand 'zo goed is als Robert' en welke taken en verantwoordelijkheden hij heeft. Na een wervingstraject heb je 25 reacties van geïnteresseerden voor de functie medewerker verkoop verzekeringen gekregen. Deze variëren van een uitgebreide motivatiebrief met cv tot een eenvoudig mailtje met de tekst 'Ik heb interesse in de baan van verkoopmedewerker. Mijn cv vind je op LinkedIn. com/...' Je gaat een selectie maken.

Het proces
De manier waarop je cv's beoordeelt, is afhankelijk van de hoeveelheid kwalitatief goede cv's die je ontvangt. Maak je een selectie uit heel veel cv's van potentieel geschikte kandidaten, dan zul je een eerste selectie maken op basis van de harde feiten. Je kijkt dan bijvoorbeeld of iemand de juiste opleiding of branche-ervaring heeft. Uit deze kandidaten maak je een vervolgselectie. Selecteer je uit weinig cv's, dan zul je kijken of je aanknopingspunten ziet waaruit je kunt opmaken dat kandidaten wel de potentie zouden kunnen hebben om de functie in te vullen. In dat geval zijn andere criteria dan de harde criteria van belang.

Het is verstandig om lijnmanagers te betrekken bij een eerste selectie, zeker wanneer het zeer specialistische functies zijn waar vaktechnische aspecten een zware rol spelen. Wanneer je heel veel kandidaten hebt, kun je overwegen een voorselectie te maken. Breng deze in kaart en laat op basis daarvan de manager een selectie maken uit de preselectie.

Stel je interpretatie uit

Interpreteer een cv niet te snel. Iemand met gemiddeld een zes als studieresultaat of met een lange studieduur kan best analytisch zijn. Er kunnen andere oorzaken zijn voor een matig studiesucces. Gebruik het interview als check, of benader kandidaten telefonisch met de vraag een extra toelichting te geven op zaken waarover jij twijfelt. Dan bespaar je hen (en jezelf) mogelijk een onnodig en teleurstellend selectie-interview.

Lees wat er niet staat

Sommige kandidaten geven een persoonsbeschrijving. Kijk dan ook wat er niet staat. Iemand geeft bijvoorbeeld aan dat hij analytisch is, visie heeft, conceptueel is, gemakkelijk nieuwe dingen leert. Daaruit blijkt dat zijn interesse en zelfbeeld sterk focussen op 'problemen oplossen', maar veel minder op de vaardigheid 'beïnvloeden', iets wat nodig is voor mensen aansturen, motiveren of samenwerken.

Kandidaten kunnen dingen weglaten die negatief zijn maar voor jou belangrijk om te weten. Staat er bij het afstuderen of de opleiding is afgerond? Zijn er jaren die niet aansluiten? Wat heeft iemand in die tussentijd gedaan? Als er bij de talen staat dat iemand ze passief beheerst, hoe is dan het actieve gebruik?

Is het waar wat er staat?

Bedenk dat papier geduldig is. Datgene wat kandidaten schrijven hoeft niet te kloppen met de realiteit. Dat betekent niet dat kandidaten moedwillig een cv vervalsen; een cv geeft een zelfbeeld van een kandidaat, en niet alle kandidaten hebben een scherp zelfbeeld. Bovendien is het cv een verkoopverhaal waarmee de kandidaat zichzelf presenteert. Ga ervan uit dat hij dit op een zo voordelig mogelijke manier wil doen, en kijk er dus kritisch naar.

Let onder meer op de consistentie in een verhaal. Als er een persoonsbeschrijving in het cv staat met daarin de tekst 'teamplayer' en iemand werkt altijd solistisch, dan kan dat een reden zijn om hierover in een interview door te praten.

Een cv is meer dan alleen inhoud

Kijk niet alleen naar de inhoud van het cv, maar ook naar de opmaak en de stijl. Als je iemand zoekt met een uitstekende beheersing van de Nederlandse taal en er in het cv veel stijl- en schrijffouten staan, dan zeggen die fouten misschien meer dan het feit dat iemand zijn studie Nederlands heeft afgerond. Hetzelfde geldt voor een rommelig en chaotisch cv voor een kandidaat die solliciteert op een functie waar punctualiteit belangrijk is.

Voorkom over- of onderwaardering

Iemand heeft in dezelfde stad gestudeerd als jij. Iemand heeft dezelfde hobby's. Iemand is in hetzelfde dorp geboren. Iemand werkt momenteel bij een bedrijf waar jij altijd al had willen werken. Het kan leiden tot overwaardering van een kandidaat. Probeer zo objectief mogelijk naar een cv te kijken.

VIDEOSOLLICITATIE

Niet alleen een papieren cv kan onderdeel van een sollicitatie zijn. Een organisatie kan ook een videopitch inzetten. Aan een kandidaat wordt dan bijvoorbeeld gevraagd om naast het cv ook antwoord te geven op vragen in de vorm van een video van dertig seconden die ze online of mobile kunnen opnemen.

Naast de gevraagde video's kunnen sollicitanten ook op eigen initiatief een videopitch opnemen die zij in hun cv kunnen voegen.

6.4 Het voeren van interviews

's Middags komt Tim op bezoek. Hij is een sollicitant voor de salesmedewerkerpositie, de potentiële opvolger van Robert. De manager van de afdeling ziet Floris, de manager van de serviceafdeling, op de gang. 'Hé Floris,' roept hij, 'vanmiddag zie ik Tim, een sollicitant voor de verkoop. Heb je tijd hem ook nog te zien? Ik stuur je zo zijn cv nog even. Het lijkt een goede vent.'

Een gesprek dat niet goed is voorbereid, heeft eigenlijk geen waarde. Het zegt meer over het onderbuikgevoel van de selecteur dan dat het een beeld geeft van de kandidaat.

Om de betrouwbaarheid (meet ik steeds hetzelfde?) en de validiteit (meet ik wat ik wil meten?) te verhogen, is het noodzakelijk goed af te stemmen welke informatie je uit de interviews wilt halen. Je stemt daarom van tevoren met je medeselecteurs af welke selectie-eisen je gaat toetsen in het gesprek en hoe je dat doet.

In de volgende subparagrafen gaan we achtereenvolgens in op:
1. de opzet van de gespreksrondes;
2. de opbouw van het gesprek;
3. de inhoud en de evaluatie van het gesprek.

6.4.1 De opzet van de gespreksrondes

Vaak worden interviews in verschillende gespreksrondes ingedeeld. In eerste instantie voert een kandidaat gesprekken met direct betrokkenen als recruitment/hrm en de lijnmanager. Wanneer deze gesprekken positief zijn voor zowel de kandidaat als de organisatie, volgen gesprekken met andere betrokkenen, zoals een directielid of een medewerker van een afdeling waar de kandidaat veel mee gaat samenwerken. Deze procedure heeft twee voordelen:

- Je beperkt het tijdsbeslag op de agenda van 'indirect betrokkenen'. Zij zien immers alleen de kandidaten over wie een positief beeld is verkregen in een eerste ronde.
- Je kunt in vervolggesprekken ingaan op die gedragselementen waar nog vraagtekens over bestaan. En het geeft een kandidaat de ruimte door te vragen over zaken die hij nog wil weten.

INFORMATIONAL INTERVIEWS

Informational interviews zijn feitelijk omgekeerde interviews. In plaats van een selecterend interview gaat het eerder om een wervend interview. Het geeft kandidaten de mogelijkheid om informatie te vragen aan degene die hij tegenover zich heeft. Op deze manier komt hij te weten wat hij kan verwachten van de baan en van het bedrijf. Een informational interview kan een kandidaat voeren met bijvoorbeeld een toekomstige collega, iemand van de ondernemersraad of de pr-afdeling, zolang het maar een integer beeld geeft van de feitelijke situatie.

Focus op de kandidaat

Tijdens het traject staat de ervaring van de kandidaat centraal. In vakjargon noemen we dat ook de **'candidate experience'**. Enkele zaken om rekening mee te houden:

- Zorg dat het tijdsbeslag voor een kandidaat tijdens het selectieproces optimaal is. Een tijdrovend proces maakt geen goede indruk, zeker niet als daarover niet eerst gecommuniceerd is. Door een goede logistiek vinden interviews na elkaar plaats en hoeven kandidaten niet telkens terug te komen.
- Bij een goede logistiek horen ook de voorzieningen voor een kandidaat. Zorg voor een broodje en een plek om even tussendoor mail of telefoon te bekijken. Kandidaten willen liever niet in het zicht zitten; wie weet kom je als kandidaat een bekende tegen, terwijl je je sollicitatie liever nog even voor je had gehouden.
- Zorg dat managers professioneel omgaan met kandidaten. Managers moeten weten hoe lang het interview duurt, op tijd stoppen en weten bij wie de kandidaat een vervolggesprek heeft. Bovendien horen ze goede gesprekspartners te zijn. Dat betekent dat de interviewers onderling hebben afgesproken over welke criteria ze zullen spreken met de kandidaat, zodat een kandidaat niet drie keer hetzelfde verhaal hoeft te vertellen. Tot slot moeten managers getraind zijn in interviewtechnieken en op een enthousiasmerende manier over het werk kunnen vertellen.

6.4.2 De opbouw van het gesprek

Voor een kandidaat is het spannend om op gesprek te komen. Wanneer hij weet wat hij kan verwachten, kan dat de spanning verminderen. De kans is groter dat je dan een beter beeld krijgt van de kandidaat. Het is belangrijk om de doelstellingen en structuur van het interview goed uit te leggen aan een kandidaat. Op die manier weet hij beter waar hij aan toe is.

Een traditioneel gesprek kan zo worden opgebouwd:

1. Een korte introductie. Voorstellen van jezelf. Het doel van het gesprek toelichten. Algemene informatie over de organisatie en functie geven (10 minuten).
2. Kennismaking. Kennis maken en informatie uitwisselen om te kijken of er een goede match is. Daarbij wordt het cv besproken (45 minuten).
3. Afronden. Delen van conclusies. Uitleg geven over vervolgstappen (5-10 minuten).

Vaak zie je dat het gesprek gelijkwaardig is. Het is dan niet alleen de organisatie die een keuze maakt voor een kandidaat, maar ook de kandidaat die kiest voor een organisatie. Het selectiegesprek krijgt een wervend karakter waarin niet alleen de kandidaat onderwerp is van selectie, maar ook de organisatie. Het gesprek over de organisatie en de persoon zijn dan meer geïntegreerd.

GOOGLE: COLLECTIEF SELECTEREN

Google heeft een selectieproces opgezet waarbij de selectie gezamenlijk wordt gedaan. De toekomstige collega's selecteren mee. 'Collaborative hiring' wordt dit genoemd.

Aan de ene kant gebeurt dit om draagvlak te creëren. Mensen voelen zich meer betrokken bij de komst van een nieuwe medewerker, maar aan de andere kant willen ze objectiviteit borgen. Dat laatste doen ze ook door een andere sollicitatieprocedure. De afnemers van elk gesprek schrijven een verslag met de antwoorden van de sollicitant. Die worden vervolgens 'blind' door een onpartijdige commissie beoordeeld. Zij zien alleen de antwoorden en laten zich niet leiden door een eerste indruk, een uiterlijk of accent. Naast de onpartijdige commissie is er nog één persoon die alle mensen beoordeelt die worden aangenomen.

6.4.3 De inhoud en evaluatie van het gesprek

De manager van de afdeling verkoop ziet op zijn klok dat sollicitant Tim bijna bij hem aan het bureau staat. Hij pakt het cv en kijkt het snel even door. Geen probleem. Hij weet meestal binnen vijf minuten wel wat voor vlees hij in de kuip heeft.

Tijdens het gesprek wil je vaststellen of iemand gaat brengen wat jij van hem verwacht. Je wilt weten of hij bepaald gedrag kan laten zien. Dat zie je meestal niet binnen vijf minuten. Dat vergt selectietalent.

Selecteren leer je in de praktijk. Het is een vaardigheid die je onder de knie krijgt door het veel te doen en te evalueren. Hieronder volgt een stappenplan voor een beginnend interviewer. Wanneer je meer ervaring hebt, zul je je aanpak wellicht veranderen.

Stap 1: De selectiecriteria en passend gedrag bepalen.

Stap 2: De selectievragen bepalen.

Stap 3: Je interviewtechniek afstemmen op de kandidaat.

Stap 4: Het gesprek evalueren: waarderen en normeren.

Stap 1: De selectiecriteria en passend gedrag bepalen

Als eerste stap in de voorbereiding op het gesprek bepaal je de selectiecriteria en formuleer je wat je precies bedoelt met deze criteria.

Selectiecriteria voor de functie

Als het goed is, kun je de selectiecriteria uit de eerder gemaakte functieanalyse halen. De kracht bij het vaststellen van de criteria zit hem in de beperking. Meer dan vijf tot zeven criteria kun je moeilijk toetsen tijdens de interviews.

Wanneer je meerdere interviews plant met een kandidaat, kun je ervoor kiezen de selectiecriteria te verdelen over de verschillende interviewers. Dan kun je de aandacht in het gesprek op een beperkt aantal criteria houden.

Zoals we ook zagen bij het maken van de functiebeschrijving, is het van belang deze criteria zo concreet mogelijk te beschrijven voor de betreffende vacature. Het is belangrijk om zo helder mogelijk te maken wat je precies bedoelt met een begrip. Wat betekent het om klantgericht of commercieel te zijn? Wat doet iemand die samenwerkt en wat doet hij juist niet? Je formuleert het gedrag dat voor deze functie past bij dit criterium (zie het voorbeeld voor 'samenwerken in een team' in het kader).

VOORBEELD: GEDRAG BIJ HET CRITERIUM 'SAMENWERKEN IN EEN TEAM'

Samenwerken in een team

Werkt deze persoon goed samen met andere teamleden om een gezamenlijk doel te bereiken? Tijdens het interview zoek je naar bewijs waaruit blijkt dat iemand onderdeel kan en wil zijn van een team en gecommitteerd is aan een team, los van zijn eigen succes of persoonlijke doelstellingen. Je omschrijft het gedrag dat past bij samenwerken:

Concreet passend gedrag dat je wilt zien

- Hij doet mee in teambijeenkomsten.
- Hij levert input aan het team en werkt met anderen om doelstellingen te bereiken.
- Hij luistert naar anderen en laat zich door hen beïnvloeden.
- Hij kan zichzelf wegcijferen.
- Hij staat voor het teamresultaat en niet alleen voor zijn eigen resultaat.

Concreet niet-passend gedrag

- Hij denkt vooral vanuit zichzelf.
- Hij ondersteunt teambeslissingen niet altijd openlijk.
- Hij houdt geen rekening met (minder assertieve) teamleden.
- Hij houdt informatie achter.

Zorg dat alle interviewers tijdens het selectietraject begrijpen op welke criteria wordt geselecteerd en welk gedrag bij deze criteria hoort. Alleen op deze manier kunnen selecteurs tijdens de interviews vragen naar het gewenste gedrag van een kandidaat, en kunnen ze achteraf aangeven hoe ze het gedrag waarderen en normeren (zie stap 4).

Selectiecriteria voor de organisatie

Je wilt graag kandidaten die niet alleen passen bij de functie, maar ook bij de identiteit en de waarden van je organisatie. Die waarden neem je mee bij het formuleren van de selectiecriteria voor alle nieuwe medewerkers. Denk bijvoorbeeld aan het verzekerings-bedrijf. De identiteit van de verzekeraar is 'vertrouwen'. Klanten moeten een verzekeraar kunnen vertrouwen; dat is de kernwaarde van het bedrijf. Dat betekent dat klanten ook de medewerkers van een verzekeraar moeten kunnen vertrouwen; dat is een algemene toets waaraan alle kandidaten moeten voldoen. Het selectiecriterium voor alle nieuwe medewerkers zal daarom 'integriteit' zijn. Integriteit van medewerkers is de basis van het vertrouwen in de verzekeraar. Ook voor deze criteria bepaal je het gedrag dat past bij het criterium. Je formuleert dan hoe een medewerker zich gedraagt die 'integer' is.

De identiteit van je organisatie speelt dus niet alleen een rol bij de werving en de posi-tionering van de organisatie, maar ook bij de selectie van nieuwe medewerkers.

Stap 2: De selectievragen bepalen

Je hebt de selectiecriteria vastgesteld en het gedrag beschreven dat bij deze criteria past. Nu wil je weten of een kandidaat dit gedrag al eerder heeft laten zien. Als vervolgstap stel je daarom voor alle criteria twee of drie vragen op waarmee je kunt achterhalen of het gedrag van een kandidaat past bij die criteria.

Voor het maken van de vragen kun je de **STARR-methode** gebruiken. Je vraagt zo concreet mogelijk door voor ieder criterium, zodat je een duidelijk beeld krijgt van het gedrag van een kandidaat in eerdere situaties en de gevolgen van dit gedrag. Stel je vragen aan de hand van de volgende vijf onderwerpen:

- Wat was de situatie? Wat was er aan de hand?
- Wat was je taak? Wat was je rol? Wat moest jij doen?
- Hoe heb je het aangepakt? Wat heb je gedaan? Wat heb je nagelaten?
- Wat was het resultaat? Hoe was de uitkomst?
- Hoe zou je het de volgende keer doen? Hetzelfde of anders?

VOORBEELD: VRAGEN BIJ HET CRITERIUM 'SAMENWERKEN IN EEN TEAM'

Kun je een situatie beschrijven waarin je uitstekend hebt samengewerkt in een team?

Vraag goed door: wat was het doel van het team, wat heb je bijgedragen en waarom denk je dat het zo goed liep, wat hebben jullie bereikt als team en wat was jouw aanpak. Als je het anders mocht doen, wat zou je dan veranderen? Je kunt daarna ook doorvragen over teams waarin de samenwerking minder goed verliep.

Heb je ook wel eens in een team samengewerkt dat niet functioneerde? Wat heb jij gedaan om de problemen op te lossen? Op deze manier kun je kijken of een kandidaat actie onderneemt, ook wanneer hij de officiële voorzitter of leider niet is. Welke plaats neemt deze kandidaat in? Voelt een kandidaat zich verantwoordelijk voor het teamresultaat?

Heb je wel eens iets gedaan voor een team terwijl je er zelf niet helemaal achter stond? Zo kom je erachter of deze kandidaat zich in blijft zetten voor het team, ook als dat betekent dat hij gezichtsverlies lijdt. Is deze kandidaat een volgzame meeloper, of laat hij misschien zijn team in de steek omdat hij 'zijn zin niet krijgt'?

Probeer te voorkomen dat je vragen stelt die over de toekomst gaan, zoals: 'Wat zou je doen als je te maken krijgt met grote werkdruk?' Dan meet je namelijk niet hoe iemand met werkdruk is omgegaan, maar met name of iemand goed kan fantaseren over hoe hij met werkdruk zou omgaan.

Loop de criteria en de bijbehorende vragen allemaal na tijdens het interview. Het is belangrijk dat altijd te doen, ook als je denkt dat je het antwoord wel weet. Op deze manier dwing je jezelf om niet te snel conclusies te trekken. Zeker voor een beginnend interviewer bestaat dat gevaar.

Stel open vragen. Open vragen zijn vragen die beginnen met *wat, waarom, wanneer, wie, welke* en *hoe*. In tegenstelling tot gesloten vragen zijn ze niet eenvoudig met 'ja' of 'nee' te beantwoorden. Open vragen stimuleren kandidaten informatie te geven. Op deze manier krijg je zoveel mogelijk gegevens over de kandidaat.

Stap 3: Je interviewtechniek afstemmen op de kandidaat

Je hebt je criteria opgesteld, het gewenste gedrag aan de criteria gekoppeld en de vragen bedacht om het gewenste gedrag te achterhalen. Dan ga je beginnen aan het interview met een kandidaat.

Niet iedere kandidaat gedraagt zich als een ideale kandidaat. De ene kandidaat praat veel, de andere juist heel weinig. De ene is heel erg to the point, de andere juist breedsprakig. Om ervoor te zorgen dat je bij elke kandidaat toch de juiste informatie uit een gesprek haalt, volgt hier een aantal technieken om de inhoud van het gesprek te verruimen of juist toe te spitsen.

Verruimen. De kandidaat spreekt weinig. Jij probeert meer informatie uit hem los te krijgen. Dit kun je doen op de volgende manieren:
- *Aandacht geven*. Zorg dat je een kandidaat stimuleert door extra aandacht te geven aan zijn verhaal. Je laat zien dat je actief luistert door bijvoorbeeld 'hm' of 'ja' te zeggen of, non-verbaal, door te knikken.
- *Open vragen stellen*. Zeer open vragen kunnen een kandidaat aanzetten tot praten. Denk aan een vraag als de volgende: 'Wat zijn je ideeën over …?'
- *Parafraseren van de inhoud*. Door de inhoud van het verhaal samen te vatten in een conclusie, kun je stimuleren tot verder vertellen. 'Dus als ik het goed begrijp heb je tijdens de stage organisatorische rompslomp zelf moeten doen en dat beviel niet zo. Klopt dat? Vertel er eens iets meer over.'

Toespitsen. De kandidaat is breedsprakig en vertelt veel. Je wilt dat hij meer to the point komt, zodat je weet wat hij precies heeft gedaan. Dit kun je doen op de volgende manieren:
- *Doorvragen*. Over één onderwerp vraag je dieper door: 'Je vertelde net dat je in het bestuur van de studentenvereniging hebt gezeten. Wat heb je daar zoal gedaan?', 'Je gaf aan een teamwerker te zijn, waaruit blijkt dat? Kun je juist dit onderwerp nog eens toelichten?' Je kunt doorvragen totdat helemaal duidelijk is hoe de situatie was en wat deze kandidaat precies heeft gedaan.
- *Stiltes gebruiken*. Sommige kandidaten die (door de zenuwen) niet tot de kern komen, hebben ruimte nodig om hun gedachten te ordenen. Laat stiltes vallen.

- *Concretiseren*. Vraag om meer precisering en voorbeelden. Sommige kandidaten zeggen: 'Wij hebben een nieuw businessplan gemaakt.' Dat zegt nog weinig over deze kandidaat. Je kunt dan vragen om meer concretisering: 'Toch begrijp ik je niet zo goed. Je zegt "samen met een studiegenoot", maar wíe heeft nu wát gedaan?'
- *Confronteren*. Wanneer je informatie vindt die tegenstrijdig lijkt, ga je hierop dieper in. 'Je wilt graag samenwerken, maar in je cv zie ik dat je tot nu toe alleen individualistische functies hebt gehad. Hoe valt dat te rijmen?'

Maak aantekeningen tijdens het gesprek

De resultaten van het gesprek zijn voor een deel afhankelijk van je interviewtechnieken, maar ook van jouw interpretatie van datgene wat wordt gezegd door een kandidaat. Als je geen aantekeningen maakt tijdens het gesprek, zul je je na het gesprek niet meer kunnen herinneren wat een kandidaat precies vertelde. Het gevaar bestaat dat je zaken gaat invullen (zie ook het kader 'Twaalf valkuilen'). Maak daarom zoveel mogelijk notities tijdens het gesprek. Probeer zo volledig mogelijk te zijn, maar schrijf in ieder geval steekwoorden op. Maak bijvoorbeeld ook aantekeningen over het non-verbale gedrag dat je ziet.

Voor startende interviewers is het maken van aantekeningen, luisteren en praten tegelijk soms best lastig. Je kunt een kandidaat echter prima uitleggen dat je aantekeningen maakt en daarom even een korte pauze inlast: 'Ik schrijf je antwoord even op zodat ik het me later beter kan herinneren.' Al moet dat dan natuurlijk geen minuten duren …

TWAALF VALKUILEN

1. Negatieve informatie weegt zwaarder dan positieve
   Vraag daarom naar het tegenovergestelde bewijs van een negatief oordeel dat je hebt opgebouwd.
2. Goede luisteraars hebben meer kans
   De meeste mensen vinden het prettig dat er naar hen geluisterd wordt. Dat geldt ook voor interviewers. Kandidaten die laten zien dat ze goed luisteren hebben daardoor een streepje voor.
3. **Halo-effect**
   Een positief aspect straalt uit naar een reeks andere aspecten. Je bent zo onder de indruk van een aspect dat het andere informatie beïnvloedt: 'Vriendelijk kijkende mensen zijn soepel in de omgang en succesvoller.'
4. **Horneffect**
   Het omgekeerde van een halo-effect; een negatief aspect straalt uit naar een reeks andere aspecten: 'Mensen die langzaam lopen zijn traag van begrip.'
5. Just for me / Just not me
   Aantrekkelijkheid van de andere sekse kan een objectief oordeel in de weg staan.
6. **Projectie**: just like me
   Overeenkomsten met de selecteur scoren: de kandidaat heeft bijvoorbeeld op dezelfde universiteit of dezelfde lagere school gezeten. De kansen van zo'n kandidaat nemen stevig toe als je je niet van deze projectie bewust bent.

7. Zeldzame eigenschappen worden overgewaardeerd
   De marathon van New York uitgelopen? Drie doctorandustitels? Het risico bestaat dat ook andere aspecten daardoor beter beoordeeld worden, maar de bijzondere eigenschap mag alleen meewegen als die van belang is voor de functie.

8. Invloed van kandidaten op elkaar: het buurmaneffect
   Een goede kandidaat na een slechte kandidaat maakt hem uitmuntend. Omgekeerd geldt dit ook. Wanneer alle kandidaten met elkaar worden vergeleken, verandert de norm. Tip: houd stevig vast aan de criteria en beoordeel gedrag objectief.

9. *Leniency* (toegeeflijkheid)
   De neiging om zwakkere punten van een kandidaat mild te beoordelen. 'Ach, zo erg is dat niet. Dat trekt wel bij als hij hier werkt.'

10. *Stringency* (striktheid)
    Het tegenovergestelde van leniency, namelijk de neiging om kandidaten extra streng te beoordelen. Het risico bestaat dat er geen enkele kandidaat overblijft.

11. Geheugeneffect
    De gesprekken met de eerste en de laatste kandidaat onthoud je het best. Het is belangrijk aantekeningen te maken tijdens het gesprek en na ieder gesprek de kandidaat te evalueren.

12. Afvlakken van scores
    Je beoordeelt alle criteria net iets boven of beneden het gemiddelde. Alle kandidaten lijken dan op elkaar. Zorg dat duidelijk is wat je precies moet beoordelen, zodat het onderscheid scherper te maken is.

TIPS VOOR VRAGEN STELLEN

1   Pas op voor eerste indrukken
'In de eerste vijf minuten zie ik wat voor vlees ik in de kuip heb.' De indrukken van de eerste twee tot vijf minuten leiden tot een plaatje. Dit plaatje beïnvloedt je vragen en je interpretatie: het maakt selectief, net als verliefdheid.

Bedenk: jouw match met de kandidaat is niet belangrijk. Het gaat om de functie en de kandidaat. Meestal is een kandidaat aan het begin van het gesprek bezig met het managen van verwachtingen. Echtheid komt later. Stel je oordeel uit tot na het gesprek. Werk al je vragen af, ook als je denkt dat je het antwoord wel kunt raden! Blijf open vragen stellen om te toetsen. Dus niet: 'Je lijkt me wel iemand die …, is dat zo?' Luister en kijk naar wat iemand doet, niet naar wat jíj daarvan vindt. Noteer zoveel mogelijk waarnemingen: het steunt je later bij het scoren.

2   Het fantasieniveau en de realiteit
Het is belangrijk ervaringsgericht te interviewen. In plaats van 'Stel dat … wat zou jij dan doen?' of 'Hoe denk je om te gaan met moeilijke klanten?' kun je beter vragen: 'Heb je wel eens te maken gehad met een moeilijke klant? Vertel daar eens iets over?' Bedenken hoe iets zou moeten is geen garantie voor succesvol gedrag.

3   Blijf geen vragen afvuren maar luister goed en vraag door
Verdiep je met de kandidaat in het onderwerp. Veel interviewers zijn alweer bezig met de volgende vraag als de kandidaat aan het praten is. Luister en ga dieper op een onderwerp in: 'Kun je me er meer over overtellen?', 'Hoe bedoel je precies, geef eens een voorbeeld?' enzovoort. Voorkom dat je 'pijltjes gooit' en in hoge frequentie alle vragen afvuurt. Vraag door op één pijl.

4   Te weinig indicaties
Mensen hebben de neiging om een reeks van oordelen te vormen op grond van feiten die niets met elkaar te maken hebben. Omdat hij een bekeuring heeft gehad toen hij zonder licht reed, zal hij wel niet tegen regels kunnen, zal hij wel moeilijk in het gareel lopen in het bedrijf en zal hij anderen daar wel in meenemen. Vraag daarom altijd door naar de consequenties van gedrag voordat je conclusies trekt.

5   Waak voor sturing en faking
Kandidaten kunnen proberen het gesprek in een andere richting te sturen om bepaalde onderwerpen te vermijden. Laat dit niet gebeuren.

Ook kunnen kandidaten *faken*: ze stellen dan kwaliteiten voor die ze niet hebben. Vraag daarom altijd herhaalde malen naar concrete voorbeelden van gedrag, naar situaties en gebeurtenissen waaruit de kwaliteiten blijken. Als er twijfels zijn bij een kwaliteit, vraag dan naar een tegenvoorbeeld: 'Kun je ook een situatie noemen waarin het je niet lukte om …?' Wees extra kritisch naar kandidaten die geen negatieve voorbeelden hebben, want iedereen heeft wel eens in meer of mindere mate iets negatiefs meegemaakt.

6   Maak een gesprek ook wervend
Sollicitanten verwachten meer en meer dat een sollicitatiegesprek een informatief en onderhoudend tweegesprek is. Wanneer een kandidaat niet zelf heeft gesolliciteerd maar is gevraagd door de organisatie om kennis te komen maken, zal het gesprek zelfs eerder wervend dan selecterend zijn. Zeker in een krappe arbeidsmarkt. Het is dan niet alleen de selecteur die vragen stelt, maar vooral ook de kandidaat.

Stap 4: Het gesprek evalueren: waarderen en normeren
De interviews met sollicitant Tim zijn afgerond en Tim is vertrokken. De manager steekt zijn hoofd bij je om de deur en roept: 'Goede vent, moeten we maar doen hè?' Jij bent er nog niet zo van overtuigd of Tim wel de ideale kandidaat is. Tim is meer een solist en jullie zoeken juist iemand die goed kan samenwerken met het serviceteam. Je vindt de manager veel te kort door de bocht en wilt de gesprekken met Tim graag goed evalueren.

Aan het einde van het gesprek evalueer je de kandidaat. Als interviewer zet je voor jezelf op een rij wat je van deze kandidaat vindt. Daarna bespreek je jouw bevindingen met de andere selecteurs en kom je tot een conclusie.

Het evalueren bestaat uit twee gedeelten:

1. Je **waardeert** de kandidaat. Wat heb je gezien en gehoord tijdens het interview en hoe schat je de kandidaat in op basis van de criteria en het gewenste gedrag? Is de kandidaat inderdaad een 'goede vent'?

2. Je **normeert** de kandidaat. Voldoet deze score aan de standaard die je hebt gesteld voor deze vacature? Is dit de ideale kandidaat voor jouw vacature en organisatie?

1 Waarderen

Na het gesprek loop je voor jezelf alle vooraf gestelde criteria na en verzamel je voorbeelden van gedrag dat past bij deze criteria.

- *Wat heb ik gehoord*? Dat is het concrete gedrag waarover de kandidaat heeft verteld tijdens het gesprek. In de voorbeelden die hij heeft genoemd vertelt hij over de rollen die hij ingevuld heeft, over situaties waarin hij zich bevond en over de manieren waarop hij zaken oplost.
- *Wat heb ik gezien*? Dit zijn de verbale en non-verbale signalen tijdens het gesprek. Heeft hij een gesloten houding, is hij nerveus, spontaan, een flapuit, introvert? Enzovoort.

Noteer deze voorbeelden bij de verschillende criteria, en geef de criteria een waardering op basis van hetgeen je gehoord en gezien hebt. In hoeverre beschikt deze kandidaat over het gewenste gedrag voor de functie? Gebruik daarbij de scores 1 t/m 5: 1 = niet; 2 = matig; 3 = gewoon; 4 = goed; 5 = uitstekend. De andere interviewers maken ook een evaluatie en een waardering van de gestelde criteria.

VOORBEELD: ZELFSTANDIGHEID

Je bent op zoek naar een startende *high potential* die heel zelfstandig kan werken. Hij moet zaken zelf initiëren, een plan maken en oplossen. Tijdens het gesprek hebben twee kandidaten verteld over hun studietijd aan de hogeschool en hun zelfstandigheid. Jij scoort dit gedrag bij het betreffende criterium en beschrijft het gedrag dat past bij het criterium waarover je met de kandidaat hebt gesproken of dat je hebt gezien.

Kandidaat 1

CRITERIUM	SCORE (1-5)	VOORBEELDEN
Zelfstandigheid	1	Kan geen voorbeelden geven van een project dat hij zelf heeft opgestart en afgerond. Heeft geen stage gelopen of bijbaantjes gehad. Heeft altijd thuis gewoond. Zijn ouders zijn bepalend geweest in zijn studiekeuze.

Kandidaat 2

CRITERIUM	SCORE (1-5)	VOORBEELDEN
Zelfstandigheid	5	Heeft zelf een stage in Australië geregeld. Heeft daarvoor onder andere beurs aangevraagd en woonruimte in Australië geregeld.
		Pakt project tijdens een meeloopstage zelf op: stapt op directeur af, maakt afspraak met organisatie enzovoort. Zorgt zelf voor mogelijkheid voor eindpresentatie aan betrokkenen.

Je hebt een waardering gemaakt van het gedrag van een kandidaat. In het voorgaande voorbeeld scoort de eerste kandidaat een 1 en de tweede een 5. Vervolgens leg je die waardering naast de meetlat voor deze functie. Je bepaalt of die waardering voldoet aan de norm die voor deze functie gesteld wordt. Heeft de kandidaat hoog genoeg gescoord op het criterium om succesvol te zijn in deze baan?

Stel dat je vooraf hebt bepaald dat de gezochte *high potential* een gezonde dosis zelfstandigheid zou moeten hebben, een score van 3. In het genoemde voorbeeld van 'zelfstandigheid' zou je kandidaat 1 afwijzen omdat hij een score heeft van 1 en weinig ervaring heeft met zelfstandig werken. Kandidaat 2 zou je aannemen. Hij heeft een score van 5 en dat biedt meer dan genoeg aanknopingspunten om te veronderstellen dat hij normaal zelfstandig kan werken.

Een ander voorbeeld voor normering: je waardeert zelfstandigheid bij twee sollicitanten, een net afgestudeerde student voor een starterspositie en een ervaren manager voor een directie functie.

Het belang van zelfstandigheid is voor een net afgestudeerde student iets anders dan voor de directeur van een organisatie. Wanneer een student nog niet helemaal zelfstandig kan werken, maar het wel zou kunnen leren, kan dat prima zijn. Maar wanneer een directeur niet zelfstandig kan werken, is hij ongeschikt voor de functie. De score van 3 op zelfstandigheid kan voor een starter dus prima zijn, maar voor een directeur is deze score te laag. Hij zou niet voldoen aan de norm voor deze functie.

Leer van elkaar

Waarderen en normeren moet je leren. Je hebt een referentiekader nodig om in te schatten hoe je gedrag evalueert. Je kunt een leersituatie creëren door met twee personen te interviewen. Na het gesprek scoor je ieder afzonderlijk de verschillende criteria. Daarna evalueer je de scores en bespreek je de normering.

> **DUBBEL ONTKENNEND IS NIET POSITIEF**
> Kandidaten worden wel beoordeeld als 'niet slecht' of 'niet onaardig', maar dat is niet hetzelfde als 'goed' of 'aardig'. Gedrag waarderen is pittig. Discussiëren over de manier waarop je gedrag waardeert is noodzakelijk.

6.5   Het inzetten van overige selectiemiddelen

'Nou,' zegt de leidinggevende, 'we zijn eruit. Tim gaat het worden. Dat had ik al meteen gezien.' Maar de directeur twijfelt nog. 'Is Tim echt zo slim als hij zich voordoet? En kan hij een moeilijke klant echt overtuigen? Ik zou dat wel willen zien.'

Je wilt het succes van een nieuwe werknemer zo goed mogelijk kunnen voorspellen, want het succes van de organisatie hangt voor een groot deel af van de kwaliteiten van medewerkers. Naast het interview kun je verschillende middelen inzetten om meer zekerheid te krijgen over de kansen op succes van een kandidaat, bijvoorbeeld testen, vragenlijsten, rollenspelen of het inwinnen van referenties.

In deze paragraaf gaan we in op de meest gebruikte selectie-instrumenten, wanneer je deze inzet en wat de validiteit van deze middelen is.

6.5.1 Inleiding: de validiteit van middelen

Schmidt en Hunter deden in 1998 onderzoek naar de **validiteit van selectie-instrumenten**. Zij keken of deze instrumenten meten wat we willen dat ze meten. Hoe goed voorspellen deze instrumenten toekomstig gedrag? In tabel 6.1 worden de resultaten weergegeven. Het blijkt dat de algemene cognitieve test (zoals een intelligentietest) de beste voorspeller voor werkprestaties is. Een feitelijke arbeidsproef, een simulatie, scoort hoger, maar dit instrument levert een lager rendement op omdat je als organisatie veel energie, tijd en geld moet steken in de ontwikkeling en uitvoering ervan. De testen op bijvoorbeeld consciëntieusheid en integriteit scoren ook hoog. Van de andere middelen neemt de voorspellende waarde sterk af.

CIJFERMATIGE ONDERBOUWING

De cijfers laten zien hoe goed de selectietechniek het toekomstig gedrag (de criteria) kan voorspellen. Dit wordt uitgedrukt in een cijfer. Dat cijfer (de correlatiecoëfficiënt) zegt iets over het verband tussen de score op de test en bijvoorbeeld de beoordeling een jaar later door de leidinggevende. De getallen kunnen variëren van -1,0 (de voorspelling van iemands gedrag is volledig het tegengestelde van de latere prestatie op de werkvloer) tot 1,0 (een perfecte voorspelling). Een correlatie van 0,0 betekent dat selectie op grond van toeval (loting bijvoorbeeld) even goede resultaten zou opleveren.

Wanneer je iemand op basis van zijn handschrift (grafologie) of leeftijd selecteert, is de kans dat je de juiste persoon selecteert net zo groot als dat je met je ogen dicht een cv uit de stapel zou nemen. Een combinatie van een gestructureerd interview met een capaciteitentest heeft een veel grotere voorspellende waarde.

TABEL 6.1 *Overzicht van de voorspellende validiteit van selectietechnieken volgens Schmidt en Hunter (1998). Een 1 heeft een perfect voorspellende waarde, een -1 voorspelt het tegenovergestelde, een 0 is gelijk aan de gokkans en heeft geen voorspellende waarde.*

	PREDICTIEVE VALIDITEIT	GECOMBINEERD MET CAPACITEITENTEST
Capaciteitentest (cognitieve vaardigheden)	0,51	
Work sample-test (arbeidsproeven/simulatie)	0,54	0,63
Integriteitstest	0,41	0,65
Consciëntieusheidstest/persoonlijkheidsvragenlijsten	0,31	0,6
Selectie-interviews (gestructureerd)	0,51	0,63
Selectie-interviews (ongestructureerd)	0,38	0,55

	PREDICTIEVE VALIDITEIT	GECOMBINEERD MET CAPACITEITENTEST
Referenties	0,26	0,57
Werkervaring (jaren)	0,18	0,54
Biografische gegevens	0,35	0,52
Assessmentcenters (naar Amerikaans model)	0,37	0,53
Opleiding (jaren)	0,1	0,52
Interessevragenlijsten	0,1	0,52
Grafologie	0,02	0,51
Leeftijd	-0,01	0,51

De hoogste coëfficiënt is 0,54. Wanneer we een breed scala aan selectietechnieken inzetten, kan de validiteit oplopen naar 0,70 tot 0,75. We kunnen daarmee echter nog steeds niet met zekerheid zeggen of we de goede persoon hebben geselecteerd. Er blijft een kans bestaan op een foute voorspelling. Selectie is daarom misschien niet zozeer 'het vinden van de juiste man op de juiste plaats' ('select in'), maar eerder 'het zoveel mogelijk buitenhouden van ongeschikte kandidaten' ('select out').

(Lievens, 2011)

In grotere organisaties (meer dan duizend medewerkers) wordt veel gebruikgemaakt van selectie op basis van (gestructureerde) interviews, cognitieve testen en genoten opleiding. Dat laatste is opmerkelijk, omdat de validiteit van dit middel niet erg groot is. Iemand zonder de gewenste opleiding kan net zo goed functioneren als iemand met de opleiding.

6.5.2 De keuze van selectiemiddelen

Er is een zeer grote diversiteit aan (online) testen, assessments en aanbieders op de markt. Om een goed selectiepakket samen te stellen is het verstandig te overleggen met een erkend selectiepsycholoog, aangesloten bij het Nederlands Instituut van Psychologen (NIP; zie www.psynip.nl). Selectiepsychologen zijn erin gespecialiseerd om de juiste middelen en methoden te kiezen die de capaciteiten van een kandidaat goed kunnen opsporen.

Het is van belang bij de keuze van selectiemiddelen de factor tijd mee te nemen. Kies die middelen die de selectie op een efficiënte manier ondersteunen en de tijdsinvestering voor de kandidaat beperkt houden.

Het is daarnaast relevant om de planning goed te laten verlopen en de selectiemiddelen tijdig vast te leggen in het proces.

De Commissie Testaangelegenheden Nederland (COTAN), onderdeel van het NIP, beoordeelt de kwaliteit van testen. De COTAN brengt een overzicht uit van de validiteit van de verschillende testen (zie www.cotandocumentatie.nl).

Met behulp van een test probeer je op een systematische manier inzicht te krijgen in een bepaald kenmerk van de kandidaat en in de vraag hoe de kandidaat zich verhoudt tot anderen. Je wilt bijvoorbeeld zicht op zijn intelligentie of zijn persoonlijkheid. De test vat de gegevens in een cijfer. De psycholoog/selecteur interpreteert deze cijfers en kijkt of het gedrag past bij de baan waarvoor hij iemand zoekt.

Het psychologisch rapport

Het psychologisch rapport is het uiteindelijke resultaat van alle testen. Het bevat een beschrijving van de geteste kandidaat en een schematische weergave van de testresultaten. Aan het eind van het rapport geeft de psycholoog antwoord op de onderzoeksvraag ('Zou deze persoon geschikt zijn voor de vacature van verkoper binnen onze organisatie?') en/of geeft advies.

Zorgvuldigheid

Testen zijn spannend voor kandidaten. Er kan veel van afhangen. Het is daarom belangrijk zeer zorgvuldig om te gaan met testen en testuitslagen.

Spanning bij kandidaten kun je voor een deel weghalen door vooraf goede informatie te verstrekken over wat ze kunnen verwachten. Geef informatie over het soort testen, over de opzet van de testdag en verstrek de gegevens van het testbureau.

Volg de richtlijnen van het NIP tijdens het testproces. Kandidaten mogen bijvoorbeeld de uitslag inzien voordat deze wordt doorgestuurd naar de opdrachtgever. Ze mogen ook voorkomen dat testresultaten worden doorgestuurd.

Wanneer je zelf testen in je bedrijf afneemt, is het belangrijk dat je opgeleid wordt in het gebruik en de interpretatie van de testen. Wanneer je echter slechts af en toe testen nodig hebt, is het uit kostenoverweging verstandiger de testen door een bureau af te laten nemen.

Kosten en baten van selectiemiddelen

De kosten en baten van de selectie-instrumenten moet je goed in de gaten houden. Een goede cognitieve capaciteitentest kost veel geld, maar hij levert je ook wat op. De voorspellende waarde van zo'n test is veel hoger dan bijvoorbeeld een referentiecheck. Relatief het duurste selectiemiddel is het assessment, maar een assessment hoeft niet beter te voorspellen dat een veel goedkoper gestructureerd selectie-interview.

Het is verstandig bij te houden welke middelen worden ingezet en wat ze opleveren. Zo krijg je zicht op hoe goed de interviews, testen en assessments de kwaliteiten van de kandidaat hebben voorspeld, zodat je kunt afwegen of de kosten van de instrumenten opwegen tegen de baten van het instrument, namelijk een correcte voorspelling.

Digitale games als assessmentinstrument

Technologische ontwikkelingen bieden de mogelijkheid om nieuwe assessmentonderdelen aan het testinstrumentarium toe te voegen. Een voorbeeld hiervan zie je bij de selectie van rechters (openingscase hoofdstuk 6). Er wordt een digitale game ingezet die in kaart brengt hoe kandidaten kunnen omgaan met *Information Overload*. In deze online opdracht moet de deelnemer een analyse maken uit een grote hoeveelheid informatie om tot een beslissing te komen. Tijdens deze opdracht wordt hij een aantal malen afgeleid met extra opdrachten en verzoeken van collega's. Op de achtergrond worden reactietijden en zoekgedrag vastgelegd. Ook wordt gemeten hoe de deelnemer reageert op de verstoringen. Hoe behulpzaam is hij? In hoeverre gaat dit ten koste van de opdracht? Wat betekent dit voor de *time management*? Daarnaast wordt de kwaliteit van de uiteindelijke beslissing gemeten.

Het inzetten van digitale games bij assessment is om meerdere redenen interessant. Dit soort opdrachten maakt het mogelijk om persoonlijke eigenschappen te meten die eerst niet goed meetbaar waren, terwijl ze wel zeer relevant zijn voor succes in de functie. Daarnaast zijn gametoepassingen in te zetten als alternatief voor de meer klassieke capaciteitentests, die door assessmentdeelnemers soms als ouderwets ervaren worden. Vaak levert het inzetten van een dergelijk instrument ook een kostenbesparing in het selectieproces op.

De ontwikkeling van digitale games ten behoeve van assessment vraagt wel een flinke investering. De opdracht moet aantrekkelijk zijn voor de deelnemer, en tegelijkertijd ook voldoen aan de basiseisen die gelden waar het gaat om betrouwbaarheid en validiteit.

GAMING

Vanuit traditionele assessments, die live op een kantoor worden gehouden met rollenspelers, worden nieuwe middelen ontwikkeld.

Denk daarbij aan de inzet van online games. Zij hebben als voordeel dat ze een wervend karakter hebben; je kunt de organisatie ermee laten zien. En ze zijn breed in te zetten.

Een paar voorbeelden:
- *Brandstorm L'Oreal.* Ieder jaar nemen 40.000 laatstejaarsstudenten uit 100 landen deel aan een digitale managementgame van L'Oreal, de Brandstorm. De allerbeste spelers gaan naar Parijs en hebben daar een competitie met als prijs een baan bij L'Oreal. Werving, het bedrijf ervaren en selectie ineen. L'Oreal haalde de afgelopen jaren meer dan 200 nieuwe medewerkers binnen met deze selecterende game.
- *Online verkoopgame Swarovski.* Elke sollicitant krijgt toegang tot een virtuele winkel van Swarovski. Daarin zijn 18 gefilmde situaties te vinden. Via meerkeuzevragen geven kandidaten aan wat ze zouden doen in de bewuste situatie. Elke vraag heeft 4 mogelijke antwoorden: een goede, een foute en 2 antwoorden ertussenin. Kandidaten worden op basis van hun score uitgenodigd voor een gesprek. Een derde van de kandidaten haalt de minimumscore niet.

6.5.3 De belangrijkste soorten testen

Capaciteitentest

Capaciteitentesten geven inzicht in iemands vaardigheden of kennis op een bepaald gebied. Ze meten de capaciteiten ten opzichte van soortgelijke personen. De test laat echter niet zien hoe iemand die capaciteiten inzet. Je weet dus bijvoorbeeld wel dat iemand slim is en goede analytische vaardigheden heeft, maar niet hoe hij dat slimme stel hersens gaat gebruiken.

De belangrijkste capaciteitentesten zijn de algemene intelligentietesten. Deze meten het analytisch vermogen en geven een indicatie van het denkniveau. Met deze testen kun je inzicht krijgen in de volgende kwaliteiten:

- verbaal (bijvoorbeeld het kunnen begrijpen van woorden, logisch redeneren, omgaan met taal, zoeken van synoniemen);
- numeriek (werken met cijfers, cijfers interpreteren, getallenreeksen, uitkomsten schatten);
- abstract denken (reeksen aanvullen, diagrammen);
- administratief (luisteren, orders verwerken, codes toepassen);
- ruimtelijk begrip (vormen herkennen, ruimtelijk inzicht).

De voorspellende waarde van de capaciteitentesten is relatief hoog, gemiddeld circa 0,51.

Persoonlijkheidsvragenlijsten

De **persoonlijkheidsvragenlijsten** meten de persoonskenmerken en interesses. Ze geven een indicatie van de kenmerken die het uiteindelijke gedrag beïnvloeden. Een van de meest gebruikte vragenlijsten is de OPQ (Occupational Personality Questionnaire). Daarin geeft een kandidaat antwoord op negentig vragen. De vragen gaan in op de manier waarop iemand omgaat met anderen (bijvoorbeeld: hoe extravert is iemand, hoe geeft hij leiding, hoe zelfverzekerd is hij?), de manier waarop iemand denkt (is hij vindingrijk, rationeel of abstract?) en op iemands gevoelens en emoties (is hij energiek, optimistisch, ambitieus?). De voorspellende waarde van dit soort vragenlijsten is minder hoog, gemiddeld circa 0,31.

Dit soort vragenlijsten wordt ook gebruikt om met kandidaten door te spreken tijdens het interview om samen te bekijken of deze persoon bij de organisatie past. De belangrijkste focus is dan niet selectie maar wederzijdse matching.

6.5.4 Arbeidsproef en assessmentcenters

Arbeidsproef

Bij een **arbeidsproef** gaan de kandidaten de functie al even uitoefenen. Kandidaten lopen een middag mee op de afdeling waar de vacature is. Ze gaan daadwerkelijk aan de slag. Het is eigenlijk een soort 'proeve van bekwaamheid'. Denk aan een receptioniste die een middag meedraait achter de balie, een timmerman die een dag op de bouw meeloopt of een docent die een lesgeeft.

Ondanks de hoge voorspellende waarde wordt een arbeidsproef weinig gebruikt door organisaties. Vaak gebeurt de arbeidsproef in verkapte vorm: mensen zijn eerst een aantal maanden uitzendkracht voordat ze in dienst komen. Op die manier hebben ze een zeer uitgebreide arbeidsproef van een paar maanden ondergaan.

Assessmentcenter

Een assessmentcenter geeft inzicht in het gedrag van een kandidaat in relatie tot een specifieke functie of ter beoordeling van het doorgroeipotentieel van een kandidaat. Het bestaat uit activiteiten en oefeningen waar kandidaten aan deelnemen en die worden geobserveerd en gescoord door assessoren. Dit kunnen mensen zijn uit het eigen bedrijf die daarvoor zijn getraind, of van het adviesbureau dat het assessment uitvoert.

Het is belangrijk je te realiseren dat zelf assessoren trainen en inzetten tijdrovend en duur is. Het is dan ook zeker de moeite waard dit aan een extern bureau over te laten.

Het **assessment** bestaat uit onderdelen die de werkelijkheid van de organisatie en de vacature nabootsen. Het zijn als het ware simulaties van de functie. Zo kun je voor een hr-manager denken aan een rollenspel met een ontslaggesprek met een slecht functione-rende medewerker, en voor een salesmanager aan een verkoopgesprek met een norse klant.

Steeds vaker zie je dat assessments online worden gedaan. Eerder gaven we de voor-beelden van de inzet van gaming en video. Dat vergroot de snelheid en is breder inzetbaar.

Mogelijke opdrachten bij een assessment:

- Postbakoefeningen: een kandidaat krijgt fictieve poststukken en moet hierop, onder tijdsdruk, actie ondernemen. Dat betekent prioriteiten stellen, problemen oplossen enzovoort. Op deze manier krijg je een indruk van hoe de kandidaat zaken aanpakt en omgaat met druk. In de openingscase wordt deze oefening online ingezet bij de selectie van rechters.
- Rollenspel passend bij de functie: de kandidaat krijgt een rol toebedeeld (verge-lijkbaar met de rol van de vacature) en moet een bepaald probleem oplossen met een fictieve medewerker, collega of klant. Een online variant wordt gebruikt bij de Amerikaanse brandweer. Daar blust een brandweerman een digitale brand, waarbij hij voor allerlei keuzes wordt gesteld.
- Presentatie: de kandidaat houdt een presentatie over een onderwerp voor een groep mensen. Dit kan bijvoorbeeld gaan om een vakinhoudelijk onderwerp. Ook hier kun je kandidaten vragen online een korte presentatie op te nemen over een specifieke vraag.
- Groepsdiscussie: de kandidaat wordt in een groep geplaatst en moet samen met de groep tot een oplossing komen van een probleem. Je krijgt inzicht in onder andere de overtuigingskracht van kandidaten en hun denkkracht.

Voorwaarden voor een assessment

Vooraf moet duidelijk zijn wat je in het assessment wilt meten. Dat betekent dat je scherp voor ogen moet hebben welke criteria uit de functie je wilt kunnen beoordelen. Net als bij het interview zorg je ervoor dat je deze criteria in gedrag vertaalt en je zo concreet mogelijk voorstelt wat je bij een kandidaat wilt zien (zie ook Stap 1 bij 'De inhoud van het gesprek'). Tijdens de assessments kun je niet naar een onbeperkt aantal criteria kijken. Wanneer je maximaal vijf criteria beoordeelt, zou dat realistisch zijn.

VOORBEELD: GEDRAG BIJ HET CRITERIUM 'ONDERNEMERSCHAP'
- Hij streeft naar het bereiken van resultaten en het nemen van besluiten.
- Hij onderzoekt kansen.
- Hij zoekt naar slimme oplossingen om dingen beter te kunnen doen.
- Hij wil doelstellingen bereiken.
- Hij is energiek en streeft naar het realiseren van nieuwe ideeën.

1 De criteria zijn leidend voor de vorm

De te observeren criteria en het bijbehorende gedrag bepalen de vorm van het assessment dat je kiest. Wanneer je besluitvaardigheid en stressbestendigheid wilt toetsen is een (online) postbakoefening een goed middel. Sensitiviteit toets je eerder in een rollenspel, leiderschap in een groepsdiscussie.

2 Assessoren trainen

Assessoren moeten begrijpen wat ze moeten scoren en hoe ze dat moeten doen. Ze moeten daarom geïnstrueerd worden over het soort gedrag dat ze moeten waarnemen en registreren, en over hoe ze dat gedrag moeten scoren. En het moet duidelijk zijn hoe de normering plaatsvindt, zodat van tevoren duidelijk is of de score van kandidaten goed genoeg is.

3 Een 'objectieve waarneming'

Het gedrag moet zo objectief mogelijk worden gewaardeerd. Dat kan door het volgen van de volgende stappen:
- De assessoren kijken naar het gedrag.
- Ze beschrijven het gedrag dat ze zien tijdens de oefening.
- Ze waarderen/scoren het gedrag dat ze hebben gezien individueel.
- Ze bespreken het gedrag met elkaar en wisselen daarna de waardering uit.
- Ze bepalen of de score voldoende is voor de norm in de functie.

4 Kosten-batenafweging

Een uitgebreid assessment is tijdrovend en arbeidsintensief. Het wordt daarom meestal pas in de laatste fase van de selectie gedaan, met de kandidaten die voldoen aan het profiel maar over wie nog extra informatie over specifiek gedrag gewenst is.

Een alternatief voor een uitgebreid assessment is een **beperkte asssessmentoefening**. Er wordt dan alleen een situatie uit de functie nagebootst. Denk aan een slecht-nieuwsgesprek. Dat zou kunnen worden gedaan in aansluiting op een tweede interviewronde. Het voordeel is dat er minder assessoren en tijd mee gemoeid zijn.

Een andere mogelijkheid is de inzet van een online variant, die eenvoudiger en goedkoper kan worden ingezet.

VOORBEELD: SENSITIVITEIT

Je bent op zoek naar een hr-manager met een grote mate van sensitiviteit. Hij moet zich zeer goed kunnen inleven en moet kunnen begrijpen hoe een ander zich voelt. Twee kandidaten nemen deel aan een rollenspel waarbij ze een niet functionerende medewerker moeten ontslaan. De assessoren scoren het gedrag van de twee kandidaten als volgt:

Kandidaat 1

CRITERIUM	SCORE (1-5)	VOORBEELDEN
Sensitiviteit	1	Walst tijdens het ontslaggesprek over de gevoelens van de medewerker heen. Gaat alleen in op de inhoud en niet op het gevoel van de medewerker. Toetst niet wat de ander ervan vindt.

Kandidaat 2

CRITERIUM	SCORE (1-5)	VOORBEELDEN
Sensitiviteit	4	Voelt goed aan hoe de boodschap overkomt. Weet de inhoud helder over te brengen en toetst aan het einde van het gesprek wat de medewerker ervan vindt. Heeft een actieve luisterhouding en vat samen.

De norm was een grote mate van sensitiviteit en een zeer goed inlevingsvermogen. Kandidaat 1 voldoet niet aan deze norm, kandidaat 2 wel.

6.5.5 Het inwinnen van referenties

Referenties inwinnen betekent eigenlijk niets anders dan aanbevelingen vragen. Je vraagt, meestal telefonisch, informatie op bij een derde partij over de sollicitant. Je controleert of de informatie die de sollicitant over zichzelf heeft gegeven juist is en krijgt een inschatting van de kwaliteiten van de sollicitant. Meestal worden er twee referenties gevraagd. Voordat je een referent benadert moet de sollicitant daarvoor toestemming geven (zie ook de NVP Sollicitatiecode).

Het middel is niet echt betrouwbaar, want een selecteur belt naar iemand die hij niet kent en ook nooit zal ontmoeten. Dat betekent dat er snel miscommunicatie mogelijk is. Toch wordt het middel voor hogere functies in ongeveer de helft van de gevallen gebruikt. Het zou echter onverstandig zijn referenties zwaar te laten meewegen tijdens het selectieproces. Het is eerder een controlemiddel om eerdere bevindingen te toetsen dan een selectiemiddel.

INHOUD VAN EEN REFERENTIECHECK

- Voorstellen en een korte introductie van de reden van het gesprek.
- Wat was de relatie van de referent met de kandidaat?
- Hoe lang kent de referent de kandidaat?
- In welke termen (bijvoeglijke naamwoorden) zou de referent de kandidaat willen omschrijven, en waarom?
- Beschrijf de specifieke sterke punten van de kandidaat in de huidige carrière/positie.
- Beschrijf de belangrijkste vlakken waar de kandidaat zich moet verbeteren of ontwikkelen.
- Zijn er voorvallen waarbij de kandidaat oneerlijk of niet in het belang van zijn werkgever heeft opgetreden? Kunt u deze situatie beschrijven?
- Heeft de kandidaat een unieke bijdrage geleverd aan zijn werkgever/klant?
- Hoe waardeert u de kandidaat op een schaal van 1 tot 5 (waarbij 1 het slechtste is en 5 het allerbeste aangeeft) op de volgende eigenschappen:

CRITERIA	RATING (1-5)
Communicatie	
Teamwork	
Management	
Probleem oplossen	
Flexibiliteit	

- Leg aan de referent in generieke termen de nieuwe/potentiële positie uit en probeer een algemene mening te krijgen van de geschiktheid van de kandidaat voor de rol.
- Zou u deze persoon opnieuw aannemen als u een geschikte of gelijkwaardige positie vacant zou hebben in uw organisatie?

REFERENTIECHECK GOOGLE

Google heeft de netwerken en achtergronden van zijn medewerkers goed in kaart. Wanneer een kandidaat in het verleden bij een zelfde bedrijf heeft gewerkt als een van de medewerkers, vraagt Google referenties over de kandidaat bij zijn eigen medewerker na. Daarmee wil Google voorkomen dat een kandidaat alleen referenties geeft die alleen een positief verhaal over hem vertellen.

6.6 De afweging

Je hebt twee kandidaten gevonden die geschikt lijken voor de functie van verkoopmedewerker. Tim heeft ruime ervaring als verkoper maar heeft nooit in een team gewerkt. Astrid is jong, heeft duidelijk potentieel, werkt in de branche, maar heeft nooit als eindverantwoordelijk verkoopmedewerker gewerkt. Welke persoon kies je?

De selecteur beslist uiteindelijk welke kandidaat hij kiest. Ook al scoor je alle gedrag dat je hebt gezien tijdens de interviews, testen en assessments in cijfers en lijkt het een objectief verhaal, het blijft uiteindelijk het verhaal van de interviewer of assessor. Het is zijn inschatting van de geschiktheid van een kandidaat; een subjectief verhaal dus. Om de beslissing goed te kunnen nemen, kun je de gegevens inzichtelijk ordenen en prioriteiten aangeven.

Criteria opstellen

Je zet de selectiecriteria waaraan de kandidaat moet voldoen op een rijtje. Als het goed is, heb je deze criteria in het begin van het selectieproces tijdens de functieanalyse al benoemd. In die fase heb je ook inzichtelijk gemaakt wat het gedrag is dat past bij deze criteria en dat je bij deze kandidaat wilt zien.

Bijvoorbeeld: het criterium is 'leervermogen'. Gedrag dat daarbij hoort: past lessen uit het verleden toe in nieuwe situaties, probeert eigen prestaties te verbeteren, is geïnteresseerd in feedback en doet daar iets mee, staat open voor suggesties om zich te ontwikkelen.

Prioriteiten bepalen en scoren

In het overzicht met de criteria bepaal je je prioriteiten. Je geeft aan wat een kandidaat zeker moet kennen en kunnen, en wat misschien wenselijk is, maar niet verplicht. Deze criteria scoor je op basis van alle informatie die je hebt verzameld tijdens het selectieproces. Het is verstandig om alle verzamelde informatie nog eens door te lezen voor je het formulier invult. Op die manier vertrouw je niet alleen op je geheugen – want dat laat je wel eens in de steek.

Beslissing nemen

Op basis van wat je in kaart hebt gebracht, kom je tot een beslissing. Meestal neemt de leidinggevende, als eindverantwoordelijke, het besluit. Hrm/recruitment heeft een adviserende rol bij het maken van de afweging.

Criteria evalueren

Hierna volgt een voorbeeld van een evaluatie voor de selectie van een leidinggevende voor een wasmiddelenfabriek.

TABEL 6.2 *Voorbeeld evaluatie leidinggevende.*

	PRIORITEIT	SPECIFICERING	MATIG	GOED	UITSTEKEND
Kennis		Van wasmiddelen			
	hoog	Van fabrieken/productiebedrijven			
Vaardigheden	hoog	Leidinggeven			
	hoog	Visie ontwikkelen			
		Samenwerken			
Eigenschappen		Doorzettingsvermogen			
	hoog	Tactvol			
		Accuraat			
		Leervermogen			
Interesse en motivatie	hoog	Voor een leidinggevende functie			
		Voor de wasmiddelenindustrie			
Voorwaarden		Arbeidsvoorwaarden			
		Onregelmatige tijden			
Inpassen	hoog	In de bedrijfscultuur			
		Met de personen (leidingge-vende/team)			

Afwijzen

Het afwijzen van kandidaten vereist grote zorgvuldigheid. Zij hebben veel tijd en energie gestoken in het sollicitatieproces en mogen dus uitgebreide feedback verwachten. Hoe verder zij zijn in het selectieproces, hoe meer zij rekenen op een specifiekere uitleg.

Afwijzen kan schriftelijk. Je kunt ervoor kiezen kandidaten de mogelijkheid te bieden te bellen naar een contactpersoon voor een toelichting op de afwijzing. Voor interne kandidaten is het verstandig de afwijzing sowieso mondeling toe te lichten, want je zult daarna nog met hen verder moeten in de organisatie. Met een persoonlijk gesprek kun je beter inschatten hoe zij met de afwijzing en teleurstelling omgaan.

PILOT

Iedere sollicitant is ook een klant. Dat geldt zeker voor een verzekeringsmaatschappij. Je wilt dit proces alleen daarom al zo zorgvuldig mogelijk doen. Een grote verzekeraar deed een pilot om iedere kandidaat persoonlijk af te wijzen met een telefoontje. Zeer arbeidsintensief. Het leidde in ieder geval tot een betere job branding: recuiters wilden minder sollicitanten en hebben hun wervingstraject aangescherpt om te zorgen dat de juiste kandidaten solliciteerden.

Het is belangrijk in de toelichting om de kandidaat in zijn waarde te laten. Het is bijvoorbeeld verstandig aan te geven dat je vindt dat een andere kandidaat qua ervaring naar jouw inschatting beter past bij je organisatie, in plaats van opmerkingen te maken die zeer negatief overkomen. 'U bent niet slim genoeg voor deze functie' is niet alleen kwetsend voor de kandidaat; het is ook nog eens slecht voor het imago van de organisatie wanneer zoiets gezegd wordt.

In het hoofdstuk over werving (hoofdstuk 5) gingen we in op kandidaten die het net niet zijn geworden. Dit zijn kandidaten die voor een volgende vacature heel geschikt zouden kunnen zijn. Je wilt hen graag in de portefeuille (in de talentpool) houden om hen eventueel in de toekomst te kunnen benaderen voor een baan. Het afwijzen van deze kandidaten vraagt een nog grotere zorgvuldigheid, om ervoor te zorgen dat zij als mogelijke kandidaat behouden blijven.

6.7 Van selectie naar aanstelling

6.7.1 Een laatste check

Je hebt een kandidaat geselecteerd en wilt hem een aanbod doen. Voordat je hem een aanbod doet, kan het zijn dat je nog twee zaken wilt onderzoeken: de gezondheid van de kandidaat, en de integriteit van de kandidaat. Beide mogen alleen worden onderzocht wanneer dat passend is voor de functie.

Een medische keuring

Met de medische keuring krijg je een beeld van de lichamelijke gezondheid van een kandidaat. Het kan een uitgebreid onderzoek door een arts zijn, maar ook een beperkte schriftelijke vragenlijst. In Nederland zijn medische keuringen alleen toegestaan als het echt noodzakelijk is. Bij bijvoorbeeld zwaar lichamelijk werk of werk als piloot wil je achterhalen of iemand medisch geschikt is om de baan te doen. Vragen die niets met de functie te maken hebben mogen niet worden gesteld.

De medische keuring mag ook niet worden gebruikt om een selectie te maken tussen kandidaten, bijvoorbeeld om de sterkste kandidaat te kiezen. Het is alleen een toets van de geschiktheid van de gekozen kandidaat.

De kandidaat krijgt als eerste de uitslag van het medisch onderzoek en moet toestemming geven voordat de resultaten worden doorgestuurd.

Een antecedentenonderzoek

Dit is een onderzoek naar iemands geschiedenis en strafrechtelijk verleden. Dat kan bestaan uit een Verklaring Omtrent het Gedrag (VOG), die bij de gemeente op te vragen is. Die verklaring krijgt een sollicitant niet wanneer hij door de rechter is veroordeeld voor een misdrijf of een zware overtreding. Het natrekken van antecedenten kan ook bestaan uit een uitgebreider onderzoek, zoals voor banen binnen de financiële sector. Voor een vacature bij de politie of defensie vindt vanwege het landsbelang een zeer uitgebreid onderzoek door de AIVD plaats.

6.7.2 Het voorbereiden van een aanbod

Om tot een goed aanbod te komen, moet rekening worden gehouden met twee partijen:

- Een kandidaat is op zoek naar positieverbetering. Dat komt vaak in een vroegtijdig stadium tijdens het wervings- en selectietraject al aan de orde. De wensen voor positieverbetering kunnen heel verschillend zijn: een vast contract, betere arbeidsvoorwaarden, inhoudelijk interessanter werk of doorgroeimogelijkheden. Bij het maken van een aanbod probeer je aan te sluiten bij de wensen en verwachtingen van een kandidaat.
- De organisatie wil een aanbod doen dat past bij wat gebruikelijk of verplicht is binnen het bedrijf of de bedrijfstak. Vaak is de organisatie gebonden aan wetgeving en/of collectieve regelgeving in de cao, en aan het bestaande arbeidsvoorwaardengebouw. Organisaties zijn huiverig om hiervan af te wijken, in verband met het scheppen van een precedent. Het aanbod dat je maakt moet aansluiten bij de praktijk.

Als het goed is, heeft de kandidaat in de job brand aan het begin van het sollicitatietraject al een indicatie over het salaris gekregen. Op basis hiervan zou het aanbod niet al te grote verrassingen moeten bevatten en het zou dus niet onmogelijk moeten zijn om tot elkaar te komen.

Uit onderzoek van Workwonders en de Intelligence Group (2014) blijkt dat veel nieuwe medewerkers na binnenkomst teleurgesteld zijn over hun salaris en arbeidsvoorwaarden. Het is verstandig een netto salarisberekening te maken (wat houdt iemand over na afdragen van belastingen, pensioenpremies en andere bijdragen).

Gezien de grote diversiteit in mogelijkheden en uitwerkingen van arbeidsvoorwaarden en de doelstellingen van dit boek, zullen we niet gedetailleerd ingaan op de verschillende arbeidsvoorwaarden. In het kader 'Checklist arbeidsvoorwaarden' vind je een opsomming van de arbeidsvoorwaarden waarmee je rekening kunt houden bij het voorbereiden van je aanbod.

Het aanbod wordt opgenomen in een arbeidsovereenkomst. Hierin vindt de kandidaat de arbeidsvoorwaarden en verwijzingen naar toelichtingen op de arbeidsvoorwaarden. Het aanbod wordt de kandidaat toegestuurd, evenals de regelingen die gelden voor de organisatie (denk aan de cao, de ziektekostenregeling of het pensioenreglement).

6.7.3 Het doen van een aanbod

Het aanbod is toegestuurd aan de kandidaat. Dan is het wachten op zijn reactie. Dit is een moment waarop de belangstelling voor kandidaten bij veel recruiters wegvalt, terwijl dit juist de meest cruciale fase in het selectietraject is. Je hebt tot dit moment veel tijd en energie gestoken in het vinden en selecteren van een goede kandidaat. Nu je hem hebt gevonden, wil je niet dat de kandidaat alsnog afhaakt, want dan zul je de werving en selectie opnieuw moeten opstarten.

Op het moment dat de kandidaat het aanbod heeft gekregen begint hij nog eens extra na te denken. Heb ik wel de juiste beslissing genomen? Is dit wel wat ik wil? Moet ik toch niet verder rondkijken? De twijfel kan toeslaan. En jíj wilt dat hij ja zegt!

Je moet ervoor zorgen dat er tussen het sturen van het aanbod aan de kandidaat en de ondertekening van het aanbod door de kandidaat, intensief contact is met de kandidaat. De recruiter belt om te vragen of alles duidelijk is; de manager belt om hem te feliciteren en toe te lichten wat er voor de komende tijd in de planning staat; de organisatie stuurt een bloemetje met de boodschap 'Het lijkt ons leuk om jou te verwelkomen in onze organisatie', enzovoort. Het soort contact moet passen bij de cultuur van de organisatie en de personen. Maar het is belangrijk na te denken over de manier waarop je contact gaat onderhouden met een geselecteerde kandidaat, want die wil je niet meer uit je vingers laten glippen!

CHECKLIST - ARBEIDSVOORWAARDEN
Doorloop de arbeidsvoorwaarden zoals opgenomen in cao of regelingen om een passend aanbod te maken.

Salaris en arbeidsvoorwaarden
- concurrerend salaris (netto berekening);
- tantième of dertiende maand;
- bonusregeling / winstdelingsregeling;
- prestatiebeloning;
- aandelenopties.

Soort dienstverband en uren
- vast dienstverband / flexibele arbeidsovereenkomst;
- parttimefunctie / fulltimefunctie;
- minimale opzegtermijn;
- vaste werktijden / variabele werktijden / eigen werktijden bepalen;
- vrij tijdens schoolvakanties / arbeidstijdverkorting / *sabbatical leave*;
- verhuisplicht / thuiswerken;

- al dan niet een concurrentiebeding;
- detachering buiten de organisatie.

Onkostenvergoedingen
- vergoeding woon-werkverkeer;
- vergoeding van autokosten, telefoonkosten, representatiekosten, vaste onkosten, verhuiskosten;
- onregelmatigheidstoeslagen;
- vergoeding lidmaatschappen beroepsverenigingen;
- auto / fiets / computer / telefoon van de zaak.

Verzekeringen en pensioen
- collectieve ziektekostenverzekering;
- collectieve pensioenverzekering / bijdrage pensioenkosten / reparatie pensioenbreuk;
- aanvullende ziektekostenverzekering;
- ouderschapsverlof; kinderopvang; bijdrage kosten kinderopvang;
- volledige dekking arbeidsongeschiktheidsrisico.

Ontwikkelingsmogelijkheden
- regelmatige functiewisseling; functieroulatie tussen afdelingen; loopbaanplanning;
- loopbaanbegeleiding; managementdevelopmentprogramma;
- functiegerichte opleidingen; algemene, niet-functiegerichte opleidingen;
- vergoeding voor congressen en seminars; studiekostenvergoeding; studeren in werktijd;
- recreatieve voorzieningen; bedrijfsfitness.

6.8 Evaluatie van het selectieproces

Het succes van het recruitmenttraject en de recruiter kun je op veel verschillende manieren meten. Voor iedere organisatie zullen weer andere zaken belangrijk zijn. Voor de ene organisatie gaat het om de snelheid van het invullen van de vacature. Denk bijvoorbeeld aan een supermarkt: je kunt geen dag zonder vakkenvullers. Voor een andere organisatie gaat het eerder om de beste kwalitatieve match: een R&D-afdeling zoekt een zeer specifiek soort kennis en die kwalitatieve kennis en een goede match met de organisatie gaan dan boven snelheid.

Candidate experience

Wat voor alle organisaties relevant is, is de klanttevredenheid over het recruitment- proces, de snelheid, de kandidaat, de recruiter, enzovoort. Daarbij gaat het om het onderzoeken van de tevredenheid van de lijnmanager en van de kandidaat. Het onder- zoek naar de beleving en tevredenheid van een kandidaat noemen we de 'candidate experience'. Hierbij kun je kiezen om alleen de tevredenheid van de aangenomen kandi- daat te evalueren, maar het is net zo relevant de tevredenheid van de niet-aangenomen kandidaat te meten. Wanneer hij met een katterig gevoel zit en dat met iedereen deelt op Google of Glassdoor ('moet je nou eens horen hoe ze met me omgegaan zijn tijdens mijn sollicitatie bij organisatie x'), kan dat slecht zijn voor het imago van de organisatie.

Uitgebreide vragenlijst

Na het selectietraject stuur je een evaluatieformulier aan de kandidaten en de lijnmanager. Er kunnen afspraken worden gemaakt over een minimale kwaliteitsscore door de afdeling en de individuele recruiter. Meer hierover vind je in hoofdstuk 8 over ken- en stuurgetallen.

CHECKLIST – EVALUATIE VAN HET RECRUITMENTTRAJECT

Het recruitmenttraject evalueer je bij voorkeur met een laagdrempelige online-enquête over factoren die niet bekend zijn bij recruitment. Zorg dat het anoniem kan worden gedaan. Onderwerpen die op het evaluatieformulier voor een kandidaat kunnen staan zijn:

- Werving:
  - Hoe heeft iemand de vacature gevonden?
  - Kende iemand de organisatie voordat hij ging solliciteren?
  - Hoe effectief heeft de organisatie informatie verstrekt over de organisatie, baan, enzovoort?
- Selectie:
  - Hoeveel interviews zijn er geweest en met wie waren de interviews (lijnmanager, hrm enzovoort)?
  - Hoe wordt door de kandidaat het volgende ervaren:
    › de inhoud van de gesprekken;
    › de snelheid van het proces;
    › de informatie over het selectieproces en de individuele stappen hierin;
    › het doen van het aanbod;
    › de opvolging na het aanbod?
- Wat is de waardering over de recruiter (professionaliteit, informatie verstrekken, proces begeleiden, kennis en kunde)?
- Wat is de waardering over het totale wervings- en selectietraject?
- Waar liggen verbetermogelijkheden in het traject?
- De mogelijkheid om contactgegevens te vermelden en contact op te laten nemen.

Onderwerpen die op het evaluatieformulier voor een manager kunnen staan:
- Is voldoende informatie verstrekt over het wervings- en selectietraject (aanmelden vacature, wervings- en selectieproces, de te maken tijdsinvestering van de vacaturehouder, doorlooptijden voor de vacature)?
- Hoe ervaart de lijnmanager de functieanalyse?
- Werving: hoe ervaart de lijnmanager het volgende:
  - afstemming van het wervingsplan;
  - de verwachte inzet van de lijnmanager;
  - de kosten-batenanalyse van de ingezette middelen en kanalen;
  - de effectiviteit van het wervingstraject.

- Selectie: hoe ervaart de lijnmanager het volgende:
  - voorbereiding op de interviews: benodigde gespreksvaardigheden, duidelijkheid over criteria;
  - evaluatie van gesprekken;
  - inzet van selectiemiddelen;
  - maken van een aanbod door de recruiter en opvolging na het aanbod;
  - begeleiding van kandidaten;
  - de snelheid van het proces.
- Wat is de waardering over de recruiter (professionaliteit, informatie verstrekken, proces begeleiden, kennis en kunde over de vacature)?
- Zou u onze organisatie aanbevelen als werkgever voor een vriend of collega, 1 t/m 10. Bij < 6: Waarom niet?
- Waar liggen verbetermogelijkheden in het traject?
- De mogelijkheid voor de sollicitant om zijn contactgegevens te vermelden en contact op te laten nemen door hrm.

REFLECTIE OP PERSONEELSSELECTIE

Van de Nederlandse organisaties:
- meet slechts 20% de effectiviteit van haar personeelsselectie;
- vraagt 50% aan sollicitanten naar hun mening over het selectieproces;
- schakelt 10% voor de evaluatie van haar selectieprocedure externen in.

Selecteurs hebben weinig oog voor reflectie op de eigen selectie. Ze gaan nog vaak op hun eigen gevoel af, ook wanneer ze weten dat gestructureerde interviews een hogere voorspellende waarde hebben.

(UvA / Randstad, 2008)

6.9 Samenvatting

Cv's beoordelen

Na de werving van kandidaten, maak je een selectie uit de cv's die je gekregen hebt voor de vacature. Papier is geduldig. Niet alles wat er staat hoeft juist te zijn, en jij zult kritisch moeten kijken waar je je door laat leiden.

Interviews houden

Hoewel de opbouw van het proces en de opbouw van het gesprek heel relevant zijn, gaat de meeste energie zitten in de inhoud van het gesprek. Op basis van de selectiecriteria en het vastgestelde gedrag bedenk je selectievragen op basis van de STARR-methode. De belangrijkste factoren voor het interview zijn je vraagtechnieken, het toespitsen en verruimen, aantekeningen maken en valkuilen vermijden.

Het gesprek evalueren

Na het gesprek waardeer je wat je hebt gehoord en gezien. Je scoort het gedrag dat past bij de criteria. Wat vind je van deze kandidaat? Vervolgens normeer je wat je hebt gescoord. Is de score van de kandidaat goed genoeg om hierin succesvol te zijn?

Andere selectiemiddelen inzetten

Als je kiest voor extra selectiemiddelen is het belangrijk rekening te houden met de validiteit van de verschillende instrumenten. Bij de inzet van testen, assessments en bijvoorbeeld het inwinnen van referenties kijk je kritisch wat het je oplevert. De instrumenten moeten passen bij de criteria waarover je meer informatie wilt.

Afwegen en afwijzen

Zorgvuldigheid in de afweging en afwijzing bij selectie is zeer belangrijk. Doe je de afwijzing bijvoorbeeld mondeling of schriftelijk? Zorg ook voor een deugdelijke motivatie, en let op het taalgebruik. Alleen zo blijf je in contact met afgewezen kandidaten die mogelijk interessant zijn voor toekomstige vacatures.

Een aanbod doen

Het aanbod moet bij de organisatie en bij de kandidaat passen. Als het goed is kom je aan het einde van het traject niet meer voor verrassingen te staan. Aan de hand van een arbeidsvoorwaardenlijst maak je een afweging. Het is van belang tijd te besteden aan het 'post offer'; in deze fase wil je een kandidaat niet meer verliezen.

6.10 Opdrachten

🎓 Kennisvragen

1. Met een lijnmanager heb je afspraken gemaakt voor het selectieproces voor een nieuwe controller. Alle kandidaten gaan een capaciteitentest maken om de analytische vaardigheden te testen. Een lijnmanager krijgt via via een kandidaat. Het klikt heel goed. De manager vindt het onzin dat deze kandidaat nog een test moet doen. Hoe overtuig je de manager ervan dat de kandidaat toch een test gaat doen?
2. Geef een beschrijving van de STARR-interviewmethode.
3. Een aantal mensen heeft de kandidaat geïnterviewd. Tijdens de evaluatie blijkt dat de lijnmanager alle kandidaten heel veel lager scoort dan de anderen, en daardoor is niemand goed genoeg. Wat doe je? Ga je opnieuw werven? Of probeer je de lijnmanager op andere gedachten te brengen? Waarom?
4. Welke selectiemiddelen kies je voor de volgende functies: een secretaresse, een startende marketingtrainee met het potentieel om snel door te groeien in de organisatie, en een senior manager van een afdeling met veel personeelsproblemen?
5. Bij het afwegen van kosten en baten wordt soms gekozen voor testen in plaats van een assessment. Waarom is dat?
6. Bij het selectieproces staat zorgvuldigheid hoog in het vaandel. Beschrijf drie situaties waarin je de zorgvuldigheid terug moet vinden.

🗄 Cases

CASE 1   SELECTIE VAN EEN VUILOPHALER

Bas werkt bij een afvalverwerkingsbedrijf, Clean-up. Hij is daar verantwoordelijk voor het team van vuilnisophalers. Hij heeft twee vacatures. Eigenlijk zou hij recruiter Remco moeten inschakelen, maar dat is hij helemaal vergeten. Hij heeft zelf eens in zijn netwerk rondgevraagd naar kandidaten. Hij heeft een salarisindicatie gegeven, waarvan hij achteraf weet dat dit aan de hoge kant is.

Bas ziet Remco bij het koffiezetapparaat. 'Ach, helemaal vergeten je even te informeren over mijn vacatures,' zegt Bas. 'Via via krijg ik vanmiddag een kandidaat op bezoek, Teun. Ik stuur hem ook wel even bij jou langs. Zijn gegevens ben ik kwijt, maar het is maar een kennismakingsbabbeltje.' Aan het einde van de middag belt Bas naar Remco. 'Ik ken iemand bij een oude werkgever van Teun en die heb ik even gebeld. Zal Teun vast niet erg vinden. Die oud-werkgever weet niet of Teun wel sterk genoeg is voor dit werk. Niet dat je er echt sterk voor hoeft te zijn ... Maar ik heb toch Teun gebeld en hij krijgt overmorgen een medische keuring. Je weet maar nooit. Ik heb nog een andere kandidaat op het oog en die lijkt een stuk sterker. Ik heb Teun gezegd dat ik hem wel eens aan het werk wil zien. Volgende week donderdag komt hij een dag meelopen.' Teun komt uiteindelijk door de selectie, maar als recruiter Remco met kandidaat Teun gaat praten over het salaris, blijkt dat veel lager te zijn dan Teun in gedachten had. 'Bas heeft een veel hoger bedrag genoemd!'

Wat vind jij van deze gang van zaken? Waar zie jij kans voor verbeteringen? Zijn er ook positieve dingen?

CASE 2   SELECTIE VAN EEN ACCOUNTANT

Je werkt als recruiter voor een grote accountancy-organisatie.. Een accountant zorgt voor inzicht in de financiën en voor het opstellen, beoordelen of controleren van de jaarrekening van organisaties. Dat is nodig omdat zijn klanten op basis van de jaarrekening financiering krijgen of kunnen uitbreiden of overnemen. Hij geeft fiscaal en financieel-economisch advies aan bedrijven.

Welke vragen stel je de kandidaat?

Je bereidt een interview voor de accountancyvacature voor. Wat zijn de belangrijkste criteria voor de selectie van een goede accountant. Welke vragen ga je aan een kandidaat stellen om te toetsen of hij over het juiste talent beschikt?

CASE 3   RECRUITER VAN EEN SUPERMARKT

Je werkt als recruiter bij een grote supermarktketen. Er is een flinke reorganisatie bij de keten aangekondigd waarbij caissières hun baan gaan verliezen.

Anne werkt als manager bij een van de supermarkten in Rotterdam. Ze is verantwoordelijk voor het team van 45 caissières. Ze heeft een vacature voor een hoofdcaissière, iemand die een groepje stagiaires aanstuurt. Het zou een mooie baan kunnen zijn voor één van de caissières die ontslagen moeten worden, maar Anne heeft geen zin in de rompslomp om interne kandidaten te laten solliciteren. Er is niets over afgesproken binnen het bedrijf, dus dan liever niet. Waarschijnlijk krijgt ze veel reacties van mensen die hun baan kwijtraken en iedereen die ze afwijst is daarna gedemotiveerd. Ze zoekt wel een kandidaat van buiten. Ze belt jou als recruiter om te vragen of je een leuke advertentie opstelt en op een vacaturesite plaatst.

Welke argumenten gebruik je om Anne ervan te overtuigen toch eerst naar interne kandidaten te kijken?

Hoofdstuk 7
Onboarding

Nieuwe medewerkers succesvol aan boord krijgen

Leerdoelen

Nadat je dit hoofdstuk hebt gelezen, moet je het volgende kunnen:
- de definitie en het belang van onboarding kennen;
- de drie doelstellingen van onboarding kennen;
- weten welke acties, mensen en middelen belangrijk zijn voor een goede onboarding;
- het belang kennen van het managen van de verwachtingen van nieuwe medewerkers en de organisatie.

Openingscase

ING Onboarding

ING organisatie

ING is als bank actief op de particuliere en zakelijk markt in 40 landen. Ze doet zaken doet met 33 miljoen klanten. In Nederland werken 16.000 mensen bij ING.

ING heeft jaarlijks meer dan 5.000 vaste en flexibele nieuwe medewerkers. Voor de vaste en flexibele medewerkers zette ING een onboardingsprogramma op, Enter>ING. De afdeling recruitment is als regisseur en adviseur verantwoordelijk voor de borging van het programma.

Het onboardingsprogramma

ING wil met het onboardingsprogramma de nieuwe medewerker het gevoel geven dat hij een juiste keuze heeft gemaakt voor ING. Het bevestigt zijn trots op ING en hij voelt zich welkom en

met programma kan hij nog beter aan de slag. Tijdens de eerste 100 dagen wordt
...ijkste zaken van ING geïnformeerd en leert hij de organisatie echt goed kennen.
...grijkste onderdelen van het programma:

...tranet voor manager en nieuwkomer.
Op het intranet vindt een nieuwe medewerker vooral informatie over praktische zaken.
Het zorgt ervoor dat nieuwkomers hun weg vinden binnen ING. Denk aan informatie over
arbeidsvoorwaarden en pensioenen. Waar regel je zaken als je computer, bezoekers,
ziekmelding? Welke systemen zijn er? Wat zijn de gedragscodes? Hoe zit het met risk en
compliance? Hoe zit de financiële wereld in elkaar? En de ING-organisatie en haar klanten?
Hoe verloopt loopbaanontwikkeling?Enzovoort. Het is een grote vraagbaak met alle data
en contactgegevens om de organisatie en haar omgeving te leren kennen.

- Digitaal inwerkprogramma: triggermail.
  Medewerkers activeren op de eerste dag via de site hun digitale inwerkprogramma. Ze
  krijgen tijdens de eerste 100 dagen wekelijks een triggermail die hen naar een pagina
  leidt waarop staat uitgelegd wat ze moeten leren of doen om een echte ING'er te worden.
  Ze kunnen terechtkomen bij e-learningmodules of quizjes die een onderwerp uitlichten.
  Denk aan fraude awareness en gewenst gedrag. Het start in week 1 met een kennismaking
  met de systemen en de bank, en eindigt met modules over loopbaanontwikkeling en plan-
  ningsafspraken. Aan het einde van de 100 dagen is er een checklist om te kijken of er niets
  vergeten is.

- Twee live events in Amsterdam.
  Naast de digitale ondersteuning is er een tweetal live events. Het eerste event gaat over
  de nationale en internationale organisatie van ING en over de business lines. Het tweede
  event vindt na ongeveer zeven weken plaats. Daarin staan klanten centraal. Maar ook de
  ING Strategie, waarden en Performance Management.

- Informatie voor managers en host voor de eerste 100 dagen.
  De managers worden voorbereid op de komst van een nieuwe medewerker en het
  programma dat die gaat doorlopen. Ook krijgen ze instructies voor het maken van een
  goede keuze voor een host die als steun en toeverlaat kan dienen voor de nieuwkomer.
  Een goede host zorgt ervoor dat een manager veel werk uit handen wordt genomen.

Het programma is opgenomen in een overzichtelijk schema waarin per week wordt aangegeven
wat een medewerker en manager kunnen verwachten.

Een les voor recruitment

- Nieuwkomers kunnen niet meteen alles overzien, zeker niet in een grote organisatie. Een
  aanpak die informatie in stapjes overdraagt werkt goed. Van grote lijnen naar details. En
  van hier en nu naar de toekomst

- Een nieuwkomer speelt een belangrijke rol in zijn onboarding. Hij moet hier actief mee
  aan de slag. Maar ook zijn manager. Het is verstandig om daarnaast een buddy (of zoals
  ING deze persoon noemt: host) aan te wijzen die iemand wegwijs maakt bij de dagelijkse
  gang van zaken.

7.1 Inleiding

Je had een vacature voor een nieuwe secretaresse voor de directie van een groot interna-tionaal farmaceutisch bedrijf, Farmacon. Je hebt een prima kandidaat gevonden: Jet. Je hoopt dat ze langer blijft zitten dan de vorige twee secretaresses, want die zijn allebei na zes maanden vertrokken. Jet heeft eerder als directiesecretaresse gewerkt, maar heeft geen ervaring in de farmaceutische industrie. Uit de selectie kwam naar voren dat haar busi-ness-Engels en stressbestendigheid wat zouden mogen verbeteren. Hoe zorg je dat Jet zo snel mogelijk operationeel wordt en langer bij de organisatie blijft dan haar voorgangsters?

In de vorige hoofdstukken gingen we in op de werving en selectie van een nieuwe mede-werker. In dit hoofdstuk zullen we ingaan op de fase daarna. Het contract is opgestuurd en de medewerker heeft het aanbod geaccepteerd. Je wilt dat de nieuwe medewerker zijn baan zo snel mogelijk in de vingers heeft en goed functioneert. Daarvoor moet een nieuwe medewerker de organisatie en de baan goed leren kennen en weten wat er van hem wordt verwacht. Alleen op die manier kan hij de verwachtingen waarmaken en uitgroeien tot een succesvolle medewerker.

Bovendien wil je dat de nieuwe medewerker voor de organisatie behouden blijft. Hij moet dus interesse blijven houden om deze baan te blijven doen en bij de organisatie werk-zaam te blijven. Medewerkers die twijfelen over hun nieuwe baan of werkgever, krijgen hun eerste twijfels meestal al na zes weken ('heb ik wel de juiste keuze gemaakt?'). Na drie maanden oriënteren ze zich op een andere baan en na een halfjaar zijn ze vertrokken. Reden om extra aandacht te besteden aan nieuwe mensen goed aan boord krijgen.

In dit hoofdstuk gaan we in op onboarding. Wat is onboarding en wat is het verschil tussen onboarding en een introductieprogramma? We behandelen het nut en de doel-stellingen van onboarding. Wat wil je ermee bereiken? Wat maakt een onboardings-programma succesvol? Ook kijken we naar de manier waarop je een programma kunt evalueren. In *paragraaf 7.6* vind je een checklist die je kunt gebruiken om binnen een organisatie een programma voor onboarding op te zetten.

7.2 Wat is onboarding?

Met behulp van **onboarding** wil je nieuwe medewerkers succesvol aan boord nemen van je organisatie. Een goede Nederlandse term bestaat er eigenlijk niet voor. Soms wordt de term 'inburgering' gebruikt.

> **ONBOARDING** Onboarding is een samenspel van introductieactiviteiten van de organisatie en het leerproces dat een medewerker doormaakt om zijn rol binnen de organisatie effectief in te vullen. Het is iedere geplande en ongeplande ervaring van een nieuwe medewerker die bijdraagt aan zijn succes en die zorgt voor betrokkenheid bij de visie, strategie, doelstellingen en cultuur van de organisatie.

Je kunt onboarding het best beschrijven als een combinatie van introductie en organisa-tiesocialisatie van nieuwe medewerkers.

- *Introductie*

  Introductie laat zich omschrijven als het geheel van activiteiten die een organisatie oppakt om te zorgen dat de kennismaking met het bedrijf voor een nieuwe medewerker optimaal verloopt. Dat gaat met name om het verschaffen van informatie door middel van introductiecursussen, websites of kennismakingsgesprekken.
- *Organisatiesocialisatie*

  Organisatiesocialisatie laat zich omschrijven als een leerproces waarin de nieuwe medewerker zich de kennis, de vaardigheden en het gedrag eigen maakt die nodig zijn om zijn rol binnen een organisatie effectief in te vullen. Een medewerker moet begrijpen wat er van hem verwacht wordt, wat hij moet weten en kunnen om zijn werk goed te doen, welke mensen hij daarvoor moet kennen, hoe de cultuur van de organisatie is.

In de volgende paragraaf zullen we aan de hand van de doelstellingen van onboarding toelichten hoe een succesvolle onboarding tot stand kan komen.

PSYCHOLOGISCH CONTRACT

Onboarding begint eigenlijk bij werving. Daar ontstaan verwachtingen over en weer. De verwachtingen van de werknemer vormen het **psychologisch contract** tussen werkgever en werknemer. Dit is een ongeschreven (en meestal onuitgesproken) contract tussen twee partijen. Een medewerker krijgt wat van een organisatie (salaris, aandacht, status, vertrouwen, zekerheid, enzovoort), en een organisatie krijgt wat van een medewerker (arbeid, loyaliteit, inzet). Als het goed is, ervaren de medewerker en de organisatie een evenwicht in deze rechten en plichten, en dit evenwicht brengt voldoening aan een medewerker en de organisatie. Zowel de medewerker als de organisatie brengt iets in en verwacht er iets voor terug.

Tijdens de onboarding wordt duidelijk of de verwachtingen uit het wervings- en selectietraject uitkomen. De onboarding is het begin van de afstemming van verwachtingen in het psychologisch contract. Een goede onboarding zorgt voor een stevig evenwicht in dit contract.

7.3 Doel van onboarding

De directie van Farmacon heeft je een duidelijke missie meegegeven bij de komst van Jet, de nieuwe directiesecretaresse. 'Jet moet snel operationeel zijn,' zegt de verkoopdirecteur. 'Jet moet de beste directiesecretaresse worden die we ooit hebben gehad,' zegt de financieel directeur. 'Jet moet vooral blijven,' zegt de algemeen directeur. Jet gaat over een maand beginnen. Jij gaat de voorbereidingen treffen voor de komst van Jet, om ervoor te zorgen dat ze niet gedesillusioneerd wegloopt, zoals haar voorgangsters.

Een onboardingsprogramma heeft drie belangrijke doelstellingen voor de organisatie:
- De nieuwe medewerker is zo snel mogelijk operationeel.
- De nieuwe medewerker wordt heel succesvol.
- De nieuwe medewerker blijft behouden voor de organisatie.

In deze paragraaf gaan we in op deze drie doelstellingen en de condities om deze doelstellingen waar te maken.

7.3.1 Snel operationeel worden

Een maand nadat Jet start, vindt er een internationale klantenmeeting plaats. Farmacon organiseert deze bijeenkomst met vijftig klanten. Samen met de salesmanager moet Jet ervoor zorgen dat de dag vlekkeloos verloopt. Als ze bij Farmacon start, moet ze meteen aan de slag kunnen. Er moet geen tijd verloren gaan met het aanvragen van pasjes of een e-mailadres. Klanten moeten haar weten te vinden. Bovendien moet Jet de klanten en de interne organisatie zo snel mogelijk leren kennen.

Voor de organisatie is het fijn om snel een volwaardig beroep te kunnen doen op nieuwe medewerkers, en voor nieuwe medewerkers is het heel bevredigend om snel een bijdrage te kunnen leveren aan de organisatie. Een tevreden medewerker is op zijn beurt weer goed voor de reputatie van je organisatie op de arbeidsmarkt. Aan mensen die net met een nieuwe baan zijn begonnen, wordt door familie en vrienden immers vaak gevraagd naar hun mening over die baan en het bedrijf, en dan wil je natuurlijk wel dat zij een positief, enthousiast en wervend verhaal vertellen. Reden te meer om tijd te investeren in goede onboarding.

'Snel productief zijn' zal voor een caissière in een supermarkt een ander verhaal zijn dan voor een directeur van een beursgenoteerd bedrijf. Ze moeten allebei de baan leren kennen, maar dat zal een caissière op een heel andere manier doen dan een directeur. Het proces waar ze doorheen gaan is wel voor iedereen gelijk.

Leren kennen van regels en formaliteiten

De logistiek van onboarding begint op de dag van ondertekening van het contract door de kandidaat. Vanaf dat moment wordt de logistiek geregeld en kunnen regels en formaliteiten worden overgedragen. Er worden formulieren aan de nieuwe medewerker toegestuurd zodat bij binnenkomst alle formaliteiten al geregeld zijn: een toegangspas, toegang tot een intranetsite, een e-mailadres, duidelijkheid over een leaseauto, een nieuwe telefoon, visitekaartjes. De nieuwe medewerker hoeft dat niet op zijn eerste dag te doen.

Daarnaast kan kennis worden overgedragen over veiligheid en procedures. Denk bijvoorbeeld aan een industriële omgeving of defensie. Kennis van veiligheidsregels kan van levensbelang zijn.

Achtergrondinformatie

Naast het regelen van de logistiek is het belangrijk de nieuwe medewerker alvast achtergrondinformatie te verstrekken, bijvoorbeeld over de visie en de strategie van de organisatie en over zijn functie. Dat kan door het toesturen van een (digitaal) informatiepakket, of door het verschaffen van toegang tot een intranetsite voor nieuwe medewerkers. De nieuwe medewerker kan op deze manier de organisatie en zijn rol al een beetje leren kennen.

Zorg ervoor dat een nieuwkomer niet overladen wordt door gegevens. Veel data kan hij immers nog niet plaatsen. Een goede intranetsite met mail alert of een app kan informatie doceren.

Ook de toekomstige collega's van een nieuwe medewerker moeten weten dat hij gaat beginnen en wat hij gaat doen. Zij zullen moeten worden geïnformeerd over zijn komst, over de startdatum en over zijn rol binnen de organisatie.

Door organisaties wordt vaak een introductiecursus gepland voor alle nieuwe medewerkers die in een bepaalde periode binnengekomen zijn. Zo kan het gebeuren dat soms pas maanden na binnenkomst van een medewerker de introductiecursus plaatsvindt. Dat is eigenlijk te laat. Ook hiervoor kan een intranetsite of e-course een oplossing bieden.

CHECKLIST – INFORMATIE VOOR DE ONBOARDING VAN EEN KANDIDAAT
Verstrek de informatie bijvoorbeeld met behulp van een intranetsite of app voor nieuwe medewerkers of een (digitaal) informatiepakket.

Welkomstwoord door directeur
Betrokkenheid vanuit het bestuur.

Informatie over de organisatie
Missie, visie, strategie.
Organisatiestructuur, bestuursorganen, managementteam.
Organisatiecultuur, sfeer, omgangsvormen.
Diensten en dienstverlening.

Praktische informatie
Informatie over de eerste werkdagen.
Belangrijke adresgegevens, telefoonnummers en e-mailadressen.
Informatie over het intranet.
Lijst met afkortingen en bedrijfsjargon.
Namen van collega's op de afdeling en hun functie.

Personeelsinformatie
Praktische zaken (werkuren, ploegenwerk, badges, tijdsregistratie, ziekte).
Een personeelsvereniging, jaarlijkse personeelsevenementen, het personeelsblad.
Informatie over cao en andere arbeidsregelingen.
Informatie over loopbaan- en ontwikkelingsmogelijkheden en trainingen, met ook aandacht voor de functionerings- en beoordelingsgesprekken.
Informatie over de ondernemingsraad en de vakbond.
Informatie over veiligheid, kwaliteit, mvo.

Vaak houdt onboarding op bij de logistiek en het verstrekken van de noodzakelijke informatie over de organisatie en een baan. Het is niet meer dan een introductie. Na ongeveer drie weken is een medewerker ingewerkt en moet hij het verder zelf maar uitzoeken … Maar eigenlijk begint het dan pas. Je wilt dat een medewerker snel operationeel en productief wordt.

Om productief te zijn, moet de medewerker zijn baan en de doelstellingen van de baan begrijpen. Hij moet weten wat er van hem verwacht wordt en wat hij moet doen. Hoe concreter dit wordt afgesproken met de lijnmanager, hoe beter het werkt. Dat betekent dat er afspraken gemaakt worden over doelstellingen op korte termijn ('wat lever je op in de eerste week en de eerste maand na je start?') en over de doelstellingen op langere termijn. De lijnmanager bespreekt met de nieuwe medewerker welke resultaten hij van hem verwacht en hoe hij deze resultaten gaat beoordelen. Dat betekent onder andere dat hij het functionerings- en beoordelingssysteem moet toelichten aan de nieuwe medewerker.

7.3.2 Succesvol worden

Jet heeft de organisatie van het evenement goed opgepakt. Gelukkig gebeurde dit nog onder regie van de salesmanager, want soms was de stress voor Jet bijna te groot. Het is de bedoeling dat zij in de toekomst de organisatie van klantevenementen in haar eentje oppakt. Voor Jet is dat best lastig. Wanneer ze wat vragen heeft of iets moet regelen voor een evenement, weet ze niet goed waar ze terecht kan.

Het draait bij onboarding niet alleen om snel operationeel worden in een baan, maar ook om succes voor de rest van een carrière bij de organisatie. Een medewerker wordt echt succesvol doordat hij leert van zijn ervaring. Dat betekent dat een manager actief en tijdig feedback moet geven op het gedrag en de resultaten van een nieuwe medewerker. Daarmee moet hij niet wachten tot een formeel beoordelingsmoment; hij moet er al snel na binnenkomst mee beginnen.

Resultaten uit de selectie

Bijsturen door de manager begint met de resultaten vanuit de selectie. De uitkomsten van het assessment en de gesprekken kunnen aanleiding zijn voor een trainingsprogramma (zie ook de openingscase van hoofdstuk 6 over de rechterlijke macht). Zo kan tijdens de selectie blijken dat het business-Engels onvoldoende is. Daar zal zo'n nieuwe medewerker meteen mee aan de slag moeten. Een spoedcursus Engels zal dan heel toepasselijk zijn.

Feedback krijgen

Na de start van een nieuwe medewerker gaan zaken soms niet helemaal goed. Wanneer een manager merkt dat een nieuwe medewerker niet goed functioneert, zal hij snel moeten bijsturen, zodat een medewerker zijn gedrag kan aanpassen. De feedback moet niet pas komen op het moment van de beoordelingsperiode, want dan is het vaak te laat. Een lijnmanager zal tijdens de onboarding veel tijd en aandacht moeten besteden aan het geven van feedback op de factoren die kritisch zijn voor het (langetermijn)succes van een nieuwe medewerker. Hiermee legt hij de basis voor het toekomstig succes van een medewerker.

Een netwerk bouwen

Om succesvol te zijn zul je moeten begrijpen hoe je iets voor elkaar krijgt in een organisatie. Het is van belang dat een netwerk gestructureerd en gepland wordt uitgebouwd. Een goed netwerk zorgt ervoor dat medewerkers sneller effectief zijn en een beroep kunnen doen op hun collega's. Dat gaat verder dan wat handen schudden en basisinformatie delen. Pas wanneer collega's een nieuwe medewerker accepteren en vertrouwen, zullen ze hem opnemen in het netwerk. Dat vertrouwen is voor een groot deel afhankelijk van de nieuwe medewerker zelf, maar je probeert vanuit hrm en het lijnmanagement netwerkvorming te stimuleren. Dat kun je bijvoorbeeld doen door het organiseren van netwerkbijeenkomsten of door het aanstellen van peer support voor een nieuwe medewerker.

PEER SUPPORT

Een **peer support** is een collega van de nieuwe medewerker; een vertrouwenspersoon bij wie hij terecht kan met vragen en die hem kan inwijden in de organisatie (welke gewoonten, normen of gevoelige onderwerpen zijn er bijvoorbeeld). En die ook kan zorgen voor feedback of morele ondersteuning. Vaak wordt iemand die support levert formeel aangesteld bij binnenkomst van een nieuwe medewerker.

7.3.3 Medewerkers behouden

Jet werkt een halfjaar bij het bedrijf. Ze heeft inmiddels haar eerste evenement helemaal zelf georganiseerd, en dat ging goed. Haar manager heeft het helaas wel erg druk: Jet vindt het erg jammer en soms ook frustrerend dat hij niet zo veel tijd heeft, want ze krijgt niet echt te horen of het goed is wat ze doet. Soms vraagt ze zich af of ze dit wel echt wil. Moet ze niet gaan rondkijken?

Het behouden van medewerkers, de retentie, reikt verder dan de doelstellingen van dit boek. Vanaf de start bij een organisatie is goede onboarding cruciaal voor het behoud van personeel. Vaak vindt er gedurende de eerste weken een introductie plaats en wordt een nieuwe medewerker ingewerkt. Daarna wordt een medewerker vaak aan zijn lot overgelaten, terwijl dan juist aan de retentie van een medewerker gewerkt moet worden. Een medewerker die zich echt verbonden voelt met een organisatie, heeft eerder de intentie te blijven.

Echte interesse van managers

Echte interesse van managers in hun nieuwe medewerkers is cruciaal. Dat begint al op de eerste dag. Het is belangrijk dat de manager er is op het moment dat een nieuwe medewerker binnenkomt. Hij moet luisteren naar wat de medewerker bij binnenkomst verwacht van de organisatie, de functie en de lijnmanager, en kijken of en hoe de organisatie aan de verwachtingen kan voldoen.

Het is verstandig nieuwe medewerkers de gelegenheid te geven om hun frustraties en dilemma's ergens te uiten. Dat kan bij een collega, bij hrm of misschien bij recruitment. Op die manier kan de organisatie goed reageren op eventuele tegenvallende verwachtingen van nieuwe medewerkers.

Toekomstige verwachtingen managen

Medewerkers met een duidelijk toekomstperspectief zullen eerder genegen zijn te blijven. Als een medewerker niet weet wat hij van de organisatie kan verwachten, verliest hij eerder zijn interesse. Een leidinggevende zal met de medewerker een toekomstplan moeten maken met duidelijk geschetste verwachtingen (zoals doorgroeien naar een andere functie) en de manier waarop een nieuwe medewerker daar kan komen (zoals het volgen van opleidingen). Dan heeft een medewerker ook meer belangstelling om die toekomst waar te gaan maken.

Als recruiter/hrm'er kun je in een vroegtijdig stadium algemene informatie over carrièrepaden, opleidingsmogelijkheden en ontwikkelingskansen aan nieuwe medewerkers verstrekken.

7.4 De invulling van onboarding

Jet kreeg tijdens de selectiegesprekken te horen dat er mogelijkheden waren voor trainingen; dat ze kans had om door te groeien naar pr-medewerker; dat ze een aantal dagen per maand in het buitenland zou kunnen werken; dat ze … Maar toen ze eenmaal aan het werk was, hoorde ze daar helemaal niets meer over.

Wie doet wat?

Recruitment, hrm en lijnmanagement zijn gezamenlijk verantwoordelijk voor een goede onboarding. Er moet duidelijkheid komen hoe er wordt omgegaan met de verwachtingen die tijdens de werving en selectie zijn gewekt.

De regie

De regie over de onboarding wordt meestal gevoerd door hrm en recruitment. Zij organiseren operationele zaken bij binnenkomst, introductiecursussen of netwerkbijeenkomsten. Zij zorgen ook dat informatie over bijvoorbeeld de organisatie en het beoordelingssysteem bij nieuwe medewerkers terechtkomt. Ook kunnen ze faciliteren in de aanstelling van een collega die support verleent.

Om een medewerker echt succesvol te laten worden en voor de organisatie te behouden is een rol weggelegd voor de lijnmanager. Hij zal verwachtingen moeten blijven managen, feedback geven en werken aan ontwikkelingsplannen met een medewerker. Hrm en recruitment kunnen de lijnmanager ondersteunen bij het invullen van de manier waarop hij dat gaat doen. Denk bijvoorbeeld aan advies over trainingen of checken of evaluatiegesprekken zijn gevoerd en vragen hoe deze kunnen worden verbeterd.

Het budget

Voor onboarding is budget nodig, onder andere voor het ontwikkelen van (digitaal) informatiemateriaal of een intranetsite voor onlinesupport. Medewerkers moeten ook tijd vrijmaken voor de introductie en socialisatie. Recruitment en/of hrm zal aan een lijnmanager duidelijk moeten maken wat het belang van goede onboarding is en waarom daar tijd en geld in geïnvesteerd wordt.

7.5 De evaluatie van onboarding

Jet is bijna een jaar in dienst. 'Ze doet het prima,' zegt de operationeel directeur tegen jou. Jet moest in het begin erg wennen aan de bedrijfscultuur, want die was veel formeler dan ze gewend was. Het liep wat stroef. Ze moest echt haar weg vinden in het bedrijf. Nog steeds voelt ze zich niet helemaal thuis. Ze vraagt zich af of daar niet wat aan gedaan kon worden.

Om de effectiviteit van je onboarding te meten, evalueer je de onboardingsactiviteiten. Wie daarover de regie voert, is afhankelijk van de rolverdeling tussen recruitment en hrm (hoofdstuk 1). Als recruiter/hrm'er ben je geïnteresseerd in de kortetermijneffectiviteit: weet de nieuwe medewerker waar hij aan toe is en wat zijn werk inhoudt? Hoe zit het met de wederzijdse verwachtingen? Ook ben je geïnteresseerd in de langetermijneffectiviteit: wat is het effect van de onboarding op de retentie van kandidaten en het succes van nieuwe medewerkers binnen de organisatie?

De evaluatie van onboarding kun je in twee stappen opsplitsen.

Stap 1: Een follow-upgesprek na één maand

De nieuwe medewerker is nu een maand aan het werk. De onboarding is niet afgerond, maar een goede start zou moeten zijn gemaakt. Als recruiter voer je een gesprek om de selectie te evalueren en te kijken hoe verwachtingen over en weer uitkomen. En of de organisatie voldoende support levert aan de nieuwe medewerker om hem snel operationeel te laten zijn. Op basis van dit gesprek kun je de onboarding van een nieuwe medewerker bijsturen. De volgende onderwerpen kunnen in het follow-upgesprek aan de orde komen: zijn de verwachtingen van de organisatie helder? Heeft de medewerker zijn eigen verwachtingen helder kunnen neerzetten? Is alles operationeel goed geregeld? Kent hij het beoordelingssysteem? Wat zijn de afspraken voor het komende halfjaar?

Stap 2: Een evaluatie van de onboarding

Na een halfjaar vindt de evaluatie van onboarding plaats bij de medewerker en bij de lijnmanager. In je evaluatie meet je twee soorten feiten:
- Kwantitatieve feiten. Hoeveel medewerkers zijn er nog in dienst na zes maanden? Wat is hun beoordeling?
- Kwalitatieve feiten. Wat vinden managers en medewerkers van de kwaliteit van de onboarding? Hoe vinden zij bijvoorbeeld de organisatie van de onboarding (logistiek, enzovoort)? Wat is hun mening over het effect van het onboardingsprogramma op de prestaties van de nieuwe medewerker?

Je kunt daarnaast bij nieuwe medewerkers een inhoudelijke check doen naar de parameters waarop volgens jou een nieuwe medewerker goed moet scoren na de onboarding. Denk aan zaken als de volgende:

- Ken je de juiste mensen om je werk goed te kunnen doen?
- Weet je hoe je wordt beoordeeld en beloond?
- Ken je de organisatiedoelstellingen en weet je wat jij daaraan bijdraagt?

Wanneer vragen negatief worden beantwoord, kun je gericht sturen op verbetering.

Om de effectiviteit van de onboarding optimaal te kunnen sturen, zou de onboarding als een van de beoordelingsdoelstellingen voor de lijnmanager kunnen worden meegenomen. Een manager krijgt dan de specifieke opdracht ervoor te zorgen dat een nieuwe medewerker snel operationeel is en op een succesvolle manier is opgenomen in de organisatie. De uitkomsten van de evaluatie zijn bepalend voor of hij deze doelstelling heeft behaald.

7.6 Checklist onboarding

Werk met een complete checklist, zodat de kans van slagen binnen de organisatie optimaal is. Tabel 7.1 kan daarvoor als basis dienen. Kijk in hoeverre de lijst past bij jouw organisatie en vul en pas hem waar nodig aan. Maak een verdeling van de actiepunten voor lijnmanagement, recruitment en hrm.

TABEL 7.1   *Checklist onboarding.*

CHECK	DE LOGISTIEK	WIE
	Zorg voor visitekaartjes op de eerste dag.	
	Zorg voor een bureau, pc, telefoon, voor duidelijkheid over een (vervangende) auto op de eerste dag.	
	Laat nieuwe medewerkers op de eerste dag zien waar ze zaken als kantoorspullen, kopieermachines, printers, koffie en kantine kunnen vinden, en zorg voor een lijst met belangrijke telefoonnummers.	
	Voor de start	
	Geef de startdatum van nieuwe medewerkers aan hun teamgenoten door.	
	Leg het inwerkproces uit aan de nieuwe medewerkers.	
	Stuur nieuwe medewerkers een welkomstpakket toe met daarin informatie over de visie en missie van de organisatie en over de afdeling, of zorg dat ze kunnen inloggen op de intranetsite, zodat ze deze informatie online kunnen lezen.	
	Zorg dat nieuwe medewerkers de belangrijkste werkdocumenten al thuis krijgen.	
	Rolverdeling	
	Wijs peer support aan die de nieuwe medewerkers helpen om de organisatie te leren kennen.	

Maak een rolverdeling: wie doet wat en wanneer? Bepaal wie eindverantwoordelijk is voor het gehele onboardingsproces.

Houd goed in de gaten of alle onboardingsactiviteiten (op tijd) gebeuren.

Netwerk opbouwen

Stimuleer medewerkers om contact op te nemen met nieuwe medewerkers: vraag collega's of buddy's om hen welkom te heten in de organisatie en contactgegevens achter te laten voor eventuele vragen. Nodig hen alvast uit voor een teamuitje of een sessie met een klant.

Introduceer nieuwe medewerkers bij collega's en andere betrokkenen (klanten, directie, toeleveranciers, enzovoort). Maak een programma waardoor zij de waarden en cultuur van de organisatie leren kennen en gemakkelijk contacten kunnen leggen en gegevens kunnen uitwisselen.

Resultaten

Zorg ervoor dat voor nieuwe medewerkers helder is wat hun eerste taak is in de eerste week, wat de verwachte resultaten zijn en wat deze resultaten bijdragen.

Plan binnen de eerste dertig dagen gesprekken met de nieuwe medewerker en zijn manager om de verwachtingen te bespreken. Bespreek ook de verwachtingen van de nieuwe medewerker over de baan. Bepaal welke zaken nodig zijn om de verwachtingen waar te kunnen maken; kijk bijvoorbeeld naar een trainingsprogramma (bijvoorbeeld op basis van de uitkomsten van het selectietraject).

Plan evaluatiegesprekken in met hrm.

Spreek met nieuwe medewerkers het functionerings- en beoordelingsformulier door zodat ze begrijpen waarop en hoe ze worden beoordeeld.

7.7 Samenvatting

De term 'onboarding' laat zich niet eenvoudig in het Nederlands vertalen. Het is een samenspel van introductieactiviteiten van de organisatie en het leerproces van een medewerker om zich een baan en de organisatie eigen te maken. Onboarding heeft drie doelstellingen:

1 Medewerkers zo snel mogelijk operationeel krijgen

Om operationeel aan de slag te kunnen moet de logistiek worden geregeld en heeft de medewerker informatie nodig over de organisatie, zijn rol en zijn persoonlijke doelstellingen op korte en lange termijn.

2 Medewerkers succesvol laten zijn

Om succesvol te zijn zal een medewerker moeten leren van zijn ervaringen. Een lijnmanager zal de medewerker op een goede manier feedback moeten geven, en een medewerker zal niet alleen de formele organisatie moeten leren kennen, maar ook de informele (netwerk)organisatie.

3 Medewerkers behouden voor de organisatie

Het behouden van medewerkers voor een organisatie (retentie) vraagt om echte interesse van lijnmanagers in de nieuwe medewerkers, en om het managen van de verwachtingen van die medewerkers.

Onboarding is een gezamenlijke verantwoordelijkheid van recruitment, hrm en lijnmanagement. De regie wordt meestal gevoerd door hrm en recruitment (afhankelijk van de rolverdeling; zie hoofdstuk 1). Evaluatie van de onboardingsfase vindt plaats in een follow-upgesprek door recruitment in de eerste maand na de indiensttreding. Na een halfjaar worden de resultaten geëvalueerd die onboarding oplevert.

Een goede onboarding bevat afspraken over de logistiek, de prestart, de rolverdeling, het bouwen van een netwerk, en de resultaten van onboarding.

7.8 Opdrachten

 Kennisvragen

1. Wat is het verschil tussen een introductie en onboarding? Waarom zou een organisatie moeten kiezen voor onboarding in plaats van een introductie?
2. Noem de drie doelen van onboarding. Welk doel vind jij het belangrijkst en waarom?
3. Met een lijnmanager heb je afspraken gemaakt over zijn rol bij de onboarding van een nieuwe medewerker. In de wandelgangen hoor je dat de medewerker aan zijn lot wordt overgelaten door de manager. Wat doe je?

4. Niet iedereen vindt dat recruitment bij onboarding betrokken hoeft te worden. 'Laat dat maar aan hrm over', hoor je dan. Wat pleit ervoor om recruitment wel bij de onboarding te betrekken?
5. Wat kan de rol van peer support zijn in de eerste maanden na de indiensttreding?
6. Het managen van verwachtingen van kandidaten is heel relevant tijdens de maanden na indiensttreding. Wat wordt daarmee bedoeld? Wat zouden de gevolgen kunnen zijn wanneer dat niet goed gebeurt?
7. Beschrijf de twee stappen in de evaluatie van onboarding. Waarom zou een recruiter hierbij betrokken moeten zijn?

Cases

CASE 1   VOORTIJDIG VERTREK

Kim was al de derde secretaresse die binnen een halfjaar na indiensttreding vertrok bij de technische dienst, en dat terwijl recruiter Patricia voordat Kim begon extra haar best had gedaan om een realistisch beeld te schetsen van de afdeling. Patricia en Kim hadden onlangs zelfs nog een evaluatiegesprek van het selectietraject gehad, en toen had Kim er niets over gezegd dat ze weg wilde. Wel klaagde ze toen over de opleiding tot directiesecretaresse die beloofd was en waarvan niets terechtkwam. Patricia was alweer vergeten dat ze het erover gehad hadden.

Patricia heeft navraag gedaan bij de manager van Kim en die geeft aan dat hij dit keer echt heeft geprobeerd haar beter in te werken. Hij had een mentor voor haar aangesteld en introductiegesprekken geregeld. Als Patricia doorvraagt blijkt echter dat de mentor Kim maar één keer heeft gezien en dat Kim de introductiegesprekken zelf had moeten inplannen. De opleiding was inderdaad beloofd door de manager, maar door de drukte waren ze daar niet meer aan toegekomen.

Hoe zou dit onboardingstraject kunnen worden verbeterd?

CASE 2   'IK HEB GEEN TIJD'

Manager Ron krijgt twee nieuwe financiële medewerkers op zijn afdeling boekhouding, net op het moment dat het heel druk is met het opleveren van de jaarcijfers. Voor introducties en onboarding heeft hij echt geen tijd. Hij belt met recruiter Roos. Hij wil graag dat zij de hele onboarding doet. 'Als jij dat nou eens oppakt. Jij hebt veel meer ervaring met dat soort dingen dan ik,' zegt hij. Roos is dat niet van plan, want dat gaat niet werken. 'Ik loop vanmiddag wel even bij je langs,' zegt ze. Ze vraagt jou eens mee te denken over hoe ze dit moet aanpakken. Er is een aantal taken die echt bij de manager thuishoren, vindt zij.

Welke taken in het onboardingstraject horen echt bij een lijnmanager thuis? Welke argumentatie zou Roos daarvoor richting de manager kunnen gebruiken?

Hoofdstuk 8
Meten is weten

Recruitment Analytics

Leerdoelen

Nadat je dit hoofdstuk hebt gelezen, moet je het volgende kunnen:
* het belang van partnership met lijnmanagement kennen en een efficiënte rolverdeling tussen lijnmanagement, communicatie en recruitment maken;
* de belangrijkste kengetallen voor een recruitmentorganisatie kennen en gebruiken;
* een afweging maken om (delen van) het recruitmentproces uit te besteden.

Openingscase

Achmea ken- en stuurgetallen

Organisatie
Achmea is de grootste verzekeringsgroep in Nederland en actief in zes landen. Ongeveer de helft van alle Nederlandse huishoudens is verzekerd bij Achmea. Onder de naam Achmea vallen grote merken als Interpolis, Zilveren Kruis Achmea, FBTO en Centraal Beheer. Bij Achmea werken ongeveer 15.000 medewerkers in Nederland en 2.500 daarbuiten. Per jaar komen er ongeveer 400 nieuwe mensen in dienst. Denk daarbij aan it-professionals, finance- en marketingspecialisten en sales medewerkers.

Vertrouwen en meten
Als verzekeraar speelt vertrouwen een belangrijke rol bij Achmea. Niet voor niets werft Achmea nieuwe medewerkers met de slogan 'kunnen wij jou onze klanten toevertrouwen?' En niet alleen bij klanten speelt het vertrouwen een rol, maar ook binnen de organisatie. Zo wil de afdeling recruitment dat vertrouwen waarmaken: doen wat wordt beloofd. Sturen op deze beloftes is heel relevant. De recruitmentafdeling volgt daarom goed wat de stand van zaken is op het gebied van instroom van nieuwe medewerkers. Ze hebben daarvoor 11 KPI's (Key Performance Indicatoren), kengetallen die ze volgen.

De KPI's zijn geen doel op zich. Ze zijn bedoeld om de doelstellingen van Achmea en de afdeling recruitment te bereiken. Met de KPI's worden de juiste keuzes gemaakt om de afdeling recruitment op de beste manier in te richten en efficiënt de beste nieuwe collega's voor Achmea te rekruteren. En om die keuzes uit te kunnen leggen aan mensen binnen de organisatie.

Het gebruik van ken- en stuurgetallen

Achmea heeft een zeer uitgebreid dashboard voor recruitment. We zullen inzoomen op de meest relevante kengetallen voor de instroom van personeel:

- De beste kandidaat (best fit). Managers geven rapportcijfers aan kandidaten: voldoet deze kandidaat aan de verwachtingen? Die cijfers worden geanonimiseerd in het recruitment-systeem gezet. Achmea streeft naar topkandidaten met een 8, 9 of 10 (high performers) en wil geen werknemers die lager scoren dan een 6 (bad performers). De scores van kandidaten worden gekoppeld aan de kanalen waarlangs ze binnen gekomen zijn. Dat geeft zicht op de kanaaleffectiviteit. Welke kanalen leveren de beste mensen op?
- Tijdige levering (fill rate / time to hire). Zorgen dat de kandidaat er is wanneer de business de kandidaat nodig heeft. De fill rate geeft aan in hoeveel procent van de gevallen dat is gelukt. Het criterium dat hiervoor een rol speelt is 'time to hire': hoe lang is de tijd tussen het ontstaan van de vacature en de invulling van de vacature?
- Klanttevredenheid (client survey). Lijnmanagers en sollicitanten worden ondervraagd op hun tevredenheid over het recruitmenttraject.

Een voorbeeld van werken met kengetallen

Recruitment deed een pilot. Alle afgewezen kandidaten kregen een persoonlijke reactie. Niet meer per brief, maar een telefoontje, om te kijken wat het effect daarvan was op de mate van tevredenheid van kandidaten. Want afgewezen kandidaten zijn allemaal (potentiële) klanten. Het is van groot belang dat ze ook na een afwijzing tevreden zijn over Achmea.

Gesegmenteerde aanpak

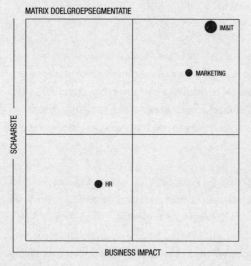

(Achmea)

Recruitment streeft naar het werken met scenario's: voorspellen wat nodig is voor de organisatie en daarop voorbereid zijn. Dat is niet voor iedere vacature hetzelfde. Het vraagt om een gesegmenteerde aanpak. Achmea heeft 'market maps' gemaakt met daarin de functies binnen de organisatie. De maps zijn gebaseerd op schaarste op de markt en de impact op de business. Voor functies met grote schaarste en een grote impact op de business heb je een andere aanpak nodig dan voor functies in een ruime markt en met een beperkte impact op de business. Goede ict'ers of marketeers zijn schaars en kunnen niet ontbreken binnen het bedrijf. Vanuit recruitment wil je daar de continuïteit borgen.

De market maps helpen recruitment bij het stellen van prioriteiten, efficiencyslagen en de wervingsaanpak voor de verschillende segmenten. Wat besteed je uit? Wat doe je zelf? Hoe doe je dat? En waarom doe je dat?

Een les voor recruitment
- De effectiviteit van wervingskanalen wordt niet alleen gemeten door de hoeveelheid reacties die het kanaal oplevert, maar eerder door de kwaliteit van de reacties. Die bepaalt de succesratio van het kanaal. Je wilt liever één zeer geschikte kandidaat dan 100 kandidaten waar je met moeite 1 kandidaat tussen vindt en 99 mensen moet afwijzen.
- Door goed te analyseren wat er in de markt gebeurt, kun je op basis van de getallen van de arbeidsmarkt je recruitmentplan aanpassen. Denk daarbij aan de inzet van meer en andere kanalen voor schaarse doelgroepen.

8.1 Inleiding

Een goede analyse van het recruitmentproces en de recruitmentresultaten bevordert de kwaliteit en efficiency. Als je weet hoe je recruitment ervoor staat, kun je problemen in een vroegtijdig stadium signaleren en aanpakken. Ook kun je leren van de zaken die goed gaan. Stel, je merkt dat het aantal reacties op vacatures terugloopt, of je merkt dat het steeds langer duurt om vacatures in te vullen. Dan wil je kunnen kijken wat daarvan de oorzaak zou kunnen zijn. Is de *work load* van een recruiter misschien te hoog, zodat er onvoldoende tijd is voor een goede werving en opvolging? Zijn de middelen die je inzet voor de werving van kandidaten niet effectief?

8.2 Kengetallen van recruitment

Emma is druk bezig met het vinden van een administratieve medewerker voor het team van manager Joost. Eigenlijk komt ze handen tekort bij recruitment, want ze heeft een grote hoeveelheid vacatures in beheer. Ze zou best een extra junior recruiter in haar recruitment-team kunnen gebruiken, maar de hrm-directeur vindt dit onzin. Hij denkt dat ze de afdeling slimmer moet organiseren en gewoon een tandje moet bijschakelen. Hoe kan Emma zorgen dat ze een optimale organisatie krijgt?

8.2.1 De recruitmentbarometer
Op basis van de indicatoren kun je besluiten de recruitmentaanpak te veranderen: slimmer omgaan met budgetten, zaken uitbesteden aan andere partijen, andere middelen inzetten.

Om een goede analyse te kunnen maken stel je voor de organisatie een **recruitment-barometer** op. In deze barometer neem je die indicatoren op die belangrijk zijn om de ontwikkelingen in recruitment te volgen. In tabel 8.1 vind je de belangrijkste factoren. We zullen kort op de verschillende kenmerken ingaan.

TABEL 8.1 *Recruitmentbarometer.*

A. DE STAND VAN ZAKEN
1. Vacaturestand
Top langstlopende vacatures
Top snelst ingevulde vacatures
2. Capaciteitsplanning
Workload per recruiter
Aantal en percentage vervulde vacatures
3. Doorlooptijden in het proces
4. Sollicitanten
Kwaliteit van sollicitanten
Aantal (passende) sollicitanten per vacature en/of vakgebied
Teruggetrokken sollicitanten
5. Tevredenheid
Tevredenheid vacaturehouder over dienstverlening
Tevredenheid sollicitanten over sollicitatie-ervaring
B. EFFECTIVITEIT VAN WERVING
1. Algemeen arbeidsmarktimago
Maatwerkonderzoek
'Beste werkgevers'-onderzoeken
2. Arbeidsmarktbewerking voor relevante doelgroepen
Succes van uitingen, acties en kanalen
Aantal sollicitanten per vacature en/of vakgebied en aangenomen kandidaten
3. Statistieken website, app, mobile, sociale media
Aantal unieke bezoekers/sollicitanten
Conversiepercentages, bounce rates
Bezoekersbronnen

8.2.2 De stand van zaken

Allereerst wil je inzicht hebben in je belangrijkste kwantitatieve gegevens. Hoeveel vacatures zijn er? Hoeveel sollicitanten zijn er voor deze vacatures? Hoe loopt het proces?

1   Vacaturestand

Je kijkt wekelijks naar de moeilijkst invulbare vacatures. Je kijkt goed waarom de vacatures niet worden ingevuld en wat je eraan kunt doen om ze beter in te vullen. Wanneer je bijvoorbeeld geen kandidaten krijgt, zul je je wervingsinspanningen moeten veranderen. Als kandidaten telkens worden afgewezen, zul je beter met de lijnmanager moeten afstemmen wat de criteria zijn, want blijkbaar melden zich de verkeerde kandidaten voor de vacatures.

Ook kijk je wekelijks naar de snelst ingevulde vacatures. Wat kun je hieruit leren? Waarom worden deze vacatures snel ingevuld en kun je de lessen die je hieruit leert toepassen op andere vacatures?

2 Capaciteitsplanning

Iedere recruiter heeft een verschillend aantal vacatures in zijn beheer. De hoeveelheid vacatures in een portefeuille hangt af van de inrichting van het recruitmentproces, de diversiteit van de vacatures en de arbeidsmarkt. Het is daarom erg moeilijk een gemiddelde te geven van het volume aan vacatures dat een recruiter kan behappen. Hoekstra (2013) geeft aan dat een recruiter op jaarbases gemiddeld 65 vacatures invult. Gemiddeld heeft hij 43 vacatures in portefeuille.

Diversiteit van de vacatures

In een kleinere organisatie heeft een recruiter vaak een grote diversiteit aan vacatures. Denk aan de verschillen in niveau (van lbo tot universitair), werkervaring (van starters tot senior managers) en vakgebieden (administratie, sales, hrm, enzovoort). In de wervingsaanpak van deze vacatures zit veel verschil. Een recruiter zal meer tijd moeten besteden aan een maatwerkaanpak per vacature.

Het is heel anders voor een recruiter met een groot aantal vergelijkbare vacatures in beheer. Denk aan het rekruteren van callcentermedewerkers voor een groot callcenter. Een recruiter heeft dan veel vacatures maar zoekt met één wervingsaanpak meerdere mensen.

Rolverdeling in het recruitmentproces

Verschillen in de rolverdeling binnen het recruitmentproces kunnen leiden tot verschillen in het aantal vacatures in beheer. Sommige recruiters zijn alleen verantwoordelijk voor het aanleveren van cv's en niet betrokken bij de selectie, anderen voeren alle stappen in het recruitmentproces zelf uit. Bij sommige organisaties wordt de werving compleet in handen gelegd van een extern wervings- en selectiebureau. Andere recruiters zoeken op eigen kracht geschikte kandidaten.

De omvang van je werkzaamheden bepaalt voor een groot deel het aantal vacatures dat je kunt afhandelen. Hoe meer je zelf doet, hoe minder vacatures je kunt beheren.

De arbeidsmarkt

Ook de markt waarop je werft is bepalend voor het vacaturevolume dat je kunt behappen. Vacatures intern invullen is eenvoudiger dan moeten zoeken op de externe markt. Je hoeft immers geen wervingsaanpak te maken, je kent de kandidaten al en zij kennen de organisatie al. Dat vergt minder wervings-, selectie- en onboardingscapaciteit.

Op de externe arbeidsmarkt zijn er ook verschillen. Het is eenvoudiger kandidaten te vinden in een ruime dan in een krappe markt. Wanneer er veel kandidaten zijn, zul je minder inspanningen hoeven te verrichten om een goede kandidaat te vinden en te werven. In een ruime arbeidsmarkt zul je in het algemeen meer vacatures in beheer kunnen hebben.

VOORBEELD

Bij een grote verzekeraar zit er een zeer groot verschil tussen het vacaturevolume van de recruiters. In dezelfde periode vult recruiter A 13 vacatures in voor actuarissen (een schaarse financiële specialist op wo+-niveau) en vult recruiter B 180 vacatures in voor tijdelijke krachten op mbo-niveau voor de administratie, het callcenter en de afdeling verkoop. Recruiter A zoekt in een krappe markt zelf naar specialisten, recruiter B coördineert de instroom van cv's via een uitzendbureau in een ruimere markt.

---

3 Doorlooptijden in het proces

De **totale doorlooptijd** (in het Engels 'time to fill') wordt berekend vanaf het moment van aanmelding van de vacature door de lijnmanager tot de acceptatie van het aanbod door de kandidaat. De doorlooptijd verschilt onder andere sterk per soort vacature, gewenst opleidingsniveau en per branche. Wanneer een vacature ontstaat voor de tijdelijke vervanging van een plotseling zieke receptioniste, zal de doorlooptijd zeer kort zijn. Het uitzendbureau levert dezelfde middag een vervangende kandidaat. De uitbreiding van een researchlaboratorium met internationale specialisten daarentegen zal waarschijnlijk een aanzienlijk langer wervings- en selectieproces vergen. Uit onderzoek van Hoekstra (2013) blijkt dat een vacature als moeilijk invulbaar wordt gezien als hij meer dan 59 dagen open staat.

Een goede indicatie geeft de **doorlooptijd voor een kandidaat** (in het Engels: 'time to hire'): hoe lang duurt het van het moment van sollicitatie door de kandidaat tot het moment van acceptatie van het aanbod? Dit proces moet immers soepel verlopen om geen kandidaten te verliezen. Een traject duurt 10 tot 30 dagen.

4 Sollicitanten

Kwaliteit kandidaten

De kwaliteit van kandidaten is de belangrijkste graadmeter voor succesvol recruitment. Uit onderzoek van LinkedIn (2015) blijkt dat lijnmanagers 'de beschikbaarheid van voldoende goed gekwalificeerd personeel ' hoog op hun agenda hebben staan, maar de reductie van wervingskosten niet. Zeker wanneer er weinig mensen beschikbaar zijn, moet je in staat zijn de juiste mensen te verleiden bij je te komen solliciteren.

De *toegevoegde* waarde van een recruiter zit niet zozeer in de aanname van mensen die verwachtingen overtreffen en excellent presteren (de 'outperformers'), maar in de reductie van 'bad hires', de mensen die niet presteren of voortijdig moeten vertrekken. Want deze groep kost de organisatie veel tijd, geld en energie.

Zoals uit de openingscase bleek, zijn kengetallen over de prestaties van kandidaten vaak moeilijk te achterhalen. Privacywetgeving beperkt koppeling van recruitmentdata aan beoordelingen van individuele medewerkers. Voor veel organisaties betekent dit 'gewoon tellen' op anonieme basis. Welke functies hebben we de afgelopen jaren inge-vuld? Hoe is de prestatie van de kandidaten? Via welke kanalen zijn ze gekomen en hoe zag hun selectietraject eruit? Op deze manier krijg je zicht op mogelijke verbanden tussen het wervings- en selectietraject en de kwaliteit van kandidaten.

Aantal sollicitanten

Je zoekt naar een goed volume aan kandidaten. Je wilt niet te veel kandidaten aantrekken. Niemand zit te wachten op 70 reacties op een vacature, want dat vraagt niet alleen om extra selectiecapaciteit, maar levert bovendien 69 teleurgestelde kandi-daten op. Te weinig kandidaten is ook niet goed, want dat kan ervoor zorgen dat de juiste kandidaat er niet tussen zit.

Werven vraagt om een zorgvuldige zelfselectie van kandidaten aan de poort. In een krappe markt zul je je vacature ruimer omschrijven om meer kandidaten aan te trekken, en in een ruime markt zul je je vacature wat strikter omschrijven om ongeschikte geïnte-resseerden ervan te weerhouden te solliciteren.

Teruggetrokken sollicitanten

Behalve op het totale aantal sollicitanten is het ook relevant zicht te hebben op de solli-citanten die zich hebben teruggetrokken uit de sollicitatieprocedure, zeker wanneer het geschikte kandidaten waren die al ver in het selectieproces gevorderd waren. Je hebt dan al veel tijd en energie in de werving en selectie geïnvesteerd en wilt hen niet meer verliezen. Je wilt dus weten om hoeveel kandidaten dat gaat en om welke reden zij zich alsnog hebben teruggetrokken. Waarom heeft een kandidaat het aanbod niet geaccep-teerd? Was het salaris te laag, verliep de procedure te traag, werd de baan toch niet inte-ressant genoeg bevonden? Uit de antwoorden kun je leren wat je kunt verbeteren aan het recruitmenttraject, zodat je voor een volgende keer voorkomt dat goede kandidaten aan het einde van de procedure uitstappen.

> **VOORBEELD: HIRE RATIO**
>
> De verhouding tussen het aantal sollicitanten en een aangenomen kandidaat (hire ratio) verschilt nogal per vakgebied. Voor actuarissen wordt de helft van de sollicitanten aange-nomen (hire ratio van 50%). Voor communicatiefuncties wordt minder dan 10% van de solli-citanten aangenomen (hire ratio van 10%).

5 Tevredenheid

Het is belangrijk het recruitmenttraject te evalueren met de lijnmanager en de kandi-daten. Het verdient de voorkeur alle kandidaten te vragen naar hun ervaring, ook de afgewezen kandidaten. Afgewezen kandidaten kunnen toekomstige kandidaten zijn of zijn (potentiële) klanten. Het is belangrijk te weten hoe zij over je organisatie denken na hun afwijzing. Ook om negatieve berichten over de organisatie als werkgever te voor-komen.

Lijnmanagers en kandidaten kunnen je vertellen op welke punten het recruitmentproces nog verbeterd zou kunnen worden, zelfs als ze over het algemeen best tevreden zijn.

Wat betreft de lijnmanager zijn de belangrijkste evaluatiecriteria:
1. het niveau van ondersteuning en advies;
2. de doorlooptijd en snelheid van reageren;
3. de manier van communiceren;
4. de kennis van de recruiter over de vacature en de afdeling.

Wat betreft de kandidaat zijn de belangrijkste evaluatiecriteria:
1. de informatie voorafgaand aan de sollicitatie (over de inhoud van de baan, de kanalen die iemand heeft gebruikt in de oriëntatie, de arbeidsvoorwaarden, doorgroeimogelijkheden, de manier van solliciteren, contactmogelijkheden);
2. het proces nadat de kandidaat heeft gesolliciteerd (over stappen in het traject, reactiesnelheid, doorlooptijd, contactmogelijkheden, afwijsreden);
3. de beeldvorming (beeld van de organisatie, beeld van de functie, kennismaking met leidinggevende en/of collega's);
4. het gesprek (sfeer van het gesprek, ruimte voor eigen presentatie, terugkoppeling op het gesprek, informatie over vervolgstappen).

In de evaluatie kan aan de lijnmanager en de kandidaat gevraagd worden om de recruiter een rapportcijfer te geven. Dat rapportcijfer kan in de jaarlijkse beoordeling van de recruiter als doelstelling meegenomen worden (bijvoorbeeld: 'Op een schaal van 1 tot 5 moet je van kandidaten gemiddeld een waardering van 4,2 hebben gekregen'). Zie hoofdstuk 6 voor meer informatie over de evaluatie van het recruitmenttraject.

8.2.3 Effectiviteit van werving
Naast de stand van zaken op het gebied van het recruitmentproces wil je zicht op de effectiviteit van je werving. Leveren de investeringen hun rendement op?

1 Algemeen arbeidsmarktimago

Maatwerkonderzoek
Er zijn vele onderzoeksbureaus die de populariteit van jouw organisatie als werkgever kunnen meten. Zij ondervragen jouw doelgroep over het beeld dat die heeft over je organisatie en of die zou overwegen bij jouw organisatie te gaan werken.

Het beeld uit het onderzoek kun je gebruiken als nulmeting. Op basis hiervan maak je doelstellingen voor verbetering. Je start bijvoorbeeld activiteiten op om je naamsbekendheid te vergroten. Na een passende periode, bijvoorbeeld een jaar, kijk je of je naamsbekendheid is veranderd. Je kunt er bijvoorbeeld naar streven dat 30% van jouw doelgroep jouw organisatie spontaan zou noemen als mogelijke werkgever om te komen solliciteren. Meer kengetallen vind je in hoofdstuk 4.

'Beste werkgevers'-onderzoeken
In hoofdstuk 5 gaven we een overzicht van lijsten van 'beste werkgevers'. Deze lijsten zijn al dan niet betaalde resultaten van onderzoeken naar populaire werkgevers. Hoewel deze lijsten niet veel zeggen over de effectiviteit van werving, zijn vooral grotere orga-

nisaties erop gebrand hoog in deze lijstjes terecht te komen. Sommige recruiters krijgen bijvoorbeeld de doelstelling om in de top 10 te komen van een van deze lijsten. Denk bijvoorbeeld aan multinationals met veel vacatures voor startende technici; zij willen graag hoog in de lijst met populaire werkgevers voor technische studenten staan. Het is echter weinig voorspellend voor de effectiviteit bij werving (zie hoofdstuk 5).

2   Arbeidsmarktbewerking voor relevante doelgroepen

Het succes in aantallen

De verschillende communicatie-uitingen en kanalen evalueer je. Je wilt graag weten of acties, uitingen en kanalen die je hebt ingezet op basis van je communicatieplan effectief zijn geweest. Je brengt in kaart hoeveel mensen deze actie of uiting hebben gezien en – wanneer dat te achterhalen is – hoeveel mensen stappen hebben ondernomen naar aanleiding van deze uiting. Je meet daarmee de conversieratio: hoeveel mensen zijn er door dit wervingsmiddel aangezet tot actie? Hoeveel mensen die via dit middel bij je terechtgekomen zijn, zijn er uiteindelijk aangenomen (zie hoofdstuk 5)?

Als je wilt weten hoe succesvol je recruitmentcommunicatie is, kun je denken aan vragen als de volgende. Hoeveel mensen hebben de vacaturetekst online gezien en doorgeklikt en gesolliciteerd? Hoeveel mensen zijn er op een speciale wervingscampagne-site terechtgekomen? Hoeveel mensen zijn via LinkedIn, Twitter of Facebook benaderd voor een specifieke vacature of campagne? Hoeveel mensen zijn er op een carrièrebeurs geweest, hoeveel van hen hebben hun naam bij je achtergelaten, en hoeveel hebben er contact opgenomen? En hoeveel mensen zijn er uiteindelijk aangenomen die via een bepaald kanaal bij je zijn binnengekomen?

Conclusie: een middel dat wel veel mensen aantrekt, maar niet tot aangenomen kandidaten leidt, is weinig effectief.

Het succes in rendement

Je hebt een beeld van het aantal sollicitanten en de uiteindelijke hoeveelheid kandidaten per kanaal of uiting. Je zet daartegen af wat de investeringen voor deze uitingen of acties waren. Zo krijg je zicht op het rendement. Aan de hand van de kosten per sollicitant kun je afmeten of bepaalde acties voldoende rendement hebben opgeleverd. Maar ook de tijd en energie die er door mensen in een wervingsmiddel is gestopt (bijvoorbeeld bij referrals) moet je laten meewegen.

Voor sommige uitingen is het rendement lastig te meten. Een imagocampagne voor een branche of beroepsgroep, bijvoorbeeld, is gericht op een brede doelgroep en een lange termijn, en het is dan moeilijk na te gaan of latere sollicitanten zich door deze campagnes hebben laten leiden.

Soms is het niet eenvoudig om kandidaten te herleiden naar het juiste kanaal. Stel, je krijgt als sollicitant van een vriend een bericht via LinkedIn over een vacature bij zijn werkgever. Je kijkt op de website van de organisatie en besluit te solliciteren. Als de organisatie je vraagt hoe je daar terechtgekomen bent, antwoord je dan 'via een referral', 'via sociale media' of 'via de organisatiewebsite'? Google heeft overigens wel tools om het onlinezoekgedrag van kandidaten te volgen (Google Analytics; zie hoofdstuk 5).

In veel organisaties ontbreken betrouwbare gegevens over de rendementen van wervings-middelen en kanalen. Een aantal financiële ken- en stuurgetallen voor employer branding uit *Het bouwen aan het nieuwe employer brand* (2012):

- Een organisatie investeert gemiddeld 446 euro in zijn employer brand voor iedere vacature die een organisatie heeft.
- Hoe groter het bedrijf, hoe groter het budget voor employer branding: 60.000 bij < 500 medewerkers, 194.000 500-5.000 medewerkers, 357.000 > 5.000 mede-werkers. Per werknemer ligt het gemiddelde budget voor employer branding op 40 euro per jaar.
- Wanneer de cost per hire hoger zijn dan 3.000 euro ligt het gemiddelde budget voor employer branding 37% hoger dan bij een gemiddelde cost per hire van 1.000 euro. Hoe schaarser het talent, hoe meer concurrentie, hoe groter de cost per hire en het employer branding budget.

Een aantal kengetallen over recruitment uit *Recruitment kengetallen* (2012):

- De gemiddelde recruiter heeft 43 vacatures in de portefeuille. Recruiters vervullen gemiddeld 65 vacature op jaarbasis.
- Gemiddeld duurt het 59 dagen voordat een vacature wordt ingevuld. Na 59 dagen wordt een vacature als moeilijk invulbaar gezien.
- De gemiddelde cost per hire bedraagt 4.728 euro.

In *Het bouwen aan het nieuwe employer brand* is een overzicht opgenomen waarmee je je ambities voor rendement kunt bepalen en kunt vastleggen hoe je dit zult meten.

In het overzicht vind je de factoren die een rol spelen bij de evaluatie van het succes van de branding, werving en communicatie. In de linkerkolom vind je een indicatie voor een norm. De ervaring leert dat deze norm per doelgroep, organisatie, branche, reputatie en bekendheid van de werkgever sterk kunnen verschillen.

NAAMSBEKENDHEID (1)	HET PERCENTAGE VAN DE DOEL-GROEP DAT DE NAAM VAN DE ORGANISATIE (GOED) KENT	ALS TOPWERKGEVER: 80% VAN DOELGROEP KENT DE ORGANISATIE
Preferred employer (1)	Het percentage van de doelgroep dat interesse heeft om bij de organisatie te werken	Als topwerkgever: van de mensen die de organisatie kennen, wil 75% er werken
Sollicitatieambitie (1)	Het percentage van de doelgroep dat gaat solliciteren bij de organisatie	Als topwerkgever: 10% van de doel-groep wil solliciteren
Net promotor score	In welke mate zouden medewerkers hun eigen werkgever aanbevelen bij vrienden	Het aantal mensen dat een 9 of meer geeft wordt afgetrokken van het aantal mensen dat lager dan een 6 geeft. Minimaal 80%
Referral recruitment	Het aantal sollicitanten dat via via aan een baan komt	Minimaal 30% van de aannames

NAAMSBEKENDHEID (1)	HET PERCENTAGE VAN DE DOEL-GROEP DAT DE NAAM VAN DE ORGANISATIE (GOED) KENT	ALS TOPWERKGEVER: 80% VAN DOELGROEP KENT DE ORGANISATIE
Kwaliteit van de kandidaten	Het aantal sollicitanten dat zich kwalificeert voor een eerste gesprek	60% van de sollicitanten is geschikt voor een gesprek
Retentie	Het aantal nieuwe ('vaste') medewerkers dat na 2 jaar nog succesvol werkt bij de werkgever	Niet meer dan 20% vertrek in het eerste jaar; 70% werkt langer dan 2 jaar succesvol in de organisatie
Positieve 'pers'	Datgene wat online en in de pers over de werkgever wordt gezegd is positief	Minimaal 95% van wat online wordt gezegd is neutraal of positief
Betrokkenheid	De mate van betrokkenheid van eigen medewerkers bij employer branding	Zeer divers: aantal actieve ambassadeurs voor referral, alumni die naar organisatie komen, aantal keer dat over brand gecommuniceerd wordt in nieuwsbrief, enzovoort
Beleving van het employer brand	De manier waarop mensen het merk ervaren	Groei van het aantal fans of followers, de herhaalbezoeken op de recruitmentsite, tijd dat mensen verblijven op de site, het bouncepercentage

Tabel naar Waasdorp et al. (2012).

3 Statistieken online: website, app, mobile, sociale media

Bijna alle sollicitanten komen op de website van een werkgever terecht. Om naar banen te zoeken, extra informatie over de organisatie te achterhalen, of arbeidsvoorwaarden te checken. Het is daarom zeer relevant om te evalueren hoe succesvol je website is. Wordt hij eenvoudig gevonden? Kunnen kandidaten de informatie goed vinden? Zet de website aan tot solliciteren?

Bij het analyseren van het online bezoek kun je de volgende vragen stellen:
- Wat is de top 10 van bronnen waarvandaan mensen op jouw site komen (zoekmachines, sociale media, links op andere sites, enzovoort)? Gebruiken ze daarvoor mobile of apps?
- Wat is de top 10 van zoekwoorden die mensen gebruikten toen zij via een zoekmachine op jouw site terechtkwamen?
- Hoeveel unieke bezoekers komen er op de algemene site, op het werkgeversgedeelte of op de werkgeverssite en op carrièrepagina's op sociale media? Hoe wordt mobile daarin gebruikt?
- Hoeveel mensen bezoeken 'Vacatures'? Hoeveel solliciteren, en hoeveel ronden de onlinesollicitatie helemaal af? Hoe vaak wordt mobile daarvoor gebruikt?
- Wat is het bouncepercentage (het gemiddelde aantal bezoekers dat de website na één pagina verlaat)? Als dit getal te hoog ligt, nodigt deze pagina niet genoeg uit om de site verder te doorzoeken. Voor een gemiddelde website ligt dit percentage tussen de 40 en 60%.

De analyse van de website kan aanleiding zijn om te bekijken hoe je de vindbaarheid kunt verbeteren, of hoe je de bezoekers beter kunt aanzetten tot acties, zoals het kijken naar vacatures of het invullen van een sollicitatieformulier (zie ook hoofdstuk 5).

Daarnaast is het gebruik van sociale media voor de oriëntatie op werkgevers toegenomen. Dat is vooral zo in Nederland; daar worden sociale media vaker gebruikt dan in een internationale context (Recruiting Trends, LinkedIn 2015). Dit is een goede reden om het gebruik van sociale media bij doelgroepen goed te blijven volgen.

KOSTEN PER AANGENOMEN KANDIDAAT

De Society for Human Resources Management (SHRM) heeft een standaard ontwikkeld voor het meten en vergelijken van de kosten per nieuw geworven medewerker. Deze kosten zijn een belangrijk kengetal, zeker omdat het rendement van hrm steeds belangrijker wordt. Deze kosten berekenen lijkt eenvoudig, maar dat is het niet. Het is een flinke opgave om alle kosten te berekenen. Een commissie van SHRM heeft er achttien maanden over gedaan. De standaard moet vooral dienen als checklist.

8.3 Recruitment Process Outsourcing (RPO)

Niet alleen de vacature van Joost is moeilijk in te vullen. Uit de cijfers blijkt dat alle recruitmentprocedures traag verlopen. Er zijn weinig kandidaten en de managers zijn ontevreden. De hr-manager vindt recruitment wel belangrijk, maar wil niet investeren in het opbouwen van recruitmentexpertise en het aannemen van extra recruiters.

 RECRUITMENT PROCESS OUTSOURCING (RPO)   RPO is het uitbesteden van (een deel van) de recruitmentactiviteiten voor (een deel van) het personeel aan een externe dienstverlener.

Uitbestedingen van recruitmentactiviteiten kunnen op grote schaal plaatsvinden. Zo kan het gehele recruitmentproces worden uitbesteed aan een andere organisatie. Er komen dan externe recruiters over de vloer. Een buitenstaander merkt daar niets van; deze recruiters nemen de telefoon op alsof zij bij de organisatie horen.

Uitbesteden kan ook op kleinere schaal gebeuren, bijvoorbeeld voor de werving van flexibele medewerkers of voor bepaalde specialistische functies.

Uitbesteding is een thema dat de komende jaren een belangrijke rol zal spelen binnen het vakgebied. Omdat het onderwerp de leerdoelen van dit boek te boven gaat, beschrijven we hier echter slechts kort de meest voorkomende vormen van uitbesteding:

- Inhuren van (lager opgeleid) tijdelijk of flexibel personeel via een uitzendbureau. Dit levert voor organisaties meestal een verlaging op van administratieve lasten en een verbetering van snelheid en flexibiliteit. Vaak wordt dit ingezet voor functies die niet kritisch zijn en waarbij de arbeidsmarkt geen knelpunt vormt (zie hoofdstuk 3).
- Het sourcen van specifieke kandidaten. Gespecialiseerde sourcing bureaus leveren namen en cv's aan van kandidaten voor vacatures die moeilijk invulbaar zijn. De organisatie benadert de kandidaten en volgt op.

- Actief werven van senior executives en specialisten via wervings- en selectiebureaus. Organisaties hebben niet altijd de benodigde netwerken en expertise om deze groep aan te kunnen trekken. Wanneer het veel tijd zou vergen dit op te bouwen kan uitbesteden een goedkoper en sneller alternatief zijn.
- Het maken van de (eerste) selectie uit de cv's van kandidaten.
- Het afnemen van testen en assessments door selectieadviesbureaus, in verband met gebrek aan expertise en vanwege de gewenste objectiviteit.

Het is belangrijk bij uitbestedingen goede doelstellingen af te spreken. Op die manier kan worden getoetst of de toeleverancier voldoet aan de normen voor snelheid en kwaliteit.

8.4 Samenvatting

De recruitmentbarometer

De recruitmentbarometer bestaat uit indicatoren die belangrijk zijn om de kwaliteit en efficiency van recruitment te meten. Denk aan de harde cijfers over aantallen sollicitanten en doorlooptijden, maar ook aan informatie over klantentevredenheid en wervingseffectiviteit.

RPO

Recruitment Process Outsourcing (RPO) laat zich omschrijven als het uitbesteden van (een deel van) de recruitmentactiviteiten voor (een deel van) het personeel aan een externe dienstverlener. De mate van RPO is heel divers.

8.5 Opdrachten

 Kennisvragen

1. Vroeger voorspelde een barometer storm op zee. Hoe kun je een vergelijking trekken met de recruitmentbarometer?
2. Bij sommige organisaties rekruteren recruiters twintig kandidaten per jaar, bij anderen wel tweehonderd per jaar. Waar ligt dat aan? Is meer altijd beter? Waarom wel of waarom niet?
3. De tevredenheid van kandidaten over recruitment geeft een goede indruk van de kwaliteit van het traject. Welke factoren zou jij meten? Aan welke factor zou jij het meeste belang hechten en waarom?
4. Het succes van de inzet van wervingsmiddelen en kanalen zie je terug in het aantal kandidaten dat je bereikt, maar je kijkt ook naar je rendement op je investering. Wat houdt dat in?
5. De gemiddelde kosten per aangenomen kandidaat bedragen volgens Hoekstra (2013) 4700 euro. Ga na wat je met dat bedrag kunt doen voor de rekrutering van een kandidaat.
6. Geef een beschrijving en een voorbeeld van Recruitment Process Outsourcing.

 Cases

CASE 1   DISCUSSIE OVER EFFECTIVITEIT

Sabine werkt als recruiter voor een grote accountantsorganisatie. Het is moeilijk kandidaten te vinden voor de banen. Er reageren maar weinig kandidaten en de doorlooptijden zijn lang. De lijnmanagers voor wie ze rekruteert zijn tevreden over haar, maar haar manager niet. Hij heeft het gevoel dat ze te weinig vacatures in beheer heeft en dat de procedures te traag verlopen. Sabine vindt dat de klanttevredenheid zwaarder moet wegen. Zij kan het toch niet helpen dat de markt er zo voor staat? Sabine en haar manager krijgen een flinke discussie en komen er niet uit.

Wat vind jij? En hoe zou jij hen helpen om hier uit te komen?

CASE 2   SERVICE LEVEL AGREEMENT

Recruiter Emma heeft op basis van de relevante stuur- en kengetallen een eerste aanzet voor een Service Level Agreement met haar lijnmanager gemaakt (zie ook hoofdstuk 1). Ze vraagt jou je mening te geven. Wat vind jij ervan? Geef drie tips waarmee recruiter Emma haar voordeel kan doen.

- Recruitment reageert snel wanneer een lijnmanager een vacature aanmeldt.
- Recruitment stelt een vacaturetekst op en laat de lijnmanager weten hoe de wervings-strategie eruitziet.
- Kandidaten kunnen tot 15 november op de vacature reageren.
- Recruitment informeert de lijnmanager over de status van de vacature.
- Recruitment plant de selectiegesprekken in overleg met de lijnmanager.
- Voor de evaluatie van de kandidaten maakt recruitment op basis van de feedback van de lijnmanager een overzicht van de kandidaten.
- Recruitment maakt een goed aanbod voor de kandidaat.
- Einddatum:

Handtekening lijnmanager   Handtekening recruiter

Bronnen

Boeken

Bakas, A. & M. van der Woude (2010). *De toekomst van werk*. Utrecht: Picompany.

Beers, L. van & G. Nedeski (2010). *Internal branding 2.0*. Alphen aan den Rijn: Kluwer.

Broek, L. van den, J. van den Berg & T. Barning (2009). *Handboek werving en selectie*. Alphen aan den Rijn: Kluwer.

Brugh, J. (2002). *Werving en selectie voor dummies*. Amsterdam: Pearson Education Benelux.

Cappelli, P. (2008). *Talent on Demand. Managing Talent in an Age of Uncertainty*. Boston: Harvard Business School Press.

Dakotta, J.K. Alex (2007). *The Recruiters Guide Book*. Washington: Fable Press Seattle.

Dalen, A. van (2003). *Doelgericht en effectief communiceren op de arbeidsmarkt*. Bussum: Coutinho.

Dibble, S. (1999). *Medewerkers vasthouden, de slag om schaars talent*. Schiedam: Scriptum.

Dijke, M. van, Syriot & J.J. van Ruysseveldt (2009), *Strategisch selecteren*. Groningen: Noordhoff

Duin, J. & G.-J. Waasdorp (2008). *Cultureel Diversiteitsbeleid*. Rotterdam: Intelligence Group Rotterdam.

Eck, M. van, E. Leenhouts & L. Rutten (2013). *Het succes* van *Internal branding*. Amsterdam: Pearson Education Benelux.

Evers, G. & K. Verhoeven (1999). *Human resources planning*. Deventer: Kluwer.

Groen, I. & J. Boschma (2007). *Generatie Einstein*. Amsterdam: Pearson Education Benelux.

Herremans, R. (2011). *De merkmotor. De duurzame kracht van relaties met klanten en medewerkers*. Apeldoorn: Het Boekenschap.

Hoekstra, J.A.M. & G.J. Waasdorp (2013). *Recruitmentkengetallen. Een fundament voor een efficiënt en succesvol recruitmentproces*. Rotterdam: Werf & Media.

Kersbergen, C., J. Mensink & T. Rodenburg (2015) *Merkcultuur, stappenplan verbinden van mensen en merken*. Amsterdam Boom Lemma.

Schoenmaker, M. *et al.* (2008). *Jaarboek Personeelsmanagement. Inspelen op schaarste*. Alphen aan den Rijn: Kluwer.

Stel, A. (2009). *Ploegen, zaaien en binnenhalen*. Wervingsvisie.nl.

Valkenburg, J. (2014). *Recruitment via Social Media*. Rotterdam: Werf & Media.

Verhoeven, A. (2015). *Onboarding, blijvend succes van nieuwe medewerkers*. Amsterdam: Boom Nelissen.

Waasdorp, G.J., M. Hemminga & S. Roest (2012). *Bouwen aan het nieuwe employer brand*. Rotterdam: Werf & Media.

Waterman, jr. R.H. *et al.* (2002). Harvard Business Review *over vinden en binden*. Zaltbommel: Thema, bedrijfswetenschappelijke en educatieve uitgeverij.

Wijchers, L. & J. van den Berg (2015). *Handboek werving en selectie*. Vakmedianet.

Witte, V. de (2004). *De wereld achter de arbeidsmarktcampagne*. Alphen aan den Rijn: Kluwer.

Artikelen

Akçomak, I.S., L. Borghans & B. ter Weel (2010). 'Het draait om de verdeling van taken: Een andere kijk op werkgelegenheid.' http://www.mejudice.nl/artikel/529/het-draait-om-de-verdeling-van-taken-een-andere-kijk-op-werkgelegenheid.

Beer, P. de (2009). 'Krapte verdwijnt uit zicht'. *Economisch Statistische Berichten* 94/4566.

Lievens, F. 'De voorspellende validiteit van selectietechnieken: Bedenkingen vanuit de ivoren toren.' http://www.allesoverassessments.nl/index.php/validiteit, geraadpleegd september 2011.

Schmidt, F.L. & J.E. Hunter (1998). 'The Validity and Utility of Selection Methods in Personnel Psychology: Practical and Theoretical Implications of 85 Years of Research Findings.' *Psychological Bulletin* 124, 262-274.

Rapporten/whitepapers

Bax, E.H. (2002). *The Strategic Labor Allocation Process: A Model of Strategic HRM*. SOM Research Reports. Rijksuniversiteit Groningen. http://irs.ub.rug.nl/ppn/239657675, geraadpleegd mei 2011.

Berenschot (2011). *HR Trends 2010-2011*. Utrecht/Den Haag: Berenschot/Performa. http://www.berenschot.nl/publish/library/5/hr_trends_2010_preview.pdf, geraadpleegd juli 2011.

Berhout, E., C. Dustmann & P. Emmer (2007). *Mind the Gap*. Amsterdam: SEO Economisch Onderzoek, in opdracht van Randstad Holding.

CBS (2010). *Jaarboek Onderwijs in Cijfers*. Den Haag: CBS.

Cedefop (2010). *Skills Supply and Demand in Europe: Medium-Term Forecast Up To 2020; Synthesis Report*. Luxemburg: Office for Official Publications of the European Communities. www.cedefop.europa.eu, geraadpleegd mei 2011.

Dekker, R., C. Freese & V. Oonk (2013). *Schaarste bestaat niet*. Van Gorcum.

Fombrun, C.J., M.M. Tichy & M.A. Devanna (1984). *Strategic Human Resource Management*. New York: John Wiley.

Hoekstra, H., & G.J. Waasdorp (2013). *Recruitmentkengetallen 2013*. Rotterdam: Werf & Media.

Intelligence Group (2008). *Bereiken en Bewegen*. Rotterdam: Intelligence Group.

Intelligence Group (2009). *Arbeidsmarkt GedragsOnderzoek 2005-2009 (AGO)*. Intelligence Group: Rotterdam.

Intelligence Group (2010). Get Ready for the International Recruitment Rally; Whitepaper. Rotterdam: Intelligence Group.

Intelligence Group (2014). *Arbeidsmarkt GedragsOnderzoek (AGO)*. Rotterdam: Intelligence Group.

Intelligence Group, Stepstone, The Network (2009). *Global Talent Mobility Research*. Intelligence Group: Rotterdam.

Jobtrack (2010). *Het nationale werkonderzoek 2010.* http://www.hetnationalewerkonder-zoek.nl/, geraadpleegd mei 2011.

Lee, R. (2003). *Global Demographic Transition.* http://www.imf.org/external/pubs/ft/weo/2004/02/chp3pdf/fig3_1.pdf, geraadpleegd mei 2010.

LinkedIn Talent Advantage White Paper (2009). *Finding and Acquiring Top Passive Talent.* www.linkedin.com, geraadpleegd november 2010.

LinkedIn Recruiting Trends Nederland (2015). Jaarlijks rapport via www.linkedin.com.

Manpower Witboek (2008). *Het kritieke tekort: Hoe beleven werkgevers de huidige arbeids-marktkrapte en wat kunnen ze eraan doen?* Diemen: Manpower Nederland. http://www.flexservice.com/wp-content/uploads/Manpower_witboek_juni2008_het_kritieke_tekort.pdf, geraadpleegd mei 2011.

Manpower Witboek (2010). *Wereldwijd werken: Positie kiezen op de mondiale arbeids-markt.* Diemen: Manpower Nederland. http://www.manpower.nl/44780/05-Wereld-wijd-Werken-Manpower-witboek.pdf?v=8&v=9, geraadpleegd mei 2011.

Nelissen J. & K. de Vos (2010). *Arbeidsmarktenquête: Verwachtingen en meningen over de arbeidsmarkt van morgen.* Uitgevoerd door Centerdata in opdracht van Raad voor Werk en Inkomen. Den Haag: RWI.

Raad voor Werk en Inkomen (2010). *Arbeidsmarktanalyse 2010.* Den Haag: RWI.

Recruiting Roundtable (2005). *Getting It Right From the Start.* Corporate Executive Board. www.recruitingroundtable.com.

Recruiting Roundtable (2006). *Building Talent Pipelines.* Corporate Executive Board. www.recruitingroundtable.com.

ROA (2013). *De arbeidsmarkt naar opleiding en beroep.* Maastricht: Researchcentrum voor Onderwijs en Arbeidsmarkt; Maastricht University School of Business and Economics.

SBO (2011). *Docent gezocht! Een onderzoek naar werven in het voortgezet onderwijs.* Den Haag: Sectorbestuur onderwijsmarkt.

Society for Human Resource Management (SHRM) (2011). *Cost per Hire Standard ANSI-SHRM-06001.201X.* www.shrm.org, Virginia (vs), Alexandria.

Stichting NOA (2015). *Nationaal Onderzoek Arbeidsmarkt.* NOA: Laren. Whitepaper, geraadpleegd via www.noa-onderzoek.nl.

Taskforce deeltijdplus (2010). *De discussie voorbij, Eindrapport.* http://www.abgp.nl/l/library/download/133812, geraadpleegd mei 2011.

TNO (2007). *De toekomst werkt. Mens en bedrijf in 2020.* Delft: TNO.

TNO/CBS (2011). *Dynamiek op de Nederlandse arbeidsmarkt. De focus op kwetsbare groepen.* Den Haag: CBS.

UvA/Randstad (2008). Personeelsselectie in Nederland. Aanbevelingen voor selectie van personeel in tijden van krapte. Onderzoek door UvA en Randstad. Diemen: Yacht BV. (http://dare.uva.nl/document/126587).

UWV WERKbedrijf (2009). Arbeidsmarktprognose 2010-2015.

Weel, B. ter, A. van der Horst & G. Gelauff (2010). *The Netherlands of 2040.* Publicatie-nummer 88. Den Haag: CBP.

Werf- en vakblad voor arbeidsmarktcommunicatie en Recruitment. Jrg. 1, nr. 1 t/m 15.

Yer (2010). *Recruitment Roadmap. Trends en ontwikkelingen in Recruitmentland.* http://www.yer.nl/media/46022/yer%20_a5-recruitment%20roadmap-nl.pdf, geraadpleegd mei 2011.

Yer (2010). *De Nederlandse Arbeidsmarkt 2011-2015. Paradoxale ontwikkelingen in een krappe arbeidsmarkt.* http://www.yer.nl/media/68817/yer-a5-de-nederlandse-arbeidsmarkt-2011-2015.pdf, geraadpleegd juli 2011.

Congressen/presentaties

Boonstra, P. (2011). 'Social Media Recruitment.' Rotterdam: Maximum.

Employer Brand International (EBI) (2010). 'Influencers of Employment Choice. Leadership Briefing'. http://www.slideshare.net/brettminch/minchington-ebi-influencers-of-employment-choicerandstadjune10, geraadpleegd juli 2011.

Kalinowski, M. (2010). 'Global Trends in Employer Branding and Talent Attraction.'

Mensink, J. (2011). 'Employer Brand Management: Philips Lessons Learned'. http://www.employerbrandscan.com/Insights/Lessons-learned-from-Global-Employer-Brand-Management/index.html, geraadpleegd juli 2011.

Presentatie ERE (2010). http://www.slideshare.net/beeshields/global-trends-in-employer-branding-and-talent-attraction, geraadpleegd mei 2011.

Roozen, K. (2010). '35 tips voor gebruik van Social Media in Recruitment.' Congres Integrand. http://www.slideshare.net/koenroozen/35-tips-voor-gebruik-van-social-media-in-recruitment-4350058, geraadpleegd juli 2011.

Sloof, L. (2010). Social Recruiting @ deloitte. http://www.slideshare.net/enroc/social-recruiting-deloitte?from=ss_embed, geraadpleegd juli 2011.

Sluis, L.E.C. van der (2008). Inauguratierede *Talent Management in Strategisch Perspectief.*

Websites

www.alexa.com
www.amcinfo.nl/
http://arbeidsmarkt.blogo.nl/
www.brainport.nl
www.budgetrecruitment.nl
www.cbs.nl (statline)
www.cgb.nl
www.cpb.nl
www.drjohnsullivan.com/
www.eib.nl
www.ere.net/
www.hrbase.nl
www.intelligence-group.nl/
www.iprc.nl
www.jobfeet.nl

www.kenniscentrumhoreca.nl/
www.kenwerk.nl/
www.mkb.nl
www.netwerven.nl
www.nl2040.nl
www.onderwijsarbeidsmarkt.nl
www.recruitingroundtable.nl
http://recruitmentmatters.nl/
www.recruitersunited.com
www.rectec.nl
https://rr.executiveboard.com/
www.sohrc-panel.nl/
www.stamos.nl/
www.universumglobal.com/
www.vacatureteksten.info/

Index

V

W